나부터
세상을
바꿀 순 없을까?

나부터 세상을 바꿀 순 없을까?

지속가능한 사회를 위한
강수돌의 생각

강수돌 지음

이상
북스

나부터 세상을 바꿀 순 없을까?
지속가능한 사회를 위한 강수돌의 생각

지은이 강수돌
초판 1쇄 발행 2014년 4월 2일 ∣ **초판 2쇄 발행** 2014년 11월 28일
펴낸이 송성호 ∣ **펴낸곳** 이상북스
책임편집 김영미 ∣ **북디자인** 책만드는사람 ∣ **인쇄** 미르인쇄
출판등록 제313-2009-7호(2009년 1월 13일) ∣ **주소** 서울특별시 마포구 서교동 448-38 201호
이메일 beditor@hanmail.net ∣ **전화** 02-6082-2562 ∣ **팩스** 02-3144-2562
ISBN 978-89-93690-27-9 03300

*이 도서의 국립중앙도서관 출판시도서목록(CIP)은 e-CIP 홈페이지(http://www.nl.go.kr/cip/php)와
국가자료공동목록시스템(http://www.nl.go.kr/kolisnet)에서 이용할 수 있습니다.
(CIP 제어번호: CIP2014006311)

지속가능한 삶, 지속가능한 공동체!

어느 열대 지방에 가난하지만 이웃끼리 정을 나누며 오순도순 사는 섬마을이 있었다. 사람들은 주로 고기를 잡거나 야자수 같은 열대나무에 열린 과일을 따먹으며 살았다. 아이들은 자연과 더불어 그리고 동네 아이들과 더불어 저절로 자랐다. 누가 죽거나 태어나면 온 동네가 잔치를 벌이듯 떠들썩했다. 어느 한 사람의 일은 곧 마을 전체의 일이었다. '내 것이 네 것이고 네 것도 내 것'인 세상이었다. 사람들은 뜨거운 한낮에 한두 시간씩 낮잠도 즐겼다. 파도소리와 새소리, 노 젓는 소리, 아이들이 깔깔거리는 소리, 남녀의 노랫소리, 그리고 기껏해야 망치질 소리나 자전거 소리가 들릴

뿐 자동차 소리나 기계 소리는 별로 들리지 않았다. 삶의 시간은 자연의 흐름을 유유히 따랐다.

그런데 이 섬의 해변이 아주 아름다워 관광객이 하나 둘 찾기 시작했다. 입소문이 어찌나 무서운지 아름다운 섬마을을 찾는 사람들이 갈수록 많아졌다. 처음엔 민박집을 운영하는 이가 돈을 벌기 시작했다. 사람이 몰려드는 걸 보고 비누나 슬리퍼 가게에 이어 나중엔 소형 슈퍼까지 들어섰다. 세탁소도 생기고 손님을 실어 나르는 인력거 같은 것도 생겼다. 가장 많이 생긴 것은 아무래도 식당이나 술집 같은 것들이다. 마사지 가게도 여럿 생겼다. 이제는 숙소도 민박 수준이 아니라 큰 게스트하우스 같은 것으로 변했다. 사람들이 몰리는 규모나 쓰고 가는 돈의 양에 비례해 식당조차 규모가 커졌다. 한두 가지 소박한 지역 특유의 음식이 아니라 세계 어디를 가건 볼 수 있는 음식들이 식당을 한가득 채운다. 이제 삶의 시간은 자연의 원리보다는 효율의 원리를 따른다. 갈수록 모든 것이 빨라진다. 돈이 돌기 시작하면서 마을 인심은 야박해졌다. '내 것이 네 것이고 네 것도 내 것'인 마을은 옛일이다. 이제 '내 것은 내 것'일 뿐 아니라, 심지어 '네 것도 내 것'인 세상까지 와버렸다. 그렇게 마을 사람들은 무수한 개인들로 쪼개졌다. 그냥 쪼개진 것이 아니라 은연중에 서로 경쟁 상대가 되었다. 누가 돈을 많이 버는가를 두고 서로 질투하고 시기하기도 했다. 사람들은 가끔 "옛날 그때가 좋았다"며 한탄했다.

그러다가 하루아침에 쓰나미가 들이닥쳤다. 자연재해가 아니라 사회경제적 쓰나미였다. 대규모 관광지 개발사업이 바로 그것이다. 그 섬을 관장하는 지방 정부가 중앙 정부 및 해외 투자자들과 은밀히 협의해 진행하는 대형 프로젝트였다. 섬마을 사람들에게는 고용창출, 소득증대, 지역개발, 국가발전 등과 같은 전형적 논리들이 체계적으로 유포되었다. 그동안 돈을 제법 모은 이들이 앞장섰다. 대개 머리가 잘 돌아가고 사업 수완이 높은 이들이었다.

그런데 문제는 지난 수천 년 동안 해변의 야자수를 따라 일종의 선을 그리며 풀과 나무로 집을 짓고 살던 사람들이 해변 자체를 그 개발 사업에 모두 내주고 정부가 지정한 곳으로 이주해야 한다는 점이었다. 계획적 이주로 조성된 '원주민 마을'은 아무나 들어갈 수 없는 금기 구역이 되었다. 섬 속에 또 하나의 인공 섬이 생긴 셈이다. 원주민 입장에서 보면 강제 이주로 생긴 '원주민 마을'이란 일종의 보이지 않는 감옥에 불과하다.

이제 섬마을 사람조차 예전의 그 해변을 구경하려면 카페나 식당, 술집에 손님으로 가야 한다. 그냥 살면서 늘 보고 경탄하던 아름다운 자연은 이제 잠깐씩 구매하는 비싼 상품이 되었다. 일례로, 물밑에 들어가 신기한 바다 속을 보며 해산물을 채취하던 일은 스노클링이나 스킨스쿠버다이빙 같은 상품으로, 저녁마다 노을을 보며 돌아오던 뱃길도 일몰 무렵의 세일링보트로 상품화했다. 물론 신체 건강한 청년들은 새로운 개발 사업에 돈을 벌 기회를 얻었다. 길 닦기 공사나 식당이나 리조트 등을 짓는 공사장에 고용되었다. 또 아가씨들은 새로 들어선 뷔페식당이나 리조트, 마사지 숍에 고용되었다. 대부분 법정 최저임금 수준만 받는다. 예전에 비해 많은 돈이지만, 갈수록 오르는 물가에 견주면 최저 생활 유지도 빠듯했다. 누군가 노조를 만들고 싸우기라도 하면 당장 해고당하거나 감옥에 갔다.

상당히 많은 청장년들이 다양한 관광 상품을 팔기 위해 세계 각지에서 온 관광객들을 따라다닌다. 일부 청년들은 대자본인 관광 회사에 가이드나 짐꾼으로 고용되었다. 많은 관광객들을 수송하기 위해 오토바이에다 뚜껑 달린 리어카를 붙인 트리씨클도 수없이 생산되었다. 그 덕에 도로 주변 공기는 극도로 나빠졌다. 이런 저런 돈벌이 기회를 얻지 못한 노인네들은 길가에 앉아 으슥한 저녁 무렵부터 구걸을 시작한다. 때로는 잘 먹지 못해 삐쩍 마른 아이를 인질처럼 내세워 동냥을 한다. 모두 예전에 없던 모습이다.

이런 변화에 대해 우리는 과연 어떤 태도를 가져야 할까? 세상이 그렇게 변하는 건 당연하고 어쩔 수 없으니 재빨리 적응해서 나부터라도 잘 먹고 잘 살 수 있는 길을 찾는 게 최선인가, 아니면 잘못된 방향으로 변하는 세상에 대해 근본적 문제 제기를 하며 원래의 마을 모습을 되찾는 운동을 해야 할까? 혹시 다른 어떤 길이 있을까?

사실 앞에 든 섬마을 사례는 비단 특수한 관광지만의 얘기는 아닐 것이다. 바로 우리가 사는 대부분의 터전이 크게 보면 그러한 개발 소용돌이에 휘말렸기 때문이다. 이 작은 이야기를 통해 우리가 배울 점은, 과연 어떻게 살아야 가장 잘 사는 것이며 자손 대대로 지속가능하게 사는 것일까 하는 것이다.

첫째, 산이나 강, 바다, 공기와 같은 자연은 모든 삶의 근본 원천이다. 심지어 사람도 자연의 일부다. 흙과 물과 공기가 오염되면 사람조차 살 수 없다. 아름다운 관광지가 일정한 한계를 넘어 파괴되면 아무도 찾아오지 않을

나부터 세상을 바꿀 순 없을까?

것이고 섬 주민들도 오갈 데가 없을 것이다.

둘째, 마을 사람들이 서로 돕고 살던 인정스런 공동체야말로 우리가 계속 가꾸어야 하는 삶의 모습이다. 섬마을 이야기는 '오래된 미래'다. 우리가 찾는 미래는 하늘에서 갑자기 떨어지는 게 아니라 전통적으로 더불어 살던 삶의 방식 속에 있다. 돈보다 사람이다.

셋째, 아름다운 자연을 보며 휴식을 취하기 위해 관광객이 찾아드는 것은 좋은 일이다. 그러나 돈벌이 경제가 살림살이 경제를 압도적으로 지배하는 순간, 즉 개발과 발전이라는 이름 아래 자연 생태계와 마을 공동체가 훼손되는 순간 우리는 스스로 무덤을 파게 된다.

넷째, 설사 마을 사람들의 생활 수준을 드높이기 위해 개발이 불가피하다 하더라도 지방 정부가 중앙 정부나 투자자들과만 은밀히 협의하는 식으로 진행되어서는 안 된다. 처음부터 마을 주민들과 협의해 나가야 한다. 정치민주화를 넘어 경제민주화가 중요한 까닭이다.

다섯째, 섬마을 사람들도 무조건 부자 되기나 출세하기를 삶의 목표로 삼기보다 마을 전반의 변화에 대해 주체적으로 토론해서 주민 주도적인 발전 논리를 추구해야 한다. 그리하여 마을 변화의 방향과 내용을 생태계나 공동체에 도움이 되는 수준에서 적절히 통제해야 한다.

바로 이런 몇 가지 기준점을 잡은 상태에서 '나부터' 실천하거나 참여할 수 있는 일을 찾아야 한다. 나부터 실천하는 이들이 하나 둘 늘면서 '더불어' 실천하는 이들이 많아지면 마을과 사회의 미래는 밝아진다. 남녀노소 모두 활기와 생기가 넘치는 공동체, 사람과 자연이 더불어 사는 생태 마을을 만들

프롤로그: 지속가능한 삶, 지속가능한 공동체!

며 사는 것이 진정 우리가 '잘 사는 길'이 아닐까?

세상은 갈수록 팍팍해지는 반면 내가 할 수 있는 건 아무것도 없는 듯 느껴진다. 세상은 넓고 삶은 힘들다. 돈은 없고 미래는 불안하다. 이룬 것은 없고 세월은 빨리도 흐른다.

바로 이런 때에 유행하는 것이 한편으로는 강한 영웅을 찾는 구세주 담론이고 다른 편으로는 자기계발, 웰빙, 힐링 등 개별 경쟁력 담론이다. 그러나 구세주건 개인적 힐링이건, 돈과 시간만 들고 결국 공허해진다. 우리에게 절실한 건 정치 · 경제, 사회 · 문화, 교육 · 노동 등 삶의 구조 전반을 혁신하는 '사회적 힐링'이다.

중요한 것은 무관심이나 무지, 무기력을 털고 일어나 '나부터' 창의적 변화에 동참하면서 친구나 이웃과 '더불어' 즐거운 마음으로 '사회적 힐링'을 같이 만들어가는 것이다. 주체적 참여 없이 사회적 힐링 없고, 사회적 힐링 없이 행복한 삶은 없다.

오늘날 과연 '나부터 세상을 바꿀 순 없을까?' 하는 질문이 절실하다. 이 책은 최근 몇년 동안 이런 고민을 바탕으로 써온 칼럼들을 변화한 현재 상황에 맞게 수정 · 보완해 경제민주화, 생활방식, 거대자본, 노동생활, 노사문제, 생활문화, 정치행위, 환경생태, 도 · 농문제 등 아홉개 주제로 풀어낸 것이다. 책 제목은 2013년 10월 서울의 대학로 '벙커 1'에서 '인문사회출판회' 초대로 했던 내 강의, "팔꿈치 사회, 나부터 세상을 바꿀 순 없을까"에서 따왔다.

보잘 것 없는 원고를 멋진 책으로 만든 이상북스 송성호 대표와 편집부,

인쇄소의 노고와 종이를 준 나무 등에게 감사 인사를 드린다.

모쪼록 이 책이 컴컴한 현실의 터널에 갇혀 '참을 수 없는 존재의 무기력함'에 고통 받는 우리 모두에게 대안적·상상력과 실천적 생명력을 북돋는 사회적 침이나 뜸이 되길 빈다. 온 사회의 암세포를 죽이되 건강한 생명력을 되살려내는 침과 뜸!

2014년 봄
마당에 나가 정월 보름달을 보며
강수돌

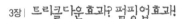

1장

행복한
경제시스템에
결코 공짜는
없다

박근혜 정부와
'피리 부는 사나이'

독일 그림 형제의 동화 중에《하멜른의 피리 부는 사나이》가 있다. 하노버 외곽의 하멜른이라는 작고 예쁜 도시의 전설이다. 그 옛날 하멜른은 온 천지에 쥐떼들이 설쳐 골치를 앓았다. 당국은 이 문제를 해결하는 이에게 거액의 포상금을 주겠다고 약속했다.

어느 날 한 사내가 나타나 자신이 이 문제를 잘 해결해 보겠노라 했다. 그는 신비로운 피리를 가져왔고 그 피리 소리로 쥐떼를 모조리 강으로 몰아 익사시켰다.

그토록 골칫거리이던 쥐떼 문제를 피리 소리 하나로 너무나 간단히 해

행복한 경제 시스템에 결코 공짜는 없다

결하자 하멜른 시장은 매우 놀라면서도 갑자기 거액의 포상금이 아깝게 느껴졌다. 그래서 약간의 푼돈으로 그를 돌려보내려 했다.

이에 배신감을 느낀 사나이는 속으로 결심했다. 그는 다시 피리를 잡고 달콤하고 부드러운 연주를 시작했다. 그 소리에 그 마을의 모든 아이들이 그와 함께 사라지고 말았다.

쌍용자동차 국정조사와 공공부문 비정규직의 정규직화, 노인기초연금 제공과 4대 중증 환자 부담 무료화, 대학 반값등록금과 고교 무상교육, 군 복무 기간 단축, 그리고 정리해고 요건 강화와 경제민주화를 약속했던 박근혜 대통령 공약(公約)이 시나브로 공약(空約)으로 끝났다.

심지어 "국민이 반대하면 하지 않겠다"던 공공부문 민영화조차 '수서발 KTX 법인화' 사례와 같이 시험대에 올라 있다. 하멜른 시가 쥐떼 문제로 골머리를 앓았던 것처럼 지금 대한민국은 정치경제, 사회문화, 교육의료 등으로 합병증을 앓는다. 하멜른 시장이 약속을 지키지 않았던 것과 박 대통령이 약속을 지키지 않은 것도 닮았다. 문제는 하멜른의 피리 부는 사나이가 신비한 힘을 가졌던 것과는 달리, 대한민국 국민은 더 이상 '권력이 국민으로부터 나오는' 경험을 하지 못할 뿐더러 '모든 아이들을 데리고 사라질' 신비로운 피리조차 갖고 있지 못하다는 점이다. 이를 어찌할 것인가?

다행스런 점은, 우리 시민들이 신비로운 피리는 없지만 소박한 촛불은 들 수 있다는 것이다. 어디 촛불뿐이랴? 피리 소리는 아니지만, 온라인이나 열린 광장에서 나름의 목소리를 낼 순 있다. "약속을 지켜라!"

쌍용자동차 국정조사의 경우, 무려 24명의 목숨을 앗아간 정리해고 사태의 진실을 파헤칠 수 있다. 기술 유출 문제나 회계 조작, 노조 파괴, 폭력 진압 등을 낱낱이 밝히고 책임자를 처벌하고 다시금 그런 일이 일어나지 않게 경영민주화나 공동결정제 등 철저한 대책을 마련할 수도 있다. 무수한 노동자와 그 가족들의 트라우마를 치유하고 다시금 삶의 기운을 되찾게 할 유일한 희망이다. 그래서 노동자들도 약간은 기대하기도 했다.

한편 노인이나 중증 환자를 위한 복지 대책이나 교육비 부담을 줄이는 정책, 군 복무 기간 단축, 재벌의 승자 독식 논리를 규제하는 각종 정책들은 노인들과 청년들의 표를 얻기에 충분했다. 그런데 결국 이 모든 게 '미끼'에 불과했던가? 사람들은 그냥 '낚이고 만' 것인가?

물론 낚인 이들도 꽤 많다. 그러나 최근 국정원 댓글 사태의 진상을 보면, 낚인 것보다 더 심각한 문제가 국정원, 사이버사령부, 보훈처 등에 의한 '조직범죄'다.

한 마디로 총체적 부정이다. 이 문제를 짚지 않고 공약 이행만 요구할 순 없다. 위 이야기에 빗대면, 포상금 약속을 어긴 하멜른 시장이 부정 선거로 당선된 사실이 드러난 격이다.

그래서 앞 이야기를 이어 쓰면 이렇다. 분노한 시민들이 매일 광장에서 촛불을 들자 하멜른 시장은 깨끗이 사퇴했다. 그 뒤 공명선거로 다시 뽑힌 시장은 피리 부는 사나이에게 사과하고 포상금을 모두 지급했다.

이어 피리 소리와 함께 떠났던 아이들도 돌아왔고 마을은 활기를 되찾았다. 한참 뒤 드러났지만, 하멜른 시장을 부정으로 당선시킨 진범들이 쥐떼 속에 숨어 있다가 익사 직전에 애완 고양이로 변신, 교묘히 살아남았다. 이들 역시 나중에 벌을 받는다.

아, 우리네 현실도 이 동화 같으면 얼마나 좋을까? 하지만 현실은 냉혹하다. 무한경쟁, 약육강식, 권모술수, 승자독점, 국가폭력… 어디서부터 손을 대야 하나?

2014년에는 6 · 4 지방선거가 있다. 2016년엔 제20대 국회의원선거가 있으며 2017년 말엔 제19대 대통령선거가 있다. 물론 그 뒤에도 선거는 계속된다. 선거가 모두는 아니지만, 그렇다고 아무것도 아닌 건 아니다.

선거 국면에서 숱한 사회적 의제를 소통시켜야 하며, 시민들의 의식과 행위 역량을 증진시킬 필요도 있다. 그리고 선거를 통해 한 사람이라도 더 진실하고 '말이 통하는' 사람, 사회와 역사에 떳떳한 사람을 뽑을 필요도 있다.

그러나 선거만 기다릴 순 없다. 변화를 위해서라도 우리는 매일 피리를 불며 '안녕들 하시냐?'고 물어야 한다. 아름다운 피리 소리와 함께 마침내 사람들이 더불어 행복하게 사는 날이 올 때까지, 그리하여 '빵과 장미'를 모두 넉넉하게 누릴 수 있는 그 날이 올 때까지 말이다.

헌법 가치와
경제민주화

대통령 후보 시절(2012년 9월) 박근혜 대통령은 5·16과 유
신, 인혁당 사건 등이 "헌법 가치를 훼손"하는 결과를 가져왔다며 사과했다.
그 발언의 진심 여부를 떠나 이 대목에서 다시 한 번 '헌법 가치'란 무엇일까
생각하게 된다.

헌법의 가치는 당연히 '민주공화국'의 가치이고, 이것은 모든 권력은 국
민에게서 나오며, 따라서 국회의원이나 대통령 등 정치가들은 늘 국민을 존
중하며 나라 전체를 행복하게 만들어야 한다는 것이다. 그래야 국민으로부
터 나온 권력이 어디로 갔는지 모르는 '행방불명' 사태가 발생하지 않는다.

행복한 경제 시스템에 결코 공짜는 없다

나는 헌법의 가치를 세 가지로 압축해 주권재민, 행복추구권, 경제민주화라고 생각한다.

주권재민은 앞서도 말했듯 단순히 선거할 때 일정 연령 이상 유권자가 투표권을 행사하는 데 그치는 것이 아니라 모든 국민이 권력의 원천이므로 그것을 정치가가 대리 수행하지만 결국은 국민에게 되돌려야 한다는 원리다. 그래서 2008년 '촛불 시위' 국면에서 모든 시민들이 노래를 불렀듯 "대한민국은 민주공화국"이고 "모든 권력은 국민으로부터 나온다"고 하는 게 아닌가? 이 주권재민의 궁극적 형태는 시민들이 자기 삶을 직접 결정하는 직접민주주의일 것이다. 따라서 '헌법 가치'를 진심으로 존중한다면 국회의원이나 대통령의 권력을 시민들에게 더 많이 되돌려야 한다. 일례로, 2007년 7월부터 시행된 주민소환제의 범위를 확대하고 장벽도 대폭 낮추어야 한다. 그렇지 않으면 '무늬만'으로 끝난다.

다음은 헌법 제10조 행복추구권으로, 개인적으로는 헌법 제2조가 되었으면 한다. 당연히 '모든' 국민은 행복할 권리가 있다. 그런데 잠깐 고개만 돌려 봐도 행복하지 않은 사람들이 눈에 들어온다. 2013년 연말과 2014년 연초를 휩쓴 '안녕들 하십니까?' 대자보 물결이 그 대표적 증거다. 민영화에 반대해 파업하는 노동자들, 부당해고에 맞서 24명의 목숨을 잃으며 투쟁하는 쌍용자동차 노동자들, 송전탑 반대 밀양 어르신들, 터무니없는 농정에 분노한 농민들, 미래가 불안한 청년들, 입시로 몸살을 앓는 중·고생들, 해군기지를 반대하는 제주 강정마을 주민들, 노인기초연금 약속에 속은 노인들, 국정원 대선 개입에 분노한 시민들… 남녀노소 할 것 없이 안녕하지 못하다. 사실상

'대부분'의 국민이 행복보다 스트레스를 느낀다.

각종 선거 때마다 후보들이 가는 곳에 수많은 인파가 몰려 너도 나도 좋은 사회를 만들어 달라고 애원하는 것도 실은 우리의 삶이 평소에 행복하지 않다는 이야기 아닌가. 객관적으로도 20퍼센트의 소수가 80퍼센트의 부를 차지하는 반면, 80퍼센트의 대다수가 20퍼센트를 나눠 먹으려 하니 '무한경쟁' 속에 '자기착취'까지 일삼는 게 우리의 현실이다. 그래서 이런 꿈을 꾼다. 행복추구권이 2조 1항이라면 그 2항은 '체제 선택권'이다. 그것은 한편으로 개인의 능력에 따라 빈부 격차를 용인하는 체제, 다른 편으로 개인의 능력과 관계없이 두루 고만고만하게 사는 체제 사이의 선택권이다. 이 체제 선택권이 있어야 행복추구권도 실효성이 있지 않을까? 한 체제를 선택한 사람이 굳이 다른 체제를 선택한 사람에게 "왜 그렇게 하나?"고 협박하지 않는 사회, 그것이 진정으로 행복추구권을 인정하는 사회다. 이 세상엔 다양한 삶의 방식이 있을 뿐이다. '나는 옳고 너는 그르다'는 식의 흑백논리는 시대착오에 불과하다.

끝으로 119조 경제민주화 조항이다. 나는 이것이 헌법 제3조가 되었으면 한다. 행복추구권과 체제 선택권이 보장되는 전제 위에서 경제민주화가 실질적으로 구현되어야 비로소 '민주주의 공화국'이 될 수 있다. 내가 소망하는 경제민주화란 단순히 재벌과 중소기업의 공존, 시골 마을의 도시화, 단편적 복지 프로그램 실시 등을 넘어선다.

참된 경제민주화란 사람들이 경제 활동의 실질적 주인이 되는 것이다. 예를 들면 이렇다. 그것은 노동자와 경영자가 지금처럼 나뉘지 않고 '통합'

되는 것, 회사 대표를 일하는 사람들이 직접 뽑고 결정 과정에 민주적으로 참여하는 것, 경영이나 경제 과정을 공유하고 생산 · 유통 · 분배 · 소비 등 모든 과정에서 책임성 있게 행위하는 것 등이다.

박근혜 대통령은 후보 시절 기자회견에서 "자녀가 부모의 과오를 공개적으로 지적하는 것"을 마치 "아버지 무덤에 침을 뱉는 것"처럼 말한 적이 있다. 그러나 나는 자녀가 '무조건' 부모를 존중하는 것과 그 부모의 행적을 공정히 평가하는 것은 다른 차원이라고 본다. 오히려 부모의 행적을 올바로 평가하는 것이야말로 진심으로 그 부모를 존중하는 기초다.

'헌법 가치'의 관점에서 박정희 시대를 평가했던 박근혜 대통령이 헌법 가치를 참되게 구현하기 위해 노력하는 모습을 보여주어야 한다. 일례로 철도나 의료 등 분야에서 "다수의 국민이 반대하는 민영화"를 절대 강행하지 말아야 하며, "국민 행복 시대"를 열기 위해 노동자나 농민의 인간적 권리가 존중되는 사회를 창조해야 한다. 재벌의 부가 온 사회로 퍼질 수 있게 분배 구조를 혁신함과 동시에 더 이상 재벌이 '승자독점'하지 못하는 구조를 창출해야 한다. 그래야 그 발언이 '진정성' 있는 행적으로 기록될 것이고, 주장하는 바 "원칙 있는 정치"가 구현되지 않겠는가!

'돈벌이'
경제가 아닌
'살림살이'
경제를!

2014년 1월 초에 모 일간지가 산업계 · 금융계 · 학계 · 연구 기관 등의 경제 전문가 100명을 대상으로 '2014년 한국 경제 전망 및 경제 현안'에 대해 설문조사를 한 결과, 2014년 한국 경제의 최대 화두는 '경기 활성화'(65퍼센트)로 다른 이슈보다 압도적 비중을 차지했다. 그 뒤를 이어 '일자리 확대'(13퍼센트), '부동산시장 회복'(12퍼센트), '가계부채 연착륙'(5퍼센트), '경제민주화'(4퍼센트) 등이 제시되었다.

경제 정책에 있어서의 최우선 과제도 '경기 활성화'(40.5퍼센트)라는 응답이 압도적이었고, '기업투자 활성화를 위한 규제 완화'(29.5퍼센트), '가계

행복한 경제 시스템에 결코 공짜는 없다

부채 완화'(11.5퍼센트), '노동시장 안정'(5퍼센트), '경제 양극화 해소'(5퍼센트) 등이 뒤따랐다.

한편 경제 전망에 대해서는 경제 전문가의 90퍼센트 이상이 지난해에 비해 '다소 좋아지거나 비슷할 것'이라 보았다. 수출에 대해서도 89퍼센트가 '다소 좋아지거나 비슷할 것'이라 했으며, 설비투자에 대해서도 85퍼센트가 '다소 증가하거나 비슷할 것'이라고 보았다.

이 결과만 보면 2014년은 이전보다 살림살이가 훨씬 좋아질 듯하다. 그런데 과연 실제 현실이 그렇게 낙관적일까? 몇 가지 점에서 찬찬히 되짚어 보자.

첫째, 경제 전문가의 85~90퍼센트가 경제 전망, 수출, 투자 등이 좋아질 것이라 보았는데, 과연 그렇게 될지 의문이다. 우선 세계경제 전망이 별로 밝지 않다. 2008년 이후 세계경제는 (캐나다 요크 대학의 D. 맥낼리 교수의 책 제목처럼) '글로벌 슬럼프'에 접어들었다. 다소 굴곡은 있겠지만 전체적으로는 낮은 수준에서 움직일 가능성이 크다. 다음으로 수출과 관련해서도 세계시장은 갈수록 축소되는 경향이다. 환율도 그리 좋은 여건은 아니다. 물론 일부 전망치들은 2014년 미국 달러화가 지금의 약세로부터 점차 강세로 돌아설 것이라 내다보기도 한다. 하지만 그것도 단선적 상승이라 보기 어렵고 상하 운동을 계속할 것이다. 끝으로 투자의 경우, 단순한 규제 완화 문제를 넘어 기대 수익률이 높지 않다면 투자 활성화는 어렵다. 물론 일부 특수 부문은 잘 나갈지 모르지만, 전반적으로 볼 때 국내 상황이나 세계 상황이나 갈수록 자본의 수익률은 떨어진다. 사실 경제의 최대 화두나 경제 정책의 최우선 과제가 '경기 활성화'로 제시되었다는 사실 자체가 현실의 체감 경제가 '늪'에 빠졌음을 방증하는 일 아니겠는가? 이런 맥락에서 전술한 전문가들의 전망을 다시 생각해 보면, 그것은 현실적 흐름을 냉정히 판단해 나온 실체적 전망이라기보다 현실이 그렇게 흘러갔으면 좋겠다는 '소망적 전망'이 아닐까?

둘째, 이른바 '경제 전문가'들이 했다는 그러한 전망들이 대체로 맞아 들어간다고 하더라도 과연 '보통 사람들'의 살림살이가 좋아질까? 그리하여 날마다 우리는 소박한 행복을 누리며 살 수 있을까?

사실 경제 전문가들이 말하는 경제란 결국 '돈벌이' 경제다. 하지만 보통 사람들 입장에서 중요한 경제는 '살림살이' 경제다. 여기서 우리가 돈벌이 경제와 살림살이 경제를 구분해야 하는 까닭은 돈벌이가 잘된다고 해서 살림살이가 편안하고 행복해진다는 보장이 없기 때문이다. 생각해 보라. 1인당 국민소득 기준으로 50년 전에 비해 지금 우리는 250배 부자가 되었다. 그렇게 부자가 되었지만 사람들의 행복지수는 그리 높지 않을 뿐 아니라 스트레스지수만 갈수록 높아진다. 돈벌이 경제가 잘 돌아갈 때조차 이득을 보는 집단은 재벌, 대기업, 정규직, 전문직, 공무원, 정치가, 관료 등 상대적 기득권층일 뿐 중산층 이하 대다수 서민은 여전히 힘들다. 이른바 '트리클다운 효과'가 아니라 '펌핑업 효과'가 현실을 더 잘 설명한다. 즉, 윗물이 넘쳐 아래로 퍼지는 것이 아니라 아랫물이 펌프질당해 위로 뽑혀 올라가는 것이 진실이다.

셋째, 이런 면에서 설문조사에 응한 경제 전문가들의 면면을 살펴보면 대체로 보수 기득권층에 속하는 기업가, 은행가, 이론가, 연구자 등이며 반면에 일반 노동자나 농민, 주부, 대학생, 노동조합원, 비판적 사회과학자 등은 하나도 없다. 다시 말해 '일간지 설문조사 결과'라 해서 결코 일반화하기는 어렵다는 점을 알아야 한다. 문제는 이런 식의 설문조사 결과가 일반 대중들에게는 마치 전국적 여론인 것처럼 전달되기 쉽고 특히 텔레비전 매체를 통해 여러 방송국에서 반복적으로 전달되는 경우 '세뇌 효과'가 생긴다는 것이다. 사실 보수 학계와 자본 진영, 보수 언론은 일종의 '기득권 동맹'을 형성하고 있다. 바로 이런 현실을 꿰뚫어보아야 우리는 현실의 옳고 그름을 제대로 판단하고 올바른 미래를 논의할 수 있다.

이런 면에서 향후 한국 경제가 나아가야 할 방향은 이렇다. 첫째, 돈벌이 경제보다 살림살이 경제에 초점을 맞추어 사람들이 참으로 행복한 삶을 누리게 도와야 한다. 반값등록금이나 노인기초연금도 약속대로 실시해야 한다.

둘째, 농업, 농민, 농촌, 농사를 경시하는 것이 아니라 중시하는 방향으로 가야 한다. 가정의 밥상은 어머니가 차리지만 온 사회의 밥상은 농민이 차린다. 이 점을 잊으면 나중엔 돈이 없으면 굶거나 돈이 많아도 굶을 수 있다.

셋째, 정규직 노동시간을 단축하여 정규직 일자리를 몇 배로 늘려야 한다. 돈보다 삶의 질이 올라야 사람이 행복해진다.

넷째, 경제민주화를 지체 없이 실시해 사회경제적 약자들이 생산, 분배, 소비 등 전 과정에서 존엄과 품위를 잃지 않고 살 수 있어야 한다. 정치민주화보다 중요한 것이 경제민주화다. '경제 전문가'들이 중시하는 돈은 삶의 수단일 뿐 결코 목적이 아니다.

경제를
참되게
구조조정하는 길

경제가 무엇인가? 경세제민(經世濟民)의 약자다. 세상을 잘 다스려 백성이 잘 살도록 보살피는 일이다. 서양의 이코노미(economy) 또한 가정 살림살이를 뜻한다. 결국 민중의 살림살이를 돌보는 것이 경제다.

이렇게 보면 정치가 경제요, 경제가 곧 정치다. 그러니 경제민주화 없이 정치민주화 없고, 정치민주화 없이 경제민주화 없다고 하겠다. 정치 · 경제 민주화는 한 덩어리다. 그렇다면 정치 · 경제 민주화 없는 '민주공화국'도 미완성 아닌가?

2012년 18대 대통령선거에서는 기득권층을 대변하는 새누리당조차 '경제민주화'를 추구한다고 나섰다. 과연 그것이 무늬만 경제민주화로 끝이 날지 실제로 경제민주화를 앞당길지 하는 의문이 있었지만, 작금의 사태들을 보면 무늬로만 끝날 공산이 크다. 당시 진보 진영에서는 재벌 해체냐 복지 국가냐 하는 내용을 둘러싸고 경제민주화의 성격 규정에 관한 토론이 일기도 했다. 대선 국면을 넘어 현재에 이르기까지 경제민주화는 사회의 중요 관심사다. 왜냐하면 지금까지의 형식적 민주화에도 불구하고 실질적 삶의 현실, 사회경제적 현실은 별로 나아진 게 없기 때문이다. 따라서 경제민주화 논의는 결국 왜 그 모든 조건이 변해도, 아니 세월이 갈수록 민초들의 삶은 더 고달파지는가 하는 문제에서 출발해야 한다.

한국이 세계 10대 경제 대국이 되었음에도 민초들의 삶이 별로 나아지지 않는 것은 크게 세 가지 차원으로 나눠 살필 수 있다.

첫째는 소유 및 생산의 측면으로, 생산수단과 노동력이 분리되었기 때문이다. 노동자가 생산의 주인이 되지 못하고 노동력만 파는 일종의 '임금 노예'로 될 수밖에 없는 구조다. 소유와 경영, 그리고 노동과 분배에서 모두 소외되니 갈수록 삶이 팍팍하다. 그러므로 생산수단과 노동력이 통일될 수 있는 다양한 방식, 예컨대 협동조합, 마을, 공동체, 풀뿌리 기업, 사회적 기업, 자주관리 기업 등 다양한 형태의 민주적 경영체를 만들어야 한다. 나아가 주인 된 모습으로서 모든 경제 운영 방식을 재편해야 한다.

나아가 사회적 필요(식의주 및 삶의 질 향상)에 걸맞은 경제 분야는 계속 살리되 그렇지 않은 분야(공해, 퇴폐, 과잉, 중복 산업 따위)는 과감히 구조조정해야 한다. 유기농을 국가 시책으로 장려하면서 식량 자급률을 70퍼센트 이상으로 높여야 한다. 일례로, 스페인의 소도시 마리날레다(인구 2700명)에서 고르디요 시장을 중심으로 70퍼센트 이상의 시민들이 동참한 '수탈자를 수탈하라' 운동을 들 수 있다. 이들은 무려 13년 점거투쟁 끝에 귀족 대지주로부터 엄청 넓은 땅(1200만 제곱미터, 약 350만 평)을 도로 빼앗아 마을 공유지로 만든 뒤 농업협동조합으로 농사를 짓는다. 또 2012년 여름엔 인근 도시의 대형 슈퍼를 털어 굶주리는 이들에게 그냥 나눠주기도 했다.(《녹색평론》 132호 참조.) 이 정도는 아닐지라도 바로 이런 식의 대안적 상상력이 무한히 필요한 시점이다.

둘째는 분배 및 교환의 측면으로, 갈수록 사회 양극화가 심해지기 때문이다. 이른바 '20대 80 사회' 이야기나 '빈익빈 부익부' 현상이 바로 그 증거다. 한국만 그런 게 아니라 세계적으로도 그렇다. 경제에 투기 바람이 일고 거품이 일면 그것은 이미 사람의 경제가 아니다. 칼 폴라니(Karl Polanyi)의 지적대로, 땅과 노동(력), 화폐는 상품이 되어서는 안 된다. 탈상품화 전략이 사회적 과제가 되어야 경제민주화가 된다.

1980년대 이후 신자유주의의 세계화, 특히 금융 세계화의 시대가 오면서 사회 양극화가 세계화되었다. 차별과 경쟁이 아닌 평등한 세상, 우애로운 세상을 만드는 것이 경제민주화의 내용이 되어야 하는 까닭이다. 민주 정부에 의한 재분배 정책이나 민주노동 운동 및 민주사회 운동의 힘에 토대를 둔 사회적 차별 해소가 선행되어야 한다. 가장 시급한 것이 노동시간 단축과 일자리 나누기며, 주거, 교육, 의료, 노후 문제를 사회 공공적으로 풀어내야 한다. 기본소득을 포함한 모든 구성원의 기본권을 다시 논의해야 한다.

국제적 차원에서는 자유무역이 아닌 남미 식의 민중무역 원리를 도입해, 타국으로부터 이익을 취하려는 관계가 아니라 서로 도움을 주고받는 관계로 변화해야 한다.

셋째는 주체 및 역량의 측면으로, 그동안 민초 자신이 그 고유의 인간적 심성을 잃고 기득권의 심리 구조, 즉 돈과 권력에 대한 욕망을 그대로 내면화했기 때문이다. 상류층은 기득권을 향유하며 중독되어 가고, 중·하류층은 기득권을 동경하며 중독되어 간다. 그 결과 사람과 사람, 사람과 자연 사이에 맺었던 본연의 관계를 상실한 채 오로지 남보다 '더 빨리, 더 높이, 더 많이'라는 중독적 구호 속에 자기도 모르게 빨려들어간다.

이런 상황을 염두에 둔다면 경제민주화는 결국 객관적 구조의 변화일 뿐 아니라 우리 자신의 삶의 가치에 대한 성찰, 즉 '나부터' 혁명을 포함한다.

헌법 10조에는 행복추구권(행복을 추구할 권리)이 있다. 그리고 119조에는 경제민주화(경제주체 간의 조화를 통한 경제민주화) 조항이 있다. 이 둘을 연결해 경제민주화를 통한 행복추구를 국정 지표로 삼는 것이 바람직한 한국 사회의 모습이다. 그런 길로 가기 위해서는 과연 우리가 어떤 방식으로 먹고 살지 우리 스스로 결정해야 한다. 국민들이 스스로 살아가는 방식을 결정하는 것, 바로 이것이 헌법 1조에 나오는 '주권재민', 즉 "모든 권력은 국민으로부터 나온다"라는 말의 진정한 의미가 아닐까.

한때 유행했던 인사말처럼 "모두 부자 되세요"가 아니라 "모두 행복하세요"가 핵심이다. 모두 행복하기 위해서는 초기 가톨릭 운동가 피터 모린(Peter Maurin)의 "아무도 부자가 되지 않으려 한다면 모두 부자가 될 것이며, 모두 가난해지고자 한다면 누구도 가난해지지 않을 것"이란 명구를 가슴 깊이 새길 일이다. 소박하게 살더라도 몸과 마음이 행복하게 가는 것, 더불어 행복하게 사는 것, 바로 이것이 '모두가 잘 사는' 길이다. 따라서 앞의 헌법 조항들에 토대해 모든 사람이 하루하루 행복한 삶을 살 수 있도록 경제를 참되게 구조조정 하는 것, 바로 이것이 시급한 사회적 과제가 되어야 한다.

진정성 있는
경제민주화
정책이란

"저는 경제민주화를 통해서 모든 경제 주체들이 성장의 결실을 골고루 나누면서, 그들이 스스로 변화의 축을 이루어 조화롭게 함께 커가는 나라를 만들겠습니다. 공정하고 투명한 시장질서를 확립하고, 균등한 기회와 정당한 보상을 통해 대기업 중심의 경제의 틀을 중소기업, 소상공인과 소비자가 동반 발전하는 행복한 경제 시스템으로 만들겠습니다."

2012년 11월 16일, 당시 대통령 후보였던 박근혜 대통령의 경제민주화 공약이다. 여기서 나는 "행복한 경제 시스템"과 "스스로 변화의 축을 이루어"란 글귀에 주목한다.

나부터 세상을 바꿀 순 없을까?

그러나 여기엔 (헌법상 '경제민주화' 조항으로 높이 평가받은) 김종인 새누리당 국민행복추진위원장이 제시한 방안들, 예컨대 대규모 기업집단법 제정, 기존 순환출자 의결권 제한, 중요 경제범죄에 대한 국민참여재판 도입 따위가 빠졌다. 국민들이 경제민주화에서 중요하다고 생각하는 '재벌 개혁' 분야가 슬그머니 꼬리를 감춘 셈이다.

"지난날 우리 경제는 보릿고개를 넘어 산업화와 민주화를 겪으면서 기적의 역사를 써왔습니다. 짧은 기간 우리 국민들과 정부가 함께 전쟁의 폐허를 딛고, 피눈물 나는 노력을 한 결과 세계 10위권의 경제성장을 이뤄냈습니다. 당시 경제성장은 성장의 혜택이 일부에게만 돌아가지 않고, 전 계층에 광범위하게 퍼지는, 그래서 국민 대다수가 행복해지는 성장이었습니다. 하지만 지금은 성장의 과실이 일부 계층에 집중되면서 양극화가 심화되고, 성장 잠재력을 해치는 요인이 되고 있습니다."

이 부분은 역사의식이 우려된다. 박정희 시절에 대한 향수 내지 찬양이다. (심지어 어떤 이들은 박정희를 '신격화'하기도 하지만.) 게다가 사회 양극화를 성장의 관점에서 보는 한계도 크다.

18대 대선 당시 박근혜 캠프는 놀랍게도 '줄푸세'가 곧 경제민주화라고 했다. "세금은 줄이고, 규제는 풀고, 법질서는 세운다"는 것이다. '이명박근혜'라는 별칭도 이와 무관하지 않다. 세금을 줄인다는 건 얼핏 보면 모두에게 좋은 일 같지만 사실상 기업이나 부자들을 위해 세금을 줄이는 것이다. 규제를 푼다는 것은 돈벌이 기업의 자유를 신장시키겠다는 것이며, 법질서를 세운다는 것은 파업하는 노동자나 비판적 지식인 등 모든 저항 세력을 척결하겠다는 뜻이다. 겉과 속이 다르다. 이것은 결국 지난 50년간의 성장 정책과 다르지 않다. 그렇다면 박근혜식 경세민주화란 여태껏 보수 기득권 층이 강조해 온 경제성장론과 동일한 게 아닌가?

그렇다면 대통령 당선 전에 했던 공언, "저는 우리 경제의 패러다임을 그 동안의 양적 성장에서 질적 발전으로 전환하고, 성장의 온기가 온 국민에게 골고루 퍼지게 하기 위해서는 반드시 경제민주화를 실현해야 한다고 굳게 믿습니다"라는 말은 결국 당선을 위한 그럴듯한 미끼에 불과했던 것일까?

일보 양보해서 보더라도 과연 경제성장과 민주경제는 양립 가능한가? 여태껏 50년 동안의 경제성장 과정에서 민주경제가 아니라 경제독재가 구현되어 왔다는 지적에 대해, 새 정부라는 큰 배의 선장들은 어떤 시각을 가졌는가? 특히 앞서 주목한 "행복한 경제 시스템" 및 "스스로 변화의 축을 이루어"란 말들은 단순한 미사여구일 뿐인가? 이런 점에서 나는 박근혜 대통령이 현오석 경제부총리와 방하남 고용노동부 장관을 초기에 임명한 사실에 주목한다.

현오석 경제부총리는 임명 당시 증여세 탈루 의혹도 있었지만, 그가 과연 '경제민주화' 공약을 실현할 적임자인지도 논란이었다. 오죽하면《조선일보》조차 "현오석 내정자가 젊은 시절 몸담았던 경제기획원과 지금 이끌고 있는 KDI가 모두 박정희식 경제개발 모델을 만든 곳이라는 점에서 그와 박근혜 당선인의 인연이 남다르다"고 했겠는가?

방하남 고용노동부 장관은 1995년부터 18년 동안 노동부 출연기관인 한국노동연구원에서 고용 및 복지 분야를 연구했다. 물론 그는 '60세 최소정년제' 등 일자리 정책에 대해서는 전문성을 어느 정도 인정받았다. 반면 노동정책의 더 큰 축인 집단적 노사관계에서는 별 경험이 없어 우려를 자아냈다. 당시 정호희 민주노총 대변인은 "그동안 주로 고용복지 분야만 연구하던 사람이라 비정규직 문제나 노사관계 분야에서는 전혀 검증이 되지 않았다. 불법파견, 특수고용 형태 노동자, 정리해고 등 노동현장 곳곳에서 벌어지는 다양한 현안을 해결할 능력과 의지가 있는지 상당히 우려스럽다"고 했다. 실제로 그러한 우려는 이주노동자 대책, 비정규직 대책, 쌍용자동차 노동자 대책, 철도 노동자 대책 등에서 그대로 현실로 드러났다.

바로 이 지점에서도 박근혜 정부의 경제민주화란, 잘 보더라도 경제성장을 추동하기 위한 국민동원책의 일환이요, 날카롭게 보면 당선을 위한 대국민 미끼에 불과했음을 알 수 있다.

"스스로 변화의 축을 이루어" 마침내 "행복한 경제 시스템"을 만들겠다는 약속엔 한 마디로 진정성이 없다. 진정성이란 진실한 마음이다.

그렇다면 진정성 있는 경제민주화 정책이란 무엇인가?

만일 우리가 각자 대통령이라면, 헌법상의 경제민주화 키워드인 '균형성장' '적정분배' '남용방지' '주체조화'를 충실히 실현하기 위해 무얼 할 수 있을까? 특히 공약처럼 "스스로 변화의 축을 이루어" 마침내 "행복한 경제 시스템"을 만들 방법은 무엇인가?

무엇보다 우선적인 것은 고통 받는 노동자에 주목하는 것이다. 부당해고를 철회하고 비정규직을 정규직으로 전환해야 한다. 쌍용자동차 대량해고가 부당하다는 고등법원 판결까지 나온 마당에(2014년 2월 7일) 국정조사를 하지 못할 이유가 없다. 기득권층의 반동적 저항이 있더라도 각종 투쟁 중인 장기 사업장의 노동자들이 트라우마(마음의 상처)를 치유하게 구체적인 실천으로 보여야 한다.

그러면 지지율도 오르고 경제 주체 간의 조화도 가능하다. 이것이 특히 노동자 서민 대중들로 하여금 "스스로 변화의 축을 이루"게 하는 방법이다.

둘째, 재벌개혁이나 공기업 민주화, 유기농업의 체계적 육성을 통해 경제의 양극화나 관료화, 독재화, 황폐화를 동시에 해소해야 한다. 노동시간 단축을 통한 일자리 나누기를 구현하며, 고교 평등화를 넘어 대학 평등화, 나아가 직업 평등화를 단계적으로 실현해야 한다. 그리하여 아이들이 무슨 공부를 하건 또 어떤 일을 하건 사회에 도움이 되는 한 자부심을 갖고 살 수 있게 해야 한다. 이런 일들이 취업자와 실업자 간, 중장년과 청년 세대의 분열을 극복하고 균형성장 및 적정분배로 가는 지름길이다. 지금처럼 재벌개혁은 '물 건너가고' 공기업 민영화는 '꾸역꾸역' 강행하려는 상황은 국민을 여러 번 속이는 일이다.

셋째, 경제정책, 노동정책, 복지정책을 모두 '경제민주화' 관점에서 통일적이고 체계적으로 추진해야 한다. 성장과 분배의 조화, 경제와 환경의 조화, 효율성과 인간성의 조화가 이뤄지도록 해야 한다. 예전의 과오처럼 기득권층을 위한 경제성장에 주력하며 노동이나 복지는 그 폐해를 '사후적으로' 뒤처리하는 정도에 그치는 식, 생색내기로 접근하는 식이 되어서는 곤란하다. 그렇게 해서는 다시금 용두사미 꼴이 되고 표리부동이 된다. 명백한 과오는 반복하지 말아야 한다. 그것이 역사의 가르침이다.

이런 맥락에서 앞의 세 부처를 합쳐 '경제민주화부'를 만들어 이를 추진하면 어떨까? 아마도 이건 나의 일장춘몽일 가능성이 크다. 그러나 이런 일장춘몽을 우리 모두가, 아니 국민의 50퍼센트만이라도 매일 꾼다면 아마도 미래는 달라질 것이다. "행복한 경제 시스템"엔 결코 공짜가 없다!

박근혜 정부에서
실종된
경제민주화
구하기

헌법 119조 2항에는 경제민주화 조항이 있다. 그것은 "국가는 균형 있는 국민경제의 성장 및 안정과 적정한 소득의 분배를 유지하고, 시장의 지배와 경제력의 남용을 방지하며, 경제 주체간의 조화를 통한 경제의 민주화를 위하여 경제에 관한 규제와 조정을 할 수 있다"는 내용이다. 요컨대 균형성장, 적정분배, 남용방지, 주체조화 등이 경제민주화의 내용이며, 이를 위해 국가의 경제 개입은 정당하다는 것이다.

균형성장이란 대기업과 중소기업, 농업과 공업, 서비스업, 도시와 농촌 등이 조화와 균형을 이루면서 가자는 것이다. 적정분배란 경제력 집중이나

행복한 경제 시스템에 결코 공짜는 없다

사회경제 양극화를 타파해 사회정의를 이루고 두루 잘 사는 사회를 만들자는 것이다. 남용방지란 재벌 등 독과점의 폐해를 막고 최근 카드대란(개인정보 유출)이나 정경유착, 부정부패 등을 근절하는 것이다. 주체조화란 가계와 기업, 정부 사이 또는 노-사 간, 양성 간, 나아가 다양한 이해관계자 사이에 사회적 필요를 중심으로 민주적 합의를 이뤄나가는 것이다.

다소 힘들지라도 이런 내용의 변화를 추동해야 실질적 경제민주화가 이뤄진다.

경제성장을 향해 달려온 지난 50년 동안 한국 경제는 물리적으로 250배나 덩치가 커지고 세계 10대 경제대국을 자랑할 정도가 되었다. 하지만 갈수록 심화되는 사회경제 양극화나 빈부 격차, 재벌의 지배력 강화 및 사회 불만 증가, 노동 억압과 노사 갈등 등 구체적 현실은 민초들의 삶을 낭떠러지로 내몬다.

박근혜 대통령은 2012년 7월 10일, 새누리당 대선 후보 출마 선언을 할 때부터 이렇게 강조했다.

"저는 (국정 운영의 기조를 '국가'에서 '국민'으로 바꾼 위에서) '경제민주화 실현' '일자리 창출', 그리고 '복지의 확대'를 국민 행복을 위한 3대 핵심 과제로 삼겠습니다."

여기서 그는 '국민 행복'을 위한 정치를 하겠으며, 그를 위해 경제민주화, 일자리, 복지를 3대 핵심 과제로 제시했다. 여기서 말하는 경제민주화는 "중소기업인을 비롯한 경제적 약자들의 꿈이 다시 샘솟게" 하고 "공정하고 투명한 시장경제 질서"를 확립하는 것을 내용으로 한다.

마침내 2012년 11월 16일, 박근혜 당시 대선 후보는 경제민주화 공약을 발표했다.

"저는 경제민주화를 통해서 모든 경제 주체들이 성장의 결실을 골고루 나누면서, 그들이 스스로 변화의 축을 이루어 조화롭게 함께 커가는 나라를 만들겠습니다." 이와 더불어 박 후보는 "공정하고 투명한 시장질서를 확립하고, 균등한 기회와 정당한 보상을 통해 대기업 중심의 경제의 틀을 중소기업, 소상공인과 소비자가 동반 발전하는 행복한 경제 시스템으로" 만들겠다고 했다. 이를 위해 경제민주화를 5대 분야를 나누고 전체적으로 35개 실천 과제를 제시했다. 5대 분야는 경제적 약자 권익 보호, 공정거래 관련법 개선, 대기업 집단 관련 불법행위와 총수일가 규제, 기업지배구조 개선, 금산분리 강화 등이다. 그 배경으로 박 후보는 "저는 우리 경제의 패러다임을 그동안의 양적 성장에서 질적 발전으로 전환하고, 성장의 온기가 온 국민에게 골고루 퍼지게 하기 위해서는 반드시 경제민주화를 실현해야 한다고 굳게 믿습니다"라고 했다. 그리하여 "국민 여러분과 함께 경제민주화를 흔들림 없이 추진하겠습니다"라고 분명히 강조했다.

이윽고 2013년 12월 19일, 제18대 대통령 선거가 있었고 박근혜 후보가 51.6퍼센트의 지지로 당선되었다. 과반수의 국민들은 경제민주화, 일자리, 복지 중심의 공약이 구현되어 국민 행복 시대가 열릴 것을 기대했다.

그런데 2012년 2월 21일, 취임식 나흘 전에 제시된 박근혜 정부의 5대 국정 목표에서는 '경제민주화'가 사실상 제외되었다. '경제민주화 전도사' 김종인 전 새누리당 중앙선대위 국민행복추진위원장도 실망한 듯 "대통령직 인수위원회에 참여하는 사람 중에 경제민주화에 대한 개념을 아는 사람이 없기 때문에" 결과적으로 그렇게 되었다고 말했다. "인수위가 국정과제를 발표하며 '원칙 있는 시장경제가 경제민주화를 포괄한다'고 했는데, 이는 경제민주화에 대한 기본 지식이 결여된 것"이라 꼬집었다.

이러한 비판을 인식했는지, 2월 25일 취임사에서 박근혜 대통령은 "창조경제가 꽃을 피우려면 경제민주화가 이뤄져야만 한다"며 경제민주화 개념이 실종되지 않았음을 시사했다. 그런데 여기서 말하는 경제민주화는 "열심히 노력하면 누구나 일어설 수 있도록 중소기업 육성정책을 펼쳐 대기업과 중소기업이 상생할 수 있도록 하는 것이 제가 추구하는 경제의 중요한 목표"란 말에서 드러나듯, 시장경제 질서 확립 및 대기업과 중소기업의 상생 정도로 규정되었다. 이에 대해 김종인 전 위원장은 "경제민주화는 안 할 수 없는 사항이다. 잘될 것이라고 본다"며 포괄적 기대감을 나타냈다.

여기서 나는 크게 두 가지를 우려했다. 하나는 대선이라는 국가 중대사 과정에서 제시했던 공적인 약속을 엄격히 지키려 노력하기보다는 마치 '그건 대선용 낚시'에 불과하다는 듯 은근슬쩍 피해 가려 하면 안 된다는 점이다. 속된 말로, "똥 누러 갈 때 마음과 똥 누고 난 뒤 마음이 다르다"고 하는데, 대선 공약에까지 그런 공식이 적용된다면 대한민국의 희망을 어디서 발견할 수 있겠는가.

두 번째 우려는 설사 선거 전 공약이 지켜진다 하더라도 농민이나 노동자, 일반 시민 등 국민 대다수의 눈높이에서 볼 때 과연 그것이 참된 경제민주화를 구현하는가 하는 점이다. 왜냐하면 가장 구체적이라 할 수 있는 경제민주화 공약(2012년 11월 16일)에서조차 공정한 시장질서 확립과 대기업의 불합리한 관행 개선 정도에 그치고 있어, 농민의 황폐화나 노동자의 비인간화 등 문제는 대통령이나 새 정부의 시야에서 배제되었기 때문이다.

진정으로 국민이 행복한 희망의 새 시대를 열고자 한다면, 지난 50년간의 경제성장 과정에서 소외되어 온 사람들(노동자, 농민, 서민, 학생, 여성, 이주민, 자영업자, 영세중소기업인 등)에게 겸손하게 다가가 그들의 목소리를 충분히 들어야 한다. 그리고 그들이 주체적으로 나서서 토론하고 협의해 바람직한 제안을 하면 정부는 그 실현을 도와주는 형태로 개입해야 한다.

재래시장에 가서 상인들과 악수하며 표를 달라고 부탁할 때의 그 마음(기득권을 버리겠다는 마음)을 절대 잊지 않되 10년 뒤, 20년 뒤에 사람들이 진실로 '행복한 나라'가 되었다고 칭송할 수 있을 정도로 중·장기 비전을 갖고 그 속에서 향후 몇년 동안이라도 철저히 경제민주화를 이뤄야 한다. 그 과정에서 재벌이나 보수 기득권층과 정면 대결하느냐 아니면 그들의 요구에 순치되고 마느냐, 바로 이것이 문제다. 강자 앞에 순치되지 않고 정도를 걷는 것, 바로 이것이 실종된 경제민주화를 구하는 유일한 길이다.

우리가
소망하는
경제민주화

경제란 무엇인가? 경세제민(經世濟民)이다. 세상을 잘 경영해 백성을 구제한다는 뜻이다. 두루 잘 살도록 민초의 삶을 보살핀다는 뜻이다. 그런데 우리는 대개 경제라 하면 '파이의 크기'를 늘려 '파이의 분배'를 잘 하면 된다고 본다. 그러나 파이의 분배와 더불어 '파이의 원천'도 잘 살펴야 한다. 이것은 파이의 생산 과정에서 사람과 사람, 사람과 자연의 관계가 파괴적이어선 안 된다는 것이다.

경제민주화와 관련, 지식인 사회의 일각에서는 또다시 '분배냐 성장이냐' '복지국가냐 재벌해체냐' 등 강조점에 따라 다양한 논의가 일었다. 내가 주목하는 것은 그러한 경제민주화 논의가 일하는 사람들의 일상적 삶에 구체적으로 와 닿아야 한다는 점이다. 직장인의 90퍼센트는 불만족스러워 사표를 내고 싶어도 구직난 때문에 어쩔 수 없이 현재 직장에서 묵묵히 일하는 상황이다. 업무 부담도 크지만 대부분의 직장인들은 권위주의적인 상사나 버릇없는 부하와의 관계 등 주로 인간관계 문제로 스트레스를 크게 받는다.

한국을 대표하는 기업 중 하나인 현대자동차 도장 공장에서 일하는 어느 노동자는 금요일 밤 9시부터 일을 시작해 일요일 오후 5시에 퇴근하는 등 주말에도 연속 44시간 노동을 한다는 충격적인 보고가 있다. 얼마 전까지도 재능교육, 콜트콜텍, 코오롱, 쌍용자동차, 한진중공업, 현대자동차 등에서 수많은 노동자들이 부당해고 철회, 정리해고 반대 및 비정규직 철폐를 외치며 외로운 싸움을 벌였다. 이 모든 사태는 노동하는 사람들이 행복한 삶을 위해 즐겁게 노동하기보다 기업에 노동력을 최대한 제공하기 위해 자신의 삶을 억눌러야 하는 현실을 보여준다. 기업의 돈벌이를 위해 개인의 자유와 창의가 무시되는, 주객전도된 현실이다.

그렇다. 현실이 뭔가 잘못되었다는 것은 초등학교 아이들도 다 안다. 어느 초등학생은 재산이 몇푼 안 된다면서도 커다란 집에 살며 수많은 기부금을 내고 심지어 육사생도들에게 사열까지 받는 현실이 이상하다는 시를 써 주목을 끌었다. "우리 동네 사시는 29만 원 할아버지, 맨날 29만 원밖에 없다고 하시면서 어떻게 그렇게 큰 집에 사시나요?"

이런 현실 속에서 노동자들이 바라는 경제민주화란 이런 것이다. 시키는 대로 일만 하는 '임금 노예'가 아니라 일을 통해 삶의 보람을 느끼는 즐거운 직장, 열심히 일한 죄밖에 없는데도 기업이 어려우면 '정리' 대상자가 되는 것이 아니라 '모두 일하되 조금씩' 일할 수 있는 신바람 나는 직장, 자신의 꿈을 찾아 공부하고 취업한 뒤엔 자아실현과 사회헌신을 동시에 이룬다는 느낌이 드는 직장…. 그렇게 되면 "적정한 소득 분배" 및 "경제 주체간의 조화와 균형"이 달성될 것이며, "시장의 지배와 경제력의 남용"도 방지될 것이다.

나아가 이러한 내용을 담은 경제민주화가 착실히 구현되면 아이들에게 일제고사를 통해 점수 경쟁을 유도하는 반교육적인 행정도 불필요하게 될 것이다. 왜냐하면 지금과 같은 시험제도나 평가제도는 오로지 상위 10퍼센트만을 위한 것이라, 갈수록 사회 양극화에만 일조할 것이기 때문이다. 빈부 양극화는 교육 양극화를 유도하고, 이는 다시금 빈부 양극화를 증폭시킨다. 경제민주화는 이런 면에서 교육민주화와도 연관이 크다.

한편 석유 등 자원 고갈, 식량 위기와 기후 위기, 핵 위험 등 생태적 문제들은 파이의 원천은 물론 크기까지 영향을 준다. 이른바 '제로 성장' 시대가 그것이다. 이제부터라도 '모두 부자'가 아니라 '두루 소박하게' 그리고 '서로 도우면서' 사는 것을 삶의 지향으로 삼아야 한다.

제발 수백만 10대 청소년들이 자신의 꿈을 신나게 키울 수 있도록, 그리하여 진정으로 자유와 창의를 존중하고 누릴 수 있도록 학교와 기업 풍토를 전면적으로 쇄신해야 한다. 대만 출신의 첸즈화(陳之華)는 교육 천국 핀란드에서 6년간 산 결과《북유럽에서 날아온 행복한 교육 이야기》에서 이렇게 말한다. 아이를 일류 학교에 보내려고 걱정할 필요가 없는 사회가 바람직하다고, 아이들을 점수나 등수로 구분하는 것은 대자연을 거스르는 일이라고 말이다. 그녀는 또 핀란드에서는 국회의원이 가사 도우미보다 더 대단한 건 아니라고, 의사나 주방장은 모두 같이 위대하다고 말한다. 기존의 위계적 · 권위적 · 독재적 방식이 아니라 원탁형 · 민주형 · 소통형 방식으로 학교, 기업, 사회를 온통 바꿔야 한다. 더 이상 경제성장률 경쟁이 아니라 경제민주화 투쟁이, 일제고사식 점수경쟁이 아니라 자유와 창의를 존중하는 맞춤형 교육 투쟁이 절실한 까닭이다.

매일 일자리 스트레스로 고통 받는 직장인들, 매일 학업 스트레스로 고통 받는 청소년들, 매일 생활 스트레스로 고통 받는 여성들, 이 모두는 같은 뿌리의 고통을 함께 겪고 있다. 학생, 노동자, 여성들이 소통과 연대를 강화해야 할 이유다. 소통과 연대만이 희망이다.

"북유럽에선 협동을 강조하고 그룹 학습을 중시합니다. 경쟁을 과도하게 강조할 때 내부 자원만 소모하고 국가의 대외 경쟁력에도 큰 도움이 되질 않습니다." 핀란드 북서부의 한 고교 교장 선생님 말씀이다. '파이의 원천'을 건강하게 만들려는 우리 모두가 명심해야 한다.

모두가
신바람 날
경제민주화
완성의 길

정치가들은 늘 '민생 경제'를 강조한다. 물론 '말로만'이다. 그런데 무슨 말인지 알고나 하는 말일까? 민생 경제란 한마디로 '살림살이' 경제다. 기존의 돈벌이 경제 논리와 다른 논리 위에 선다는 말이다.

보수 기득권층을 대변하는 새누리당은 경제민주화 이슈를 선점했지만, 실상 그 내용은 '무늬만' 경제민주화였다. 일례로 '일감 몰아주기 근절' 등 불공정 행위 규제를 통한 공정거래 확립은 경제민주화가 아니라 시장경제 질서 강화에 불과하다. 이것은 사냥할 때 정작 목표물은 겨냥하지 않고 덤불 언저리만 때리는 꼴이다.

중산층이나 서민층을 대변한다는 민주당은 그보다 한 발 나아간 듯 보였다. '재벌 개혁'을 초점으로 해 경제력 집중 완화, 지배구조 개혁을 꾀하기 때문이다. 일례로 2013년에 발의된 9개 법률 개정안에는 재벌 문제의 핵심 중 하나인 대기업 순환출자를 금지하고 출자총액을 제한하는 제도를 다시 도입하기, 금산 분리 강화와 재벌 범죄의 사면 제한 등이 포함되었다.

이에 대해 새누리당은 민주당에게 재벌 개혁이 아니라 재벌 해체를 지향한다고 비난했고, 민주당은 새누리당에 대해 알맹이 없이 말로만 경제민주화를 외친다고 비난했다.

그러나 민주당의 여러 정책이 추진된다고 해서 재벌이 해체될 리 만무하고, 새누리당의 시장질서 확립이 된다고 해서 경제민주화가 될 리 만무하다. 참된 경제민주화는 기득권을 가진 양당이 먼저 자신의 기득권을 온전히 버림으로써만 실현될 수 있기 때문이다. 물론 단순히 두 거대 정당이 기득권을 버린다고 될 일은 아니다. 우리 사회가 암묵적으로 전제하는 모든 기득권 구조 자체를 허물어야 가능하기 때문이다. 결국 참된 경제민주화를 이루려면 거대 양당부터 스스로의 기득권에 대해 포기할 각오까지 하면서 사회 전체가 묵인하는 기득권 구조 자체를 근원적으로 수술해야 한다.

어릴 적부터 오로지 기득권 경쟁에만 몰입해 온 우리들이 기득권 구조를 타파한다는 것은 상상조차 하기 어려울지 모른다. 하지만 한 가지 예를 들어보자. 여기서 나는 김상봉 교수의《기업은 누구의 것인가》에서 제안된, 재벌을 비롯한 주식회사 사장을 노동자가 선출하는 미래를 상상한다. 봉건주의 시대에 왕은 하늘의 뜻이나 선친의 뜻에 의해 왕으로 군림했다. 민주주의 시대라면 당연히 온 백성이 대통령을 뽑는다. 이런 맥락에서 경제민주화 시대엔 주식회사 같은 기업체나 학교 같은 곳에서 일반 직원이나 노동자, 평교사가 그 대표를 뽑아야 한다. 그래야 "민주주의는 공장 문 앞에서 멈춘다"는 비판도 사라질 것이다. 그와 더불어 대부분의 노동자와 그 가족들을 떨게 하는 고용불안 또는 정리해고 문제, 비정규직, 성 차별이나 학력 차별도 사라질 것이다.

물론 그 노동자나 교사들이 어떤 생각을 가졌는지도 중요하다. 따라서 경제민주화가 완성되려면 '보통 사람들'의 철학이 중요하다. 어릴 때부터 삶에 대해 어떤 태도를 배우는가가 중요하며, 어른이 되어서도 인문학적 깊이가 있는 학습이 필요한 까닭이기도 하다. 하지만 나 혼자만 깨친다고 될 일도 아니다. 친구나 이웃들과 소통하고 토론하며 공론을 만들어가야 한다. 소모임이나 네트워크가 중요해지는 까닭이다. 인구 500만밖에 되지 않는 핀란드에 시민 토론 동아리 등 비영리 조직이 6~7만 개나 있다는 사실은 핀란드의 교육 혁신을 설명하는 데 중요한 변수가 된다. 같은 맥락으로, 인구 900만의 스웨덴에 비정부기구가 15만 개나 되고, 학습서클은 30만 개, 그리고 각종 지역개발그룹도 4000여 개나 된다는 점은 매우 시사적이다. 이것은 스웨덴 전문 연구자인 일본의 진노 나오히코 교수가 《인간회복의 경제학》에서 밝힌 바다. 결국 풀뿌리의 힘이 탄탄히 구축될 때 복지 사회도 가능하다고 할 수 있다.

한편 한때 국립대 네트워크 구축을 통한 서울대 학부제 폐지안이 부각되기도 했지만, 실은 이것도 기득권에 대한 근본적 변화를 꾀하는 것은 아니다. 제2의 서울대가 분명히 나올 것이고, 이미 몇몇 대학들이 속으로 행복한 미소를 짓고 있는지도 모른다. 사태의 핵심은 이른바 '일류대' 출신들이 정치·경제적 기득권을 장악한 현실이다. 이를 허물기 위해서는 기업이나 학교 등에서 사람을 구할 때 출신 학교나 학위, 지역을 물을 것이 아니라 그 사람이 무엇을 좋아하고 무엇을 잘할 수 있는지 보아야 한다.

더 중요한 것은 그가 개인 행복을 넘어 사회 행복에 기여할 것인가, 학벌이나 직업에 무관하게 비슷한 대접을 받을 수 있는가 하는 점이다. 북유럽에서처럼 교수와 버스기사, 의사나 주방장, 공무원이나 배관공 사이의 소득 격차가 그리 크지 않다면 아이들이 꿈이나 진로를 모색할 때도 별 스트레스를 받지 않을 것이다. 결국 고교 평등화를 넘어 대학 평등화, 또 이를 넘어 직업 평등화가 되면서도 교장 및 사장 직선제까지 이룰 때, 비로소 사람들은 신바람이 날 것이고 경제민주화도 완성될 것이다.

건강한
'살림살이
경제'를 향해

1982년 이반 일리치(Ivan Illich) 선생은 일본을 방문해 다마노이 요시로(玉野井芳郎) 교수와 대담을 나누었다. 다마노이 교수는 생태경제학자였다. 이제는 둘 다 고인이 되셨지만 오늘의 우리 삶과 경제를 생각하는데 매우 중요한 통찰력을 제시하므로 이 대담을 곱씹어 본다. 흥미롭게도 두 분은 모두 칼 폴라니라는 공통의 스승을 두고 있으며 "우리 눈에 보이지 않는 것들을 눈에 보이는 형태로 명확히 드러내려는" 시도를 많이 했다. 이 대담 기록은 일본에서《생명계의 이코노미》란 제목으로 출판되었고,《녹색평론》131호(2013년 7~8월)에 다시 실리기도 했다.

무엇보다 일리치 선생은 근대 경제학이란 것이 산업사회의 산물에 불과하다는 점, 즉 역사적인 한계를 가진다는 점을 분명히 한다. 이것은 폴라니의 관점이나 러시아의 차야노프(A.V.Chayanov)가 가진 견해와도 일치한다. 그것은 근대 경제학의 개념들이 마치 "찻잔 받침에다 밥을 받아먹을 수 있을지언정 수프를 담아 마시기엔 부적당"하듯이 인류사의 전 과정을 설명하는 데는 부적합하다는 것이다. 일례로, 근대 경제학의 생산성 개념으로 중세 농민의 생산성을 측정하려는 것은 어리석은 일이다. 그것은 "당시 농민은 자신들이 생존하기 위해 생산한 것이지, 소비에 대응하는 생산이라는 의미에서의 행위나 생산"을 한 것이 아니기 때문이다. 달리 말해, 근대 이전의 사람들은 '살림살이(서브시스턴스)'를 위해 생산 및 생활을 했지 '돈벌이'를 위해 생산이나 소비를 하지 않았다. 칼 폴라니의 개념으로, 자본주의 근대 사회 이전의 경제는 사회의 품 안에 깃들였던 셈이다. 따라서 근대 경제학의 개념으로 인류의 보편적인 삶의 방식을 설명하거나 해결책을 제시하려는 시도는 오류를 부른다.

바로 이런 맥락에서 근대 경제학의 '희소성' 명제는 '서브시스턴스' 경제와 대치된다. 희소성 명제란 "무한한 인간의 욕구에 비해 그 욕구를 채울 자원은 부족하다"는 것이다. 그러나 이 희소성이란 역사적으로 19세기 이후에 등장해 마치 자연적이거나 보편적인 것처럼 만들어진 개념이다. 일리치 선생에 따르면, 중세 촌락에서는 설사 곡물 포대가 하나밖에 남아 있지 않아도 굶주림의 위기감이나 공포심은 생기지 않았다. 그런 경우에도(무상의 선물이건 폭력적 항거를 통해서건) 농민들이 전부 평등하게 조금씩이라도 곡물을 얻을 수 있었다. 회소성 개념이 발붙일 공간이 아직 없었던 것이다. 일리치 선생은 이런 맥락에서 "근대의 경제발전 과정이란 회소성 개념이 문화적으로 확산되는 과정, 그에 상응하는 태도를 형성하는 과정"이라 본다. 중요한 통찰이다.

다음으로 일리치 선생은 '성별 없는 인간'이란 개념을 지적하며 근대 경제학이건 맑스 경제학이건 이 개념에 근거한 이론을 편다고 비판한다. 일리치는 실제로 살아가는 인간은 '성별 있는' 모습이라고 강조하며, 성(性)을 젠더와 섹스라는 두 개의 용어로 구분한다. "젠더는 섹스와 다른 것이며, 섹스보다 훨씬 많은 걸 의미한다." 일리치에 따르면, 19세기 초까지는 성별 없는 추상적 노동은 존재하지 않았거나 매우 한정적이었고, 오늘날 갈수록 사회적 생산에서 임노동이 부차화하면서 '그림자 노동'이 중요한 비중을 차지하게 된다. 달리 말하면, 성별 구분의 관점에서 역사를 성별 노동의 차이가 분명하던 단계(1단계)부터 그 차이가 줄어들고 동질화하면서 추상적 임노동이 지배적이던 단계(2단계)를 지나 마침내 갈수록 '그림자 노동'이 지배력을 획득하는 단계(3단계)로 이행하고 있다는 것이다.

일례로 산업화 이전의 유럽에서 여성들은 '시클'이라는 작은 낫을 사용해 풀을 벴지만 남성들은 손잡이가 긴 낫을 사용해 옥수수를 베었다. 이것은 마치 여성들이 밭을 갈고 남성들이 사냥을 하던 모습, 또는 여성이 집안 살림을 하고 남성이 경작을 하던 모습의 연장선과도 같다고 할 수 있다.

그러나 2단계에서는 맑스의 추상적 노동, 즉 성별 구분이 사라지고 오로지 교환가치와 잉여가치를 더 많이 만드는 것이 중요한 시대가 왔다. 이른바 '사회적 노동'의 시대다. 사실 산업혁명 이후 장인적 기술 노동이 상대적으로 경시당하기 시작하면서 형식상 여성 노동이 남성 노동과 경쟁 관계에 돌입한다. 바로 이 부분에서 가부장적이고 권위주의적인 사회문화를 타파하고자 일어선 페미니즘(여성주의) 운동이 본의 아니게 남성과 여성 모두의 '탈젠더화'를 가속화한다. 왜냐하면 여성들도 남성과 마찬가지로 동일한 사회적 노동을 수행할 권리를 쟁취하고자 했기 때문이다. 그 결과 돈과 권력을 더 많이 얻기 위한 경쟁은 남성과 여성을 불문하고 '평등하게' 전개되었다. 그런데 본의 아니게 크게 두 가지 문제가 발생한다. 하나는, 일리치 선생의 지적대로 남성과 여성의 고유성, 특이성, 독특성이 사라지고 몰개성화되었다. 둘째는, 이미 많은 페미니스트들도 자성하듯이, 자본의 한 형태에 불과한 돈이나 권력을 위한 경쟁에 몰입하느라 정작 중요한 자녀와의 친밀한 관계 등 참된 인간관계의 형성을 등한시하고 말았다는 점이다.

이제는 3단계로서 갈수록 '그림자 노동'이 많아지고 있다. 원래 그림자 노동이란 임금 노동처럼 사회적 인정을 받지 못하는 노동이다. 동일한 가사 노동을 수행하여 월급을 받던 파출부가 어느 날 그 주인 남성과 결혼해서 주부가 되는 순간 (설사 온 가족을 위한 생활비는 받는다 하더라도) 자신만의 월급을 따로 받지 못하는 경우가 대표적인 그림자 노동이다. 사실 이런 그림자 노동은 오늘날 자녀 교육이나 자녀 실어 나르기 등 뒷바라지 노동이나 쓰레기 분리수거 등 다양한 모습으로 수행된다. 대부분 여성들이 수행하는 노동이다.

이런 변화를 염두에 두고, 일리치 선생은 우리가 다시금 남성은 남성답게 여성은 여성답게 살아가기를 촉구한다. 물론 가부장적인 위계질서나 권위주의는 허물어져야 마땅하다. 남성과 여성이 그 고유의 차이를 적극 인정하고 조화를 이루면서도 수평적이고 대등한 관계를 형성하는 것, 바로 이것이 사태 해결의 핵심이다.

그런데 바로 이런 변화가 가능하려면, 남성과 여성의 노동시간이 현저히 줄어들고 노동내용도 보다 건강하게 ('사회적 필요' 충족이나 '삶의 질'을 고양하는 데 도움이 되는 일을 하는 것으로) 변해야 한다. 그런 바탕 위에서 가사노동이나 육아 문제, 교육 문제 등을 자유롭고도 평등하게 나누고 또 즐겁게 함께할 수 있을 때 비로소 건강한 살림살이 경제가 가능해진다. 이것이 돈벌이 경제를 극복하는 올바른 방법이다. 그렇지 않다면 살림살이 경제가 돈벌이 경제에 갈수록 더 많이 잡아 먹히고 말 것이다.

부유하면서도
행복하지 못한
대한민국
사람들

'이스털린의 역설(Easterlin's paradox)'이란 말이 있다. 미국의 리처드 이스털린 (Richard A. Easterlin) 교수가 1974년에 발표한 이론으로, 세계 30개 나라의 국민 소득과 행복도 사이의 관계가 어떻게 되는지를 연구한 결과다. 그 기간은 제 2차 세계대전이 끝난 뒤인 1946년부터 1970년까지였다. 이 이론의 핵심은 소 득이 증가할수록 행복도가 증가하다가 소득 수준이 약 1만 5000달러를 넘어 가면서부터는 행복도가 별로 증가하지 않는다는 것이다. 소득이 일정 수준을 넘어서면 그 이상 높아져도 더 이상 행복해지지 않는다는 역설이 바로 '이스 털린의 역설'인 것이다. 대개 한평생 부자 되기를 목표로 앞만 보고 달리는 우 리의 인생관에 작은 파문을 일으키는 통찰이다.

그 이후의 기간을 연구한 결과도 마찬가지였다. 일례로, 미국은 1971년부 터 1991년까지 20년간 1인당 국민소득은 83퍼센트 증가했지만 사람들이 느 끼는 행복도는 20년 전보다 더 줄어든 것으로 나타났다. 더 최근엔 대니얼 카 너먼(Daniel Kahneman)과 앵거스 디튼(Angus Deaton)이 2008~2009년 미국인 45

만 명을 대상으로 분석한 결과, 미국 시민의 연 소득이 7만 5000달러(약 8700만 원) 정도로 증대할 때까지는 행복감도 같이 커졌지만, 그 이후부터는 소득이 증가해도 행복도가 별로 높아지지 않았다.

그런데 이스털린 교수의 연구에서 특이한 점이 두 가지 더 있다. 하나는, 그 연구 대상 국가들로 자본주의 나라만이 아니라 사회주의 나라까지 포괄했다는 점이다. 결국 사회경제 체제를 떠나서 실질적으로 사람들이 느끼는 행복도는 소득 수준과 기계적으로 정비례하는 것이 아님을 말해 준다. 즉, 지금보다 더 나은 체제를 만들기 위해서 노력은 해야 하지만, 그렇다고 단순히 체제나 구조만 바꾼다고 해서 그것이 저절로 행복을 보장해 주는 것은 아니라는 사실, 따라서 구조적 모순을 해결하되 사람들이 실제로 느끼는 행복에 관한 한 보다 세밀한 접근이 필요함을 알 수 있다. 체제를 떠나 '파이의 크기'에만 매달리는 성장 지상주의를 외치는 것이 바람직하지 않다는 소결론이다.

다음으로, 이스털린 교수가 비교적 최근인 2010년의 한 논문에서 지적했듯, 이 이론이 1980년대부터 2005년까지의 시점을 연구대상으로 할 때 세계적으로 가장 잘 들어맞는 세 나라 중에 (칠레와 중국과 더불어) 대한민국이 들어간다는 점이다. 얼핏 들으면 기분 좋은 것 같지만, 잘 살펴보면 우리가 감추고 싶은 '불편한 진실'이 드러난 것 같아 매우 씁쓸하다. 해마다 수시로 발표되는 세계 최고의 자살률, 세계 최고의 산재 통계, 세계 최장의 노동시간, 세계 최고의 청소년 불행지수 등이 그 실제적 증거다. 이제부터라도 우리는 과연 무엇을 위해 앞만 보고 열심히 달리고 있는지 차분히 성찰할 시간이 아닌가 한다.

최종적으로 이스털린 교수는 정책 초점의 이동이 필요하다고 강조하는데, 구체적으로 "물질적 성장보다 건강이나 가족관계 등 인간 행복에 직접 영향을 주는 사안들에 초점을 맞춘 정책이 필요하다"고 결론을 지었다.

바로 이런 관점을 반영하듯, 영국의 신경제재단(NEF)은 2006년부터 3년마다 국가행복지수(Happy Planet Index)를 발표해 오고 있다. 그 주요 기준은 삶의 만족도, 기대수명, 환경오염도 등 여러 지속 가능성 지표들이다. 첫 발표가 있었던 2006년엔 178개 국 중 바누아투, 콜롬비아, 코스타리카, 도미니카, 파나마, 쿠바, 온두라스, 과테말라, 엘살바도르, 세인트 빈센트 그레나딘, 그레나다 등이 최고 10위권이었고, 2009년 조사에선 143개 국 중 코스타리카, 도미니카, 과테말라, 베트남, 콜롬비아, 쿠바, 엘살바도르, 브라질, 온두라스 등이 최고 10위권에 들었다. 2012년 발표에서는 세계 151개 국 중 코스타리카, 베트남, 콜롬비아, 벨리즈, 엘살바도르, 자메이카, 파나마, 니카라과, 베네수엘라, 과테말라 등이 최고 10위를 보였다.

여기서 특이한 점은 2009년에 이어 2012년에도 중남미의 코스타리카가 행복지수 1위 국가로 판명된 것이다. 나아가 상위 10위권 안에 중남미·카리브해 연안의 9개 국이 들어간 사실은 가난해도 행복할 수 있음을 보여준다. 반면 행복도 1위부터 40위 안에 든 나라 중 1인당 국민소득 1만 5000달러를 넘는 나라는 4개 국밖에 없었다. 잘산다고 행복한 것은 아니란 말이다.

그렇다면 우리나라는 어떠한가? 대한민국 역시 경제 규모로는 세계 10위내외, 1인당 국민소득 2만 불 시대를 달리고 있지만 신경제재단의 2012년 행복지수 비교에서는 63위를 차지했다. 2006년 102위, 2009년 68위에 비해선 좋아진 편이긴 하다. 그러나 경제 규모나 사람들이 향유하는 물질적 수준에 비해 주관적 행복도는 세계 평균 정도밖에 되지 않는, 상대적으로 매우 낮은 수준이다. 이런 점은 '이스털린의 역설'이 가진 타당성을 다시금 입증한다.

그렇다면 행복지수 1위를 기록한 코스타리카는 어떤 나라인가? 이 나라는 중앙아메리카 남쪽에 위치한 인구 500만 명 정도의 작은 나라(한반도의 1/4 정도)로, 그 이름은 스페인어로 '풍요롭고 아름다운 해변'이란 뜻이다. 북으로는 니카라과, 남으로는 파나마와 인접한다. 대체로 사회·정치적으로 불안정한 상황에 있는 것으로 인식되는 중남미 여러 국가 중에서도 코스타리카는 일찍부터 민주주의가 토착화됐다. 특히 1949년에 세계 최초로 헌법에 의해 군대를 폐지한 점은 독특하다. 군대가 없다 보니 국민의 건강, 교육, 문화 등에 투자할 재원이 많아졌고, 국민들도 국가 권력에 대한 두려움이 낮으면서 심리적 안정감과 사회적 유대감 등이 매우 높다고 한다. 아름다운 자연환경과 더불어 사람들의 마음이 안정되고 자유롭다 보니 자연스럽게 행복도가 높아질 수밖에 없을 것이다. 1인당 국민소득이 1만 달러도 안 되는 코스타리카가 세계 최고의 행복을 누리는 점은 우리에게 매우 시사적이다. 이런 얘기는 김종철 선생이 《녹색평론》 134호에 쓴 〈지속 가능성 위기와 민주주의〉라는 글에도 나온다.

한편 이미 1972년 부탄의 국왕은 "앞으로 우리는 국민총생산(GNP, GDP) 이 아니라 국민총행복(GNH)을 중심으로 나라를 이끌겠다"고 선언했다. 이를 반영해 유엔은 건강, 교육, 생활수준 등 9개 범주 33개 지표로 국민총행복지 수를 만들고, 2008년과 2013년에 〈유엔행복보고서〉를 발표했다. 이 유엔 행복 도 조사(2013년)에서 한국은 156개국 중 41위를 차지했다. 최고 수준 10개 국 은 덴마크, 노르웨이, 스위스, 네덜란드, 스웨덴, 캐나다, 핀란드, 오스트리아, 아이슬란드, 호주 등이었다.

여기서 특이한 점은 영국 신경제재단의 조사 결과와는 달리 유럽 여러 나 라들의 행복도가 월등히 높았다는 점이다. 즉, 물질적으로 어느 정도 부유하 게 살면서도 높은 삶의 질을 누리는 나라들의 행복도가 높게 나타난 것이다. 이런 점은 2013년 5월에 발표된 OECD 주요 국가 행복지수에서도 확인된다. 여기서도 최고 수준을 달리는 나라는 호주, 스웨덴, 캐나다, 노르웨이, 스위스, 미국, 덴마크, 네덜란드 등이었다. 한국은 27위에 그쳤다.

이 모든 이야기를 종합하면 이렇다. 가난하더라도 삶의 질이 높으면 행복 할 수 있고 부유하면서도 삶의 질이 높으면 행복할 수 있다. 핵심은 가난하냐 부유하냐가 아니라 삶의 질(건강과 여유, 존중과 평등, 인정어린 공동체, 조화로운 생태계)이 높은가 하는 점이다. 그렇다면 부유하면서도 행복하지 못한 대한민 국 사람들은 이런 질문을 던질 수 있다. "혹시 우리는 부유해지려고 노력하는 가운데 삶의 질을 훼손하고 있지 않은가?"

바로 이 질문에 대한 답을 이미 세계 여러 나라들은 우리에게 조용히 해주고 있다. 중남미나 아시아, 남태평양 섬나라 등 가난한 나라들처럼 살아 있는 자연과 조화로운 관계를 유지하면서도 공동체적 관계를 망가뜨리지 않고 살든지, 아니면 북유럽 여러 나라들처럼 부유해지더라도 맑은 자연환경과 더불어 사회적 안전망을 제도적으로 잘 구축하면서 사는 것이다.

최종적으로 우리는 이렇게 물어야 한다. 과연 이 두 흐름 가운데 보편적으로 적용 가능한 '글로벌 스탠더드'는 무엇일까? "인간의 필요를 위해서는 지구 하나만으로도 충분하지만, 인간의 탐욕을 위해서는 지구가 몇 개나 있어도 부족하다"는 마하트마 간디 선생의 말을 기억하자. 그러니 인류 전체를 위한 우리의 최종 결론은 '소박한 행복'이 아닐까? 민주적이고도 행복한 경제 시스템을 만드는 데 결코 공짜가 있을 수는 없다!

나부터 세상을 바꿀 순 없을까?

2장

"부자되세요!"가
아니라
"행복하세요!"

성과주의 시대에
즐겁게 일하며
사는 법

'다다익선' '더 빨리, 더 높이, 더 많이' '피로사회' '팔꿈치 사회' '과로 사회', 이 모두는 모두 성과주의 시대를 표상하는 말이다. 결론을 말하자면, 아무리 양보해서 보더라도 적정한 선까지는 팔꿈치로 옆 사람을 밀치고 자기만 앞으로 나아가려고 몸부림치는 과정에서 더 높은 성과와 더불어 만족감이 같이 높아지겠지만, 일정한 한계를 넘으면 피로가 누적되고 과로하여 육체와 정신이 황폐화하기 쉽다.

2013년에 〈직장의 신〉이란 TV 드라마에서 사내 체육대회(피구 게임)를 하는 장면이 나온 적이 있다. 정규직으로 내심 승진을 갈구하는 직원 하나가

"부자 되세요!"가 아니라 "행복하세요!"

상사가 잘못 던진 공에 스스로 몸을 던지며 "상무님은 피구의 신"이라며 아부를 떤다. 반면 주인공인 슈퍼갑 계약직 '미스 김'은 "체육대회를 잘해야 한다는 업무에 충실하자"라는 신념으로 '불꽃 슛'을 던져 결국 상무의 쌍코피를 터뜨리고 만다. 이에 정규직 직원이 깜짝 놀라 미스 김에게 "상황 파악 못한다"며 쓴소리를 하자, 미스 김이 "어차피 져줘야 하는 게임을 왜 하고 앉아 있냐"며 당당하게 받아친다. 이를 시청한 많은 직장인들이 실제로 "보는 내 속이 뻥 뚫리는 듯 했다"며 대리 만족감을 드러냈다.

예전 같으면 감히 꿈도 꾸지 못할 내용이 이렇게 드라마에 등장하고 많은 사람의 공감을 얻는 이유는 무엇일까? 그것은 우리의 직장생활이 그 정도로 스트레스와 불만족을 유발하기 때문이다. 그것은 결국 경쟁 압박과 성과주의 분위기와 연관된다.

실제로 최근 30대나 40대 직장인들이 가장 많이 받는 스트레스가 야근이나 휴일근무 등 초과근로, 그리고 다음은 상사의 잔소리, 또 그 다음은 부하의 비협조나 무시당하는 느낌 등이라고 조사되기도 했다. 경쟁력 내지 성과를 높이기 위한 업무 자체가 주는 부담감은 물론이고 상사나 부하와의 인간관계도 높은 스트레스의 원인이 된다. 업무부담 및 대인관계가 직장인 스트레스의 양대 원인인 셈이다. 그런데 이들은 스트레스 해소를 위해 (업무 중) '메신저 채팅'이나 (퇴근 후) '술자리'를 가장 많이 활용한다고 했다.

한편 흥미롭게도 '직장인의 SNS 사용 현황'에 관한 다른 조사에서는 조사 대상자의 66퍼센트 정도가 "SNS 이용 중 스트레스를 받는다"고 했고, 그 가운데 절반 이상이 "직장상사와 거래처 등에서 내 글을 볼까 봐" 스트레스를 받는다고 했다. 결국 사람들은 불이익의 두려움 때문에 회사에 대한 불만을 마음 편하게 쓸 수도 없어 "개인용과 회사용 SNS를 따로 쓴다"고 말하기도 한다.

한편 〈직장의 신〉에서는 미스 김이 탁월한 성과를 올렸을 때 상사가 "이제 정규직으로 전환을 시켜주겠다"고 하자 "노예가 될 생각이 없다"고 잘라 말하는 장면이 나온다. 차라리 비정규직이라도 내가 하고 싶은 말을 스스럼 없이 토해 내고 상사의 눈치를 보지 않고 주어진 업무만 멋지게 해내며 자신만의 독특한 삶을 살겠다는 것이다. 멋진 주체성이다!

물론 오늘날의 성과주의 사회에서, 더구나 사회보장도 시원찮은 한국 사회에서 이런 식으로 '멋지게' 살기란 쉽지 않다. 하지만 아무리 여건이 좋지 않다고 하더라도 우리는 즐겁게 일하며 행복하게 살 방법을 찾아야만 한다. 그렇다. 행복한 삶, 바로 이것이 우리가 열심히 공부하고 열심히 일하는 까닭이 아니던가. 그 몇 가지 방법은 이렇다.

첫째, 직장을 처음 구할 때 월급이나 세상의 시선 같은 요소보다는 자신이 진정 하고 싶은 일을 할 수 있는 곳을 찾아야 한다. 사람들이 죽을 때 흔히 하는 후회 중 하나가 '하고 싶은 일 하면서 살걸'이라고 한다. 사실 대학이나 직장은 재수가 가능하지만 인생에는 결코 재수가 없다. 그런데 직장에서 하는 일이란 원래 양 당사자가 합의해서 성립하는 '근로계약'이다. 계약 관계란 사람 사이의 정이나 의무감, 죄책감에 의해 움직이면 안 된다. 서로 원하는 바를 이룰 수 있어야 한다. 〈직장의 신〉에 나오는 미스 김처럼 자신이 하고 싶은 일을 신나게 하며 '몰입'할 수 있다면 자기에게도 좋지만 당연히 직장(조직)에도 좋은 결과를 낸다. 한국 기업들이 더 이상 잘라내기나 쥐어짜기 식 경영이 아니라 건강한 방향으로 노동문화 혁신을 해야 할 이유다.

둘째, 기본적인 생계 해결을 위해 어쩔 수 없이 (별로 마음이 내키지 않는 것이라도) 일을 해야만 하는 경우라면, 5년이건 10년이건 스스로 기한을 정해 놓고 해야 한다. 스스로 정한 기한 내에 어느 정도 기본 생계를 해결한 뒤에는 반드시 정말 하고 싶은 일을 하면서 살 수 있도록 미리 준비를 해나가야 한다는 말이다. 그렇게라도 인생설계가 잡히면 당장은 힘들어도 즐거운 마음으로 생활할 수 있다. 미스 김처럼 주체적으로 살면서 '노예'이기를 거부하는 것이 원래 바람직한 인간이다. 환경 탓만 하지 말고 자유롭고 당당하게 살아야 한다. 그래야 나중에 후회하지 않는다. 물론 처음의 조직이 중·장기적으로 '경력 개발 프로그램'을 제공해 정말 하고 싶었던 일을 할 수 있는 기회를 준다면 개인이나 조직 모두에게 좋은 일이 될 수도 있다.

셋째, 직장인 스트레스의 주요인이 업무과다와 대인관계라고 하는데, 이를 어쩔 수 없는 요인이라고 간주해 넘어가기보다는 오히려 과감하게 직시하고 정면 돌파하는 것이 좋다. 일례로, 세간의 주목을 많이 받는 '제니퍼 소프트' 같은 조직처럼 '칼 퇴근' 문화나 '유연한 조직문화'를 만들어보려는 노력을 할 필요가 있다. 팀 구성원이 모여서 조직의 분위기를 바꿔보자는 제안을 직·간접적인 방법으로 할 수도 있다. 특히 창의력과 혁신력을 필요로 하는 조직일수록 군대식 조직문화보다 오케스트라식 조직문화가 절실하다. 핵심은 명령과 복종이 아니라 조화와 협동이다. 상사가 먼저 이런 방식의 '조직 혁신'에 공감하고 '조직 변화'를 이뤄간다면 더할 나위 없이 좋겠지만, 그게 잘 되지 않는다면 조직 구성원들끼리라도 서로 마음을 터놓고 변화의 필요성을 공감하고 널리 공유해야 한다. 만일 이러한 변화의 움직임이 노동조합과 같은 조직적 차원에서 체계적으로 이뤄져 '조직 혁신을 위한 특별 단체 협약' 같은 것으로 결실을 맺는다면 더욱 바람직하다.

TV 드라마만 보며 가상현실 속에서 대리만족하거나 SNS 같은 매체를 통해 가볍게 스트레스만 배출하는 정도로는 그 어떤 본질적 현실 변화도 찾아오지 않는다. 즐겁게 일하기 위해서는 스스로 즐겁게 일하는 방식을 개발해야 하지만, 즐겁게 일하지 못하게 만드는 조직적 · 사회적 여건들까지 과감하게 변화시킬 수 있어야 한다.

물론 이 모든 일이 쉽지 않다. 그러나 어렵고 힘들다고 해서 불가능한 것은 아니다. 나 홀로 꿈꾸면 꿈으로 남지만 여럿이 함께 꿈꾸면 현실이 된다는 말을 기억할 필요가 있다. 그리고 또 하나 기억하자. 우리가 후손들에게 물려줄 것은 더 많은 재산이 아니라 더 살기 좋은 사회라는 점을 말이다. 그렇게 되면 나중에 약 80년간의 인생 여행을 마무리할 적에 우리는 더 이상 "지긋지긋한 경쟁사회, 부디 나처럼 살지 마라"는 식의 절망적이고 참담한 마무리가 아니라 "그동안 참 멋진 인생을 살았노라. 이제 너희도 나처럼 행복하게 잘 살기 바란다"며 평화롭고도 아름다운 마무리를 할 수 있지 않을까?

제로성장시대,
현명한
삶의 방식은?

2013년 11월 22일 통계청의 '2013년 3분기(7~9월) 가계 동향에 따르면 2003년 조사 이래 가계 흑자액이 약 96만 원으로 사상 최고치를 기록했고, 적자 가구의 비중도 줄었다 한다.

오랜만에 반가운 소식이다. 하지만 하나씩 들여다볼수록 실망도 커진다. 일례로, 가구당 월평균 소득은 426만 원으로, 전년 동기보다 2.9퍼센트 증가했지만 물가 상승 탓에 실질 증가는 별로다.

게다가 이건 평균치다. 행여 이 정도도 벌지 못하는 사람들이 이 뉴스를 보면 얼마나 큰 좌절감을 느낄까? 물론 집집마다 적자 상태보다 흑자 상태가 되는 게 바람직하다. 그런데 그것만으로 과연 한국 경제가 잘 나가고 있다고 할 수 있을까?

첫째, 사상 최고 흑자라 하나 순흑자가 고작 96만 원이다. 매월 100만 원도 저축하지 못하는 상태를 두고 '사상 최대의 흑자 살림'이라 떠들기는 뒤가 좀 구리다. 게다가 지금은 가계부채 총액이 1000조 원이다. 또 정부부채와 공기업부채도 합쳐 약 1000조다. 한 마디로 '빚더미 공화국'이다.

반면 부자들은 스위스 비밀 은행에 약 1000조 원을 감추어두었다. 이게 현실이다. 50년 전 1인당 국민소득은 약 80달러, 지금은 2만 4000달러다. 그간 250배 이상 성장했지만, 석 달 평균 흑자 96만 원으로 시한폭탄인 부채 문제를 상쇄할 수 있을까?

둘째, '흑자 가계'의 배경을 가만히 보면 경제 성장분의 과실 분배, 즉 월급 증가 덕이 아니라 온 식구가 식품 구입비까지 줄이는 등 '허리띠 졸라매기'를 한 결과임을 알 수 있다. 소비지출은 월평균 249만 4000원으로, 형식상 1.1퍼센트 증가했으나 물가상승을 감안할 때 실질적으론 0.1퍼센트 줄었다. 전년 하반기 이후 5분기 내내 이어진 경향이다.

지출 감소 항목만 보면, 식료품과 비주류음료비, 담배, 혼례 및 장례 등 서비스, 오락이나 문화 지출, 신발 구입비, 통신비 등이다. 특히 주거, 수도, 광열비나 교통비 등 전셋값과 공공요금, 세금과 의료비, 교육비가 증가했음에도 이를 상쇄코자 식품비나 신발, 문화비 등을 줄인 것은 '삶의 질'이 저하되었음을 시사한다.

셋째, 사회 전체적으로 빈부 격차가 계속 벌어진다는 사실이다. 이 통계

"부자 되세요!"가 아니라 "행복하세요!"

에서도 적자 가구가 약간 줄었다고는 하나, 하위 20퍼센트의 소득은 0.9퍼센트 증가했음에 비해 상위 20퍼센트는 2.3퍼센트 증가했다. 사회정의 차원에서 볼 때, '하후상박'이어야 할 분배 구조가 '상후하박'으로 나타난 것이다.

게다가 근로소득만 볼 때는 하위 20퍼센트 그룹에서만 4.3퍼센트가 줄었다. 그리하여 상위 20퍼센트의 소득이 하위 20퍼센트의 5.05배를 기록해, 작년 같은 기간의 4.98배보다 격차가 증가했다.

물론 이런 상황조차 현실의 실상을 잘 반영하진 못한다. 왜냐하면 통계 수치란 것이 평균치로 비교하는 데다, 삶의 구체성보다 추상성을 표현하기 때문이다. 일례로, 지금도 서울역 노숙자들은 따뜻한 밥 한 그릇과 옷가지, 그리고 잠잘 곳을 찾아 헤매는 반면, 백화점이나 고급 식당, 호텔, 골프장 등에서는 매일 가진 자들의 잔치가 벌어진다.

이 시점에서 어느 당국자는 말한다. "경제 활성화 및 일자리 창출을 통해 경기 회복세를 이어 나가 서민, 중산층의 가계소득과 소비심리를 지속 개선할 필요가 있다." 좋은 말이다. 하지만 현실은 딴판이다.

아직도 우리를 꼭꼭 가둔 건 1970~1980년대 식 '경제성장을 통한 번영'이란 프레임이다. 그러나 세계경제는 물론 한국경제도 '제로성장' 시대를 대비해야 한다. 아니, 마이너스 성장, 정확히는 '경제축소' 시대를 대비해야 한다.

앞 조사에서 나온 가계소비 지출의 축소는, 이미 '현명한' 보통 사람들은 경제축소 시대를 예비한다는 징후인지 모른다. 정부와 상류층 부자들만이 아직도 무한성장 신화에 갇힌 채, 이 프레임을 보통 사람들에게도 은근히 강요한다.

석유 등 자원 고갈, 식량대란, 이상기후, 소비시장 포화, 금융위기, 사람들의 윤리의식과 정의감 고조, 삶의 질 추구 성향 등 제반 변수는 우리로 하여금 경제의 프레임 자체를 전환해야 한다고 말한다.

결론은 '소박한 삶'이다. 피터 모린의 "아무도 부자가 되지 않으려 하면 모두 부자가 되겠지만, 모두 가난해지려 하면 아무도 가난해지지 않을 것"이란 말이 새삼 가슴 깊이 와 닿는다. 이제 우리는 질문해야 한다. "어떻게 하면 산더미 같은 빚을 모두 청산하고 매일 해맑은 빛을 쐬며 행복하게 살 수 있을까?"

"부자 되세요!"가 아니라 "행복하세요!"

'라면 상무'와
'조폭 우유'
없는 세상

2013년 내내 이른바 '갑을관계'의 부당함과 모순을 알리는 사건 사고가 신문지상을 채웠다. 대한항공 내 대기업 임원의 '라면 상무' 사건, 경주빵이나 호두과자를 만들어 납품하던 '빵 사장'이 호텔 주차관리원을 지갑으로 폭행한 사건, 그리고 우유 제품 대기업 영업팀장이 대리점 업주에게 폭언과 더불어 밀어내기를 강요한 '조폭 우유' 사건 등이 바로 그것이다. 일각에서는 그러한 슈퍼갑 상품에 대한 불매운동이나 자발적인 연대조직 건설 등 '을의 반란'이 일어나기도 했다.

이러한 갑을관계가 실제로 어떻게 벌어지고 있는지 실제 사례를 통해

보다 상세히 살펴보자. 그리고 이것이 우리에게 무엇을 시사하는지, 그리고 이런 사태를 제대로 해결하려면 어떻게 해야 하는지 알아보자.

아래 사례는 몇년 전 갑(대기업 영업관리 팀장, 34세)과 을(대리점 업주, 50대) 사이에 있었던 전화 통화 내역이다.

을: 창고 자리도 없고 상황이….

갑: 그냥 받어. 물건 못 들어간다 하지 말고… 창고 늘리라고 한 지가 2년째야. 책임 져. 물건 받어, 그냥.

을: 지난 달에도 그렇게 (무리하게 많이) 받았는데….

갑: 내가 준 거지 당신이 받았어?

을: 내 목표(요청한 수량)보다 더 오바됐잖아….

갑: 당신 목표가 뭔데, 그냥 받어. 앞으로 전화 꺼놓기만 해?!

을: 받을 상황이 아니라니까….

갑: 그럼 버려!

을: 무슨 제품을 버려? 나보고 망하라는 거야?

갑: 망해, 망해. 그러면 망하라구요, 이 XXXX!

을: 그게 영업관리소장으로서 할 말이야?

갑: 당신은 그럼 이 XXXX 한 게 뭐 있으세요, 사장님, XXXX 당신 얼굴 보면 아주 XXXX 자신 있으면 들어오든가 XXXX 맞짱 뜨게, 그러면 XXXX!

"부자 되세요!"가 아니라 "행복하세요!"

아마도 이 대화의 끝에 (나이가 훨씬 많은) 을은 전화기를 집어던지며 자기도 모르게 눈물을 흘렸을지 모른다. 속으로 말했을 것이다. "더러운 세상, 정말 더 이상 못 해먹겠다." 그리고 저녁엔 친한 친구를 만나 그 모욕적인 갑을관계의 불평등함과 부당함을 토로하며 속을 달랬을지 모른다. 아마도 친구는 말했을 것이다. "여보게, 세상이 그러니 어찌하겠나. 아니꼽더라도 세상을 더 많이 산 자네가 좀 참아야지…" 그렇게 해소되지 않은 울분을 안고 가정에 들어온 그는 아내나 아이들에게 결코 다정한 얼굴을 하기 어려울 것이다. 가족들은 걱정스런 눈초리로 그를 바라보거나 갈수록 공격적으로 변하는 그의 모습에 더 이상 친밀감을 느끼기 어려울지 모른다.

앞의 사례 속에는 34세의 젊은 갑이 강자로 나타나고, 거의 아버지뻘 되는 을이 약자로 나타난다. 젊은이가 무조건 나이든 사람에게 굽실거리는 것도 곤란하지만, 인간의 기본 윤리도 무시하고 말을 함부로 하거나 욕설을 하는 것은 잘못된 일이다.

그런데 더 중요한 건 나이가 아니라 갑을관계라는 수직관계다. 원래 갑을관계란 갑과 을이 계약의 당사자로, 자유롭고 평등한 수평관계여야 마땅하다. 하지만 현실에서는 누가 더 강자인가에 따라 위치만 다를 뿐 결국은 수직관계로 나타난다. 비행기 안에서 대기업 임원이랍시고 승무원에게 무조건 라면을 끓여달라고 생떼를 쓰는 것도 이러한 수직관계의 소산이요, 중소기업 빵 회사 사장이 호텔 주차관리요원이 차를 좀 빼달라고 하자 "니가 뭔데 나보고 차를 빼라 말라 하냐"며 지갑으로 뺨을 때린 일도 이런 수직관계가 낳은 부산물이다.

그렇다면 당사자간의 수직관계를 수평관계로만 바꾸면 사태가 해결될까? 그렇지 않다. 사태는 훨씬 복잡하다. 그것은 먼저 앞 사례에 드러난 갑(대기업의 영업팀장)조차 그 기업 내부의 상사나 사장과의 관계에서는 을의 입장이기 때문이다.

다음으로, 그 유제품을 만들던 회사나 유제품을 받아 팔던 대리점이나 '왕'으로 불리는 고객들 앞에선 을이 되기도 한다. 물론 이 관계조차 고정된 건 아니다. 대부분의 경우엔 고객들이 '봉' 취급을 받는 을이기 때문이다. 가격이나 품질, 내용물의 양 등에서 독점적 권력이 강요되는 경우가 허다하다.

나아가 대기업 사장조차 왕회장이나 주주총회에 나온 주주들 앞에선 꼼짝 못하는 을의 신세가 된다. 왕회장이나 주주들이 슈퍼갑이 되는 셈인데, 그러나 정말 흥미로운 점은, 이들조차 자본의 논리, 즉 경쟁을 통해 이윤을 추구해야 한다는 자본 내적 속성 앞에서는 을의 위치로 전락한다는 점이다. 그야말로 최강자로 군림하던 개별적 주체성조차 자본 논리 앞에서는 굴복해야 하는 을의 입장이기 때문이다. 역사적으로는 노예주가 갑이고 노예가 을이었으며, 농장주가 갑이고 농노나 소작인이 을이었다. 이제 자본주의에서는 자본 또는 자본주가 갑이고, 노동 또는 대리점이 을이다.

그래서 결론은 사회 전체가 상호 존중하고 협동하는 수평사회가 아닌 한, 갑을관계라는 불평등 관계는 지속되고 부당함이나 치욕스런 일들이 거듭 발생할 것이란 점이다.

한 걸음 더 나가 생각해 보자. 대개 우리는 구조적으로 불평등한 관계를 경험하다 보면 "내가 약하니까 그렇지. 나도 강자가 되어 이 원한을 풀어야

겠다"는 식으로 생각하기 쉽다. 그러나 이 역시 강자와 약자 사이의 위치이 동만 될 뿐 강자-약자 관계, 즉 갑을관계 '자체'가 변하는 건 아니다. 수직관계나 불평등관계가 참된 수평관계나 평등관계로 바뀌는 것이 아니란 말이다. 이런 식으로 우리는 일상의 불평등을 '강자 동일시'로 내면화하기 쉽다.

바로 이런 문제를 제대로 타파하는 것이 '경제민주화'의 본질적 측면 중 하나다. 단순히 표피적이고 일시적인 관계만 수평적으로 바꾸는 것이 아니라 구조적이고 심층적인 관계를 일관성 있게 바꾸어내는 것, 사회경제 구조의 문제와 더불어 우리 자신의 태도와 행위를 제대로 성찰하는 것, 바로 이것이 참된 경제민주화의 선결 과제가 아닐까? 그때 비로소 우리는 '라면 상무'나 '조폭 우유' 같은 사태를 더 이상 겪지 않고 날마다 작은 행복을 느끼며 살 수 있을 것이다.

나부터 세상을 바꿀 순 없을까?

살아가는 데
많은 돈이
들지 않는
삶의 구조 만들기

2012년 10월 말, 금융당국과 금융연구원은 한국은행과 통계청이 실시한 가계금융조사를 토대로 '가계부채 스트레스 테스트' 결과를 발표했다. 그 결과 가계부채의 심각성이 그대로 드러났다.

2011년을 기준으로 주택담보대출을 받은 480만 3000가구 중 12퍼센트인 56만 9000가구의 부채원리금상환비율(DSR)이 60퍼센트를 초과했다. DSR은 배우자 및 자녀를 포함한 전체 가계 구성원의 세전 소득 가운데 주택담보대출과 신용대출·카드대출 등 금융권 부채의 원리금을 상환하는 데 들어간 돈의 비율이다. 이 비율이 60퍼센트를 넘으면 사실상 생활 과정이 만성

"부자 되세요!"가 아니라 "행복하세요!"

적자에 시달리기 쉽다.

집 한 채를 사느라 빚을 내는 바람에 오히려 생활고를 겪는 것이 '하우스 푸어'인데, 약 57만 가구가 준(準)깡통주택을 소유한 채 실제로는 힘겹게 산다는 얘기다. 지역별로는 수도권(33만 9000가구)이 가장 많았다. 게다가 10만 가구 정도는 현재의 집값이 대출받은 돈보다 낮아 집을 팔아도 빚을 못 갚는 이른바 '깡통주택' 소유자다. 이 10만 가구의 총부채만 해도 무려 47조 원을 넘는다.

일례로 40대 중반의 A씨는 2008년에 은행에서 주택담보대출로 2억 3000만 원을 빌려 서울 마포에 중소형 아파트를 장만했다. 당시 6억 원대였던 아파트 가격은 현재 5억 원 초반대로 떨어졌다. "시세차익을 염두에 두고 투자했는데, 그간 나간 은행이자를 포함해 1억 2000만 원 정도 손해를 봤다"며 "생활비가 부족해 신용대출로 메운다"고 할 정도다. 또 다른 경우도 있다. 50대 중반의 B씨는 2009년에 서울 도봉구에 작은 연립주택 한 채를 샀다. 그간 모은 돈 3000만 원에 7000만 원 대출을 끼고 1억 원으로 마련한 집이었다. 그런데 올해 남편이 명퇴한 뒤에는 이자 내기도 버겁다. 김씨는 "1억 원짜리 집이 5000만 원까지 떨어졌으니 이젠 팔아도 빚을 다 못 갚는다"며 "집을 내놓아도 보러 오는 사람이 없다"고 한탄한다.

앞으로 경기가 더 나빠질 경우 부실도 눈덩이처럼 늘어날 것이다. 집값이 내리거나 소득이 주는 경우가 문제다. 집값이 20퍼센트 하락하면 깡통주택은 현재보다 4만 6000가구 는다. 가계소득이 20퍼센트 줄어도 3만 5000가구가 새로 깡통주택이 된다. 집값과 소득이 함께 20퍼센트씩 줄어들면 깡통주택은 9만 6000가구나 늘어난다. 현재의 거의 두 배 수준이다. 이 경우 금융권의 부실도 현재 10조 7000억 원에서 17조 9000억 원으로 커진다. 한국이 가진 총 부채(가계, 기업, 금융권, 정부)는 국내총생산(GDP)의 314퍼센트 수준으로, 최근 재정 위기로 곤란을 겪은 이탈리아와 같은 수준이다. 일각에서는 한국의 거품경제 붕괴도 초를 다투고 있다고 한다.

이 지점에서 몇 가지를 따져보자. 첫째, 왜 사람들은 무리해서 빚을 내어 집을 샀을까? 그것은 당연히 시세차익이 있을 것이라 보았기 때문이다. 정상적으로 월급을 모아봐야 부자 되기는 힘들고 또 어느 이웃이 부동산 투자를 잘해서 큰돈 벌었다는 얘기를 들으니 '나도 해봐야겠다'는 마음이 들었을 것이다. 그리하여 주거용이던 아파트가 투기용으로 변질되었다. "저 산과 들과 강과 바위는 모두 우리의 형제자매들"이라고 외쳤던 북미 인디언 시애틀 추장(1854년의 편지)의 정신이 오늘날 우리에겐 모두 사라지고, 땅은 한갓 '부동산'에 불과하며 '한탕주의 돈벌이'의 대상이 되고 말았다. 그러니 천문학적인 빚을 내서라도 집 한 채 장만하면 큰돈을 벌 수 있다고 생각한다. 그러나 세상은 변하고 어느 것도 영원하지 않는 법. 고용은 불안정해지고 실업자가 급증했으며 '경제 대통령'이 통치하는 기간조차 경제는 엉망이 되어버렸다. 시장 할머니들조차 등을 다 돌려버렸다. 물가는 오르되, 부동산 시장은 포화 상태에서 '빈 집'이 급증했다. 소득은 줄고 집값이 폭락하니, 무리해서 집을 샀던 사람들은 한숨만 푹푹 쉰다. 부동산 가격이 올라갈 줄만 알았지 내려갈 줄은 상상도 못한 어리석음 탓이다. 한 마디로 '탐욕'이 세상을 망친 셈이다.

둘째, 집이나 땅을 주거나 살림살이의 관점이 아니라 투기나 돈벌이의 관점으로 바라보는 시각을 어떻게 고칠 것인가? 기본적으로 우리는 경제인류학자 칼 폴라니의 말처럼 토지, 노동, 화폐 등은 상품화하지 말아야 한다. 중국이나 싱가포르 같은 나라는 집을 짓더라도 토지 자체는 사유화를 못하게 하고 건물만 사적 소유나 매매가 가능하게 한다. 독일 같은 경우는 토지와 건물의 사적 소유 및 매매는 가능하게 하되, 자가 주택의 경우 세금을 많이 매기기 때문에 굳이 집을 살 필요가 없다. 더구나 월세로 사는 사람들의 권리를 철저히 보호하고 있어, 한국과 같은 '집 없는 이'의 서러움도 없다. 그러니 사람들의 마음에도 집에 투기하고픈 심리가 없다. 불행하게도 미국이나 캐나다 등 한국 교포가 많이 사는 동네에서는 한국인들 사이에 투기 열풍이 불면서 집값도 치솟는다고 한다. 제발 사람의 품격을 떨어뜨리는 짓은 해외 수출하지 않았으면 한다.

셋째, '하우스 푸어' 외에도 '워킹 푸어'나 '에듀 푸어'도 증가하는 추세다. '워킹 푸어'는 일하는데도 가난을 면치 못하는 사람들이다. 대개 비정규직 또는 실업과 취업을 반복하는 사람들이다. 요즘은 청년 알바생들도 가세했다. 정규직이라도 중소 영세기업 소속이면 워킹 푸어가 되기 쉽다. 이주노동자들 또한 대개 워킹 푸어들이다.

'에듀 푸어'는 자식 교육을 위해 빚을 내거나 '알바'라도 뛰어야 하는 경우다. 사교육비, 대학 등록금, 영미권으로의 해외 유학 등이 돈을 많이 들게 하는 요인이다.

이 문제들을 해결하는 방법은 크게 두 가지인데, 하나는 소득을 증가시키는 것이고 다른 하나는 지출을 줄이는 것이다. 후자는 주거, 교육, 의료, 노후 문제를 사회 공공적으로 해결하는 것이다. 그 재원은 당연히 세금인데, 상후하박 식의 누진제를 실시하고 탈세와 누세를 철저히 포착해 낭비성 지출을 없애면 충분하다. 살아가는 데 그렇게 돈이 많이 들지 않는 삶의 구조를 만들면 개별 가구는 풍요롭게 살 여유가 생긴다.

반면 전자의 소득 증대 방식은 갈수록 일중독과 소비중독을 조장한다. 생활물가는 계속 오르고 벌고 벌어도 끝이 없다. 소득이 늘어봐야 '말짱 도루묵'이다.

이제부터라도 거품 경제, 투기 경제, 중독 경제의 길을 청산하고 내실 경제, 생활 경제, 만족 경제를 일궈야 한다. 돈벌이가 아니라 살림살이, 그것도 행복한 살림살이가 우리 인생의 목적이기 때문이다. 돈벌이는 그를 위한 수단에 지나지 않는다.

소유하지 말고
공유하라

우리 사회에서 '공유'의 의미

한국 사회만이 아니라 모든 자본주의 사회는 '개인'의 소유와 소비를 중시한다. 현실적으로 개인 차원에서의 소유나 소비가 활성화할수록 기업의 돈벌이 가능성은 높아지기 때문이다. 이런 면에서 '개인'이라는 말, 즉 '더 이상 나눌 수 없는 존재'에 가장 부합하게 발전한 체제가 자본주의 시스템임을 알 수 있다. 다시 말해, 공동체보다는 개인들이야말로 자본주의 돈벌이에 가장 도움이 되는 존재라는 말이다.

그런데 문제는 기업이 만드는 상품을 개인들이 모두 사줄 수 있는 구매력이 없어질 때 발생한다. 요즘같이 일자리를 쉽게 잃거나 돈을 충분히 벌지 못하거나 신용을 잃어 빚도 내지 못하는 경우다. 최근 한국 사회도 경기 침체나 구조조정의 여파로 사회적 구매력이 현저히 떨어지고 있다.

바로 이런 맥락에서 '공유' 개념이 여기저기서 부각된다. 미국에서도 '공유 경제'가 본격 논의된 것이 (금융 위기가 본격화한) 2008년부터라고 하지 않는가. 2008년은 미국이 서브 프라임 모기지 부실 사태로 부동산과 금융권이 동반 침체하고 마침내 세계경제의 슬럼프까지 초래한 시기다. 이를 달리 보면 전 사회적 구매력이 급격히 떨어진 시기라 할 수 있다. 이런 맥락에서 사람들이 "소유하지 말고 공유하라!"는 구호에 매력을 느끼는 것은 지극히 자연스러운 현상이다.

그러나 다른 한편으로 '공유'란 자본주의 사회경제 시스템 이전에 오랫동안 존재해 오던 가치요 개념이자 현실이었다. 바다나 산을 보라. 누구나 바다에 가서 조개도 잡고 해수욕을 하던 시절이 있었다. 또 누구나 어느 산이건 가서 나물도 캐고 산행도 하고 그랬다. 그러나 어느 날부터 아무나 함부로 개펄에 들어가지 못하게 되었고, 바다 경치 구경을 하기 위해서도 횟집이나 카페 같은 데로 들어가야 되도록 변해 버렸다.

또 우리가 어릴 적엔 아버지들이 작은 규모로 농사를 지었는데, 가을에 벼 타작을 하기 위해 마을의 누군가 탈곡기를 빌려 오면 그 동네 모든 사람들이 차례대로 같이 썼다. 일도 '품앗이' 차원에서 돌아가며 같이 했다. 지금처럼 집집마다 탈곡기를 소유할 필요가 없었다는 말이다. 아이를 키우면서도 서로 옷을 물려주고 물려받았다. 요즘은 옷이건 자동차건 전화건 모두 가

"부자 되세요!"가 아니라 "행복하세요!"

정마다 또는 개인마다 별도로 소유하는 시대가 되어버렸다. 사실 자본주의 시장이란 이렇게 소유와 소비가 '개별화'가 되어야 크게 번창할 수 있고 무한한 돈벌이 경제가 잘 돌아간다.

그러나 흥미롭게도 바로 그 자본주의 원리, 즉 무한경쟁과 무한이윤의 원리 때문에 시장의 한계, 소유의 한계, 소비의 한계가 닥쳐오고 모순이 쌓이다가 폭발하는 순간이 온다. 앞서 말한 서브 프라임 모기지 사태나 최근 한국의 부동산 위기, 나아가 폭발 직전의 가계부채 위기, 전체 경제 위기가 그 증거다.

실제로 2004년 미국에서 조지 W. 부시 대통령이 재선되었을 때, 그 선거 캠페인 키워드가 '소유 사회'였다. "미국인이 더 많이 소유할수록 미국은 더 활기찬 사회가 된다"는 식이다. 부동산 투기 붐을 조장해 결국 거품을 부풀린 셈이다. 그래서 각 가정마다 빚을 내서라도 집을 소유하면 은행 이자보다 높은 시세 차익을 거둔다는 논리를 믿고 너도 나도 뛰어들다 보니, (일반 생산 공장들만이 아니라 금융이나 부동산 분야에서도) '과잉 생산'이 되었다.

다른 편으로는 돈벌이 경쟁이 세계적으로 치열해지다 보니 상시적 구조 조정이 이뤄지면서 고용불안과 정리해고, 사회 경제 양극화 속에서 중간 이하 대중들의 소득 감소가 일어나면서 시장에서는 '과소 소비' 경향이 생겼다. 바로 이 지점, 과잉 생산과 과잉 소비가 맞물린 지점에서 2007~2008년 '리먼 브라더스 사태'로 상징되는 경제 위기가 도래했다. 이 '글로벌 슬럼프'는 다소 굴곡은 있겠지만 생각 이상 오래갈 것이다.

이런 맥락에서 '공유'를 중심으로 해서 지금까지와는 전혀 다른 방식의 경제나 생활을 추구하려는 시도는 매우 의미가 크다고 본다.

현재 논의되는 '공유 경제'

최근 한국에서 논의되거나 실행되는 '공유 경제'를 보면 아직은 초보적 단계란 생각이 든다. 물론 (우리보다는 많이 활성화된) 미국이나 유럽도 크게 다르지는 않다.

우선 사회적 논의나 이론적 연구는 별로 없는 상태에서 구체적인 실천 사례들이 제법 나오고 있다. 취업 면접용 정장을 빌려주는 '열린 옷장'이나 빈 방을 공유하는 '코자자', 소셜 다이닝을 지향하는 '집 밥', 사람과 사람을 연결하는 특별 여행 프로젝트 '마이리얼트립', 유용한 물품을 공유하는 '원더렌드', 소프트웨어의 설계 지도인 소스코드를 공유하는 '오픈소스 운동', 자동차를 나눠 쓰는 '그린카'나 '소카', 다양한 지혜를 공유하는 '위즈돔', 그리고 문화예술 공연 소품 등을 공유하는 '공쓰재' 같은 시도들이 주목을 끌고 있다.

이런 구체적 실천 사례들은 상당히 고무적이다. "세상이 어둡다고 한탄만 하지 말고 네가 먼저 촛불이 돼라"는 말처럼 창의적이고 혁신적인 사람들이 스스로 나서서 실천하는 모습이 참 아름답다. 앞으로도 이런 사례들이 많이 생겨서 우리 삶의 많은 문제들을 해결할 수 있는 대안으로 자리 잡으면 좋겠다.

다만 한 가지 지적하고 싶은 것은, 이 운동들 대부분이 '소비' 측면에 초점이 맞추어져 있다는 사실이다. 이미 생산된 것들을 '어떻게 하면 더 적게 사서 더 많이 활용할 것인가', 이것이 '공유 경제'의 핵심처럼 되었다. 물론

"부자 되세요!"가 아니라 "행복하세요!"

이렇게 시작된 운동이 '오픈소스'처럼 '생산' 측면으로도 확장되어 나갈 수도 있을 것이다. 그러나 만일 기존의 '사유 경제'가 생산수단이나 의사결정력, 사회적 자원의 배분력을 독과점적으로 갖고 있는 상태에서 그 '틈새'만 파고드는 것이 '공유 경제'의 위상으로 굳어진다면, 결과적으로 '공유 경제'란 것이 현재의 경기 침체나 사회경제 위기 상황을 근본적으로 넘어가기보다 '땜질 처방'에 그칠 위험도 있다. 결국 우리의 고민과 토론은 공유 경제와 사유 경제의 관계 설정을 어떻게 할 것인가 하는 문제로 나아가야 한다.

그러나 이런 본질적인 문제 제기가 현재의 '공유 경제' 실천들을 위축시키는 효과를 가져오지 않기를 바란다. 아니 오히려 현재의 실천들이 더욱 왕성하게 전개되면서도 더 본질적인 측면들을 놓치지 말고 적극 함께 고민하면서 전진하기를 소망한다.

기대되는 변화들

현재의 경제구조 속에서 '공유 경제' 관련 움직임이 앞으로 어떤 변화를 이끌어낼 수 있을까? 그것은 실천적 움직임이 얼마나 왕성하게 활성화할 것인가 하는 요인과 나아가 소비 차원을 넘어 생산 차원까지, 또 부분적 차원을 넘어 전반적 차원까지 변화시킬 수 있는가 하는 요인 등 두 가지 요인(하나는 양적 요인, 다른 하나는 질적 요인)에 따라 달라질 것이다. 당연히 이것은 주체적 역량의 문제까지 제기한다.

일례로 나는 생산과정의 공유와 더불어 일자리 공유가 시급하다고 생각한다. 생산과정의 공유가 이뤄지면 우리가 흔히 시장에서 보듯 산더미처럼 많은 상품이 생겨나지도 않을 것이고 당연히 공장도 그렇게 많이 필요하지 않을 것이다. 또한 일자리 공유가 이뤄지면(동일한 일도 9명이 10시간씩 일하다가 15명이 6시간씩 일하면) 우리는 더 이상 잔업, 철야, 특근에 시달리며 일 중독에 빠져 심신이 피곤해지거나 좋은 인간관계 및 삶의 의미를 모두 상실하는 절망적인 삶에 시달리지 않아도 된다.

바로 여기서 주체적 역량의 문제란 이런 시스템의 변화를 이루기 위해 과연 우리가 얼마나 자기 확신을 갖고 사회적 연대를 강화할 수 있는가 하는 문제다. '공유 경제'를 활성화하면서도 '사유 경제'의 모순이나 문제를 넘어서기 위한 운동을 꾸준히 해야 하기 때문이다. 그러나 여전히 사람들은 '나만 잘살면 된다'는 식으로 고립적이고 개별적으로만 생각하는 경향이 있고, 나아가 '그래 봤자 무슨 소용이 있겠는가'라는 식의 냉소주의와 패배의식에 빠지기도 한다. 어딘가에서 훌륭한 실천이 나와도 '강 건너 불구경' 하는 사람들이 많다. 기득권층과 권력자들은 바로 그 빈틈을 뚫고 들어와 탄압과 회유를 한다. 자기들 입맛에 맞는 언론이나 대학, 종교, 예술 따위를 이용해 무지, 무관심, 무기력을 조장하는 것이다. 주체적 역량은 바로 이런 문제들까지 냉철하게 꿰뚫어보고 그 어떤 탄압과 장애에도 맞서 싸울 수 있는 집합적 의지와 능력을 아우르는 개념이다.

만일 '공유 경제' 운동이 그런 식으로 왕성하게 발전하고 활성화한다면, 우리는 점차 이윤의 경제가 아니라 필요의 경제를 구축할 수 있을 것이다. 돈벌이가 된다고 무조건 생산하고 광고해서 억지로 소비시키는 것이 아니라 인간적 삶에 필요한 것을 더불어 생산하고 두루 나눠 쓰는 경제가 가능할 것이란 얘기다.

　이것은 대단히 중요한 변화다. 물론 쉽지는 않겠지만 그렇다고 불가능한 것은 아니다. 우리의 두레나 품앗이 등에서 보듯이 이미 우리 조상들이 수천 년 동안 해왔던 것이기 때문이다. 사실 이런 방식의 상부상조 경제는 '오래된 미래'로 유명한 라다크 마을의 '파스푼'이란 전통 속에서나 남태평양의 아누타섬 같은 곳에서의 '아로파' 전통 속에도 살아 있었다. 또한 아프리카에서는 '우분투'라는 말을 쓰는데, "우리가 함께 있기에 내가 있다"는 뜻이라 한다.

　이러한 필요의 경제, 공생의 경제는 마침내 우리의 가치관과 문화까지 바꿀 수 있다. 다시 말해, 현재와 같은 경쟁과 분열이 아니라 우애와 신뢰의 가치를, 오만이나 독점이 아니라 배려와 나눔의 가치를, 죽임과 파괴가 아니라 생명과 공생의 가치를 더욱 널리 확산함으로써 사람도 살리고 지구도 살리는 가치 있고 의미 있는 운동이 될 것이다. 현재의 소박한 운동이 처음에는 미약하지만 시간이 갈수록 큰 변화를 이루는 거대한 물결로 성장하기를 바라마지 않는다.

현실을
바로 보되,
불가능한 것을
꿈꾸자!

삶의 좌표

자동차를 타면 대개 '내비'를 켜고 '목적지'를 찍는다. 그러면 내비라는 기계는 가능한 한 고속도로나 넓은 도로 혹은 현재 막히지 않는 길을 알려준다. 우리로 하여금 목적지에 최대한 빨리 도달하게 돕는 것이다. 만일 운전자가 내비가 알려준 대로 가지 않으면 내비가 말한다. "이 길로 가시면 먼 길을 돌아가야 합니다." 그래도 듣지 않으면 좀 다급한 목소리로 "내비를 존중하세요!"라고 말하기도 한다. 기계가 사람더러 존중해 달라니, 참 세상은 희한하게 돌아간다.

"부자 되세요!"가 아니라 "행복하세요!"

이 정도로 우리는 기계에 종속되었다. 그러면서도 우리는 편리라는 미명 아래 자동차만 타면 거의 자동으로 내비를 켠다. 그렇게 중독된 채 그의 명령에 따라 노예처럼 달린다. 지난 10년 사이의 변화이기도 하다.

그런데 과연 우리는 자신의 '인생 내비'를 제대로 켜고 살아가는가? 나의 삶의 목적지는 어디인가? 그리고 그 목적지에 이르기 위한 경로는 어떻게 설정했는가? 바로 여기서 나는 앞서 말한 '자동차 내비'와 '인생 내비' 사이의 차이점을 세 가지 발견한다.

첫째, 인생 내비에서 굳이 목적지를 말하라면 행복한 삶이다. 그것도 더불어 행복한 삶. 바로 이 목적지로 가는 길은 결코 고속도로나 직선이 아니다. 곧은길도 있지만 꼬부랑길도 있고 오르막과 내리막이 같이 있다. 신작로도 있지만 오솔길도 있다.

둘째, 자동차 내비는 가능한 한 빨리 목적지에 도달하게 할수록 좋지만, 인생 내비는 속도가 문제가 아니다. 그것은 과정과 느낌을 중시한다. 그래서 "인생은 속도나 높이가 아니라 과정과 느낌이다"라고 과감하게 말할 수 있다. 서둘러 높이 올랐지만 건강이 망가지고 이웃을 잃고 자연을 훼손했다면 말짱 도루묵 아닌가.

셋째, 인생 내비는 결코 나 홀로 목적지에 이를 수 없다. 더불어 가야지만 더불어 행복할 수 있다. 더불어 행복을 찾기 위해 더불어 가는 길, 바로 이것이 민초의 역사가 아닌가? 그렇다면 앞으로 최소한 10년, 아니 50년 뒤라도 더불어 행복을 추구하는 길을 제대로 가려면 우리가 직면한 삶의 실상을 솔직히 들여다봐야 한다. 어느 책의 제목처럼 '외면하지 않을 권리'가 우리에게 있다.

삶의 현실

2013년 1월 중순, 또 한 명의 50대 가장이 퇴직 후 이틀 만에 목숨을 끊었다. "그에게 직장은 먹고사는 생존의 장을 넘어 인생의 모든 것이다. 영혼까지 포함된 것으로 여겨진다." 〈프레시안〉의 홍미리 기자가 2013년 1월 17일에 쓴 기사다.

한편 2009년 쌍용자동차 정리해고 사태를 전후로 해서도 모두 24명이 죽어갔다. 2014년 2월, 서울 고법은 2009년의 쌍용자동차 정리해고가 긴박한 경영상의 필요 및 해고 회피 노력 등 두 요건을 충족하지 못해 '무효'라고 판결했다. 노동자들은 당장 복직을 원하지만 최소한 대법원 판결까지, 나아가 그 이후로도 시간은 꽤 걸릴 것이다. 아직도 사람들은 복직되어 작업복 입고 공장에서 '평화롭게' 일하기를 원한다. 수십 년을 아침에 일어나자마자 작업복 입고 출근하다 보니 이제 '사회적 DNA'가 그렇게 굳어졌다.

설사 희망퇴직이나 명예퇴직, 또는 무급휴직이라는 그럴 듯한 이름으로 사실상 정리해고를 당해도 이들은 아침마다 식사 뒤엔 으레 출근하려는 관성이 붙어 있어 스스로도 깜짝 놀란다. 여태껏 푸근하게 놀아본 적이 없다. 놀 줄도 모른다. 노는 것은 낭비다. 일하는 것만이 생산적이라는 생각이 온 몸과 마음에 각인되었다. 자신의 고유한 삶은 온 데 간 데 없고 오로지 '임금 노예'의 길만 남았다. 물론 좀 더 부유한 경우와 늘 쪼들리는 경우의 차이, 정규직이고 규칙적인 경우와 비정규직이고 불규칙한 경우의 차이가 있지만.

바로 이것이 1960년대 초 1인당 국민소득 80달러에서 2010년대 초 2만 달러 시대로, 약 250배 부자 나라가 되는 과정에서 일어난 변화 중 일부다. 물론 이러한 평균 수치상의 변화라는 것이 진실한 삶의 실상을 가리기 마련이기는 하다.

일례로 삼성 재벌의 이건희 회장은 최저임금 또는 그 미만을 받는 수백만 명의 노동자보다 연간 소득이 4000~5000배 많다. 삼성전자 주식 배당금만 해도 하루에 1억 원 이상이다.(이미 10여 년 전 핀란드의 노키아 사 반요키 부회장이 오토바이를 타고 가다 '과속'으로 단속에 걸렸을 때, 당국은 그의 전년도 연소득인 1400만 유로 [약 163억 원]의 14일치 수입에 해당하는 11만 6000유로 [약 1억 3500만 원]의 범칙금을 부과했다. 반면 한국의 이건희 회장은 2010년 이후 공식 월급을 받지 않는다는 이유로 건강보험료를 한 달에 8000원 정도만 낸다고 한다.)

'모두 부자로 살자'며 허리띠 졸라매고 달렸지만, 그 사이에 극소수의 특권층만 좋아진 것이다. 이미 미국이나 중국에서는 최고 부자 1퍼센트가 전체 부의 40~45퍼센트를 차지하는데, 한국도 그에 못지않다. 갈수록 양극화가 심해진다.

변화의 다른 일부는 교육 분야에서도 일어났다. 1960년대 초만 하더라도 대학 진학은 5퍼센트 미만으로 추정되지만 1980년엔 27퍼센트, 1990년엔 33퍼센트로 꾸준히 늘다가 2010년이 되면 82퍼센트에 이른다. 동시에 1980년대 초만 해도 원하는 대학에 가려면 고등학교 2~3학년 때만 열심히 해도 된다고 했으나, 1990년대를 지나면서 중학 시절부터, 나아가 최근엔 초등, 아니 유치원 시절부터 선행학습을 해야 할 지경이다. 심지어 얼마전엔 세 살 먹은 아이의 혀 밑 근육을 잘라 영어 발음을 원어민처럼 하게 한다든지, 뱃속 아가를 위한 '태아영어교실'까지 등장할 정도다.

한국교육개발원이 펴낸 '사교육비 추이' 등에 따르면 1990년부터 2010년까지 가구당 월평균 사교육비는 1990년 5만 2250원에서 2010년 15만 2346원으로 세 배 정도 늘었다. 수입에 비례 과중된 사교육비(학원 및 과외 등) 지출로 생활이 쪼들리는 '교육 빈곤층'(에듀 푸어)만 해도 82만여 가구(305만 명)에 이른다고 한다. 국내 전체 가구의 13퍼센트다. 그러나 현실을 이런 평균수치로 보면 별로 체감되지 않는다. 보다 구체적으로 들어가면 남북 분단 이상으로 교육 분단이 심각하다. 서울의 초·중·고생을 둔 열 가구 중 네 가구는 매월 100만 원 정도를 사교육비로 지출하며, 서울 대치동의 고3 학생에게 들어가는 한 달 사교육비는 1000만 원 정도로 알려졌다. 사회·경제적 분단이 교육적 분단으로, 또 이것이 역으로 새로운 차원의 사회·경제적 분단으로 재생산된다. OECD가 발표한 세계 각국 교육지표에서 한국의 등록금 등 공교육비에 대한 민간 부담률이 세계 최고 수준인 것은 우연이 아니다.

다행히 국회에서 2014년 2월 20일, '선행학습금지법'이 통과되어 '과열 과외' 바람에 쐐기를 박게 되었다. 그간 '사교육없는세상' 등 많은 시민들이 노력한 결과다. 하지만 그 실효성도 문제지만, 일류대 중심의 입시제도가 변하지 않는 한, 아직도 갈 길은 멀다.

반면 사교육비나 등록금은 천정부지로 치솟지만 그 결과는 참혹하다. 대학 졸업식은 곧 '실업식'이란 말도 더 이상 새롭지 않다. 공식 통계상 2012년 12월 기준 청년실업자(15~29세)는 31만 3000명, 청년실업률은 7.5퍼센트로 전체 실업률 3.2퍼센트의 두 배를 넘는다. 여기에 취업을 준비하거나 쉬고 있는 청년, 소위 NEET(Not in Employment, Education or Training)족까지 포함하면 청년실업자는 100만 명을 웃돈다. 통계적으로 감추어진 실업자를 포함해 나라 전체적으로 실질 실업자는 약 400만 명에 이른다.

여성의 경우 성별 임금 격차는 물론 비정규직의 2/3를 차지하는 등 고용 격차도 심하다. 특히 20대 후반에서 30대 초반을 거치면서 20만 명 이상이 '경력 단절'을 겪는다. 결혼, 임신, 출산 과정에서 노동시장으로부터 사실상 탈락을 당한다는 것이다. 게다가 850만 명에 이르는 비정규직 노동자는 실업과 취업의 경계선을 수시로 넘나든다. 삶의 안정성이나 삶의 질이 형편없는 것은 당연한 결과다.

그렇다고 정규직 취업자라고 행복하게 사는 것도 아니다. 한편에서는 정리해고의 압박이, 다른 편에서는 성과 향상의 압박이 일상을 짓누른다. 일과 삶의 균형이란 말은 사치로 느껴질 정도다. 하루하루의 생존에 목숨을 걸어야 할 판이다. 휴가라고 해서 집에 있는 것도 일주일을 넘기면 불안해진다. 일터를 떠나면 노동자는 불안하다.

한편 노동법이나 (사법의 최고 심급인) 대법원조차 자본 독재 앞에서는 무력하다. 경제적 양극화를 정치적 민주화로 해소할 수 있는 여건도 아니란 말이다. 대법원의 불법 파견 판정이 두 차례나 있었지만 정규직 전환이 이뤄지지 않자 현대자동차 비정규직 노동자 최병승, 천의봉 등 두 명은 고압 송전탑에 올라 농성을 시작했다. 아산의 유성기업 홍종인 지회장도 주간 2교대 근무 약속 이행과 노조 탄압 분쇄를 외치며 굴다리 위 농성을 시작했다. 또 쌍용자동차 평택 공장의 노동자 세 명도 공장 앞 송전탑에 올라 쌍용자동차 국정조사 실시 및 책임자 처벌을 요구했다.

생각해 보면 힘없는 노동자들의 투쟁은 해를 거르지 않고 계속된다. 부산의 한진중공업에서는 2011년에 김진숙 해고자가 정리해고 철회를 외치며 309일 동안 35미터 상공의 크레인 위에서 농성을 했고, 2009년엔 쌍용자동차에서 정리해고 반대 투쟁으로 86일간 점거파업이 벌어졌다. 그 외에도 숱한 장기 투쟁 사업장들이 있다. 해방 이후 가장 민주화된 정부라 하던 노무현 정부나 김대중 정부 때조차 노동자들은 목숨을 걸고 투쟁했다. 과연 언제쯤 노동자들이 자부심을 느끼며 두 다리를 쭉 뻗고 잘 수 있을까?

2012년 가을, '창조컨설팅'이라는 노조 파괴 전문 회사가 노동부 인가 취소를 당했다. 대표 노무사도 3년간 자격정지를 당했다. 창조컨설팅이란 회사는 기업의 인사, 노무, 노사 문제를 전문적으로 자문하는 기관이었다. 원래 컨설팅 기업이라면 '어떻게 하면 기업 경영을 보다 선진적으로 할 것인가?'를 자문해야 마땅하다. 그를 통해 기업과 사회, 경영자와 노동자가 조화롭게 공생하는 길을 제시하는 것이 본래의 사명이어야 한다. 그런데 창조컨설팅의 경우는 그런 것과 거리가 멀게 '어떻게 하면 노동조합을 파괴할 것인가'를 고민하고 자문했다.

한 유성기업 해고자에 따르면, "유성기업 사태에 창조컨설팅과 관련된 문건이 수없이 밝혀졌다. 창조컨설팅은 몇 억을 받고 노조 파괴 시나리오를 짜고 복수노조 설립 과정과 공문, 선전물까지 개입했다. 청와대, 국정원, 현대자동차, 노동부는 이메일을 통해 소통했다"고 밝혔다.

또 다른 증언도 있다. 금속노조 보쉬전장 회사의 한 조합원은 "통상적인 투쟁을 빌미로 노조 지회장을 해고하고, 직장폐쇄로 협박하고 임금으로 회유해 조합원들을 복수노조로 빼갔다. 창조컨설팅이 작년 10월부터 개입했다. 부당노동행위와 지배개입으로 만들어진 복수노조는 임의 단체에 불과하다"고 주장했다.

금속노조 콘티넨탈의 노조 대표는 "교섭 당시 유일한 노조였음에도 창구 단일화를 빌미로 행정지도가 나왔고, 사측은 불법파업으로 매도했다. 노동부와 회사가 손발을 맞춰 노조 파업을 불법으로 몰아갔다. 유착이 아니라면 복수노조 설립을 취소하고 특별근로감독과 책임자 처벌을 실시하라"고 요구했다.

민주노총 대전지역 본부장도 "경찰의 비호 아래 컨택터스가 폭력을 휘두르고, 노동부의 비호 아래 창조컨설팅이 노조 파괴에 나섰다. 창조컨설팅 인가 취소와 대표 노무사 3년 자격정지는 꼬리 자르기에 불과하다"고 비판했다.

더욱 놀라운 것은 창조컨설팅보다 전문적 법률 자문 기관인 변호사 조직도 노조 파괴에 협조했다는 사실이다. 대전 MBC 지부장은 "언론 파업 당시 법무법인 광장 변호사들이 파업 대응과 노조 와해를 위해 MBC에 상주했다"고 폭로했고, 공공운수 노조 청주교차로지회 사무장은 "창조컨설팅을 모방한 듯한 노조 와해 공작이 일어나고 있다. 올해 내 간부 해고, 노조 파괴를 목표로 하는 시나리오가 있다는 정황이 포착됐다"고 증언했다.

요컨대 정리해고, 직장폐쇄, 용역깡패 투입, 친기업 노조 설립(복수노조), 민주노조 파괴, 친기업 노동자 재취업 등의 시나리오가 21세기 한국 노사관계의 관리 매뉴얼로 등장한 셈이다. 이것이 2008년 이명박 정부 이후 당국에 의해 조직적으로 자행된 노사관계 통제 대책이 아닐까 하는 의혹을 지우기 어렵다.

특히 2012년 대선 국면에서 '경제민주화'가 화두이던 시점에조차 '노조 파괴 시나리오'가 가동되었다는 것은 경악할 만한 일이다. 또 그 작전에 컨설팅 회사나 법무법인의 변호사, 그리고 노동부가 긴밀히 협력했다는 사실은 더욱 놀랍다. 만일 서양 선진국에서 이 정도의 일이 벌어졌다면 이미 노동부 장관은 사표를 쓰고 물러나고, 국회에서는 국정조사까지 벌어졌을 것이다. 대한민국 헌법 제33조에도 엄연히 노동자의 단결권, 교섭권, 행동권이 모두 보장되어 있지 않은가? 전문가나 권력층부터 '불법'을 자행하는 마당에 언제 어떻게 '준법정신'이 제대로 정착하겠는가?

우리가 직면한 삶의 현실을 요약하면 이렇다. 돈 많이 들여 교육시켜 봐야 헛일이고, 취업을 하건 못하건 삶의 질은 엉망이다. 하루 평균 자살자 42명(세계 1등)은 우연이 아니다. 사회 · 경제적 양극화는 심해지는데 정치 · 행정적 조치들은 무력하거나 시대 역행적이다. 아니 겉으로는 민생을 외치지만 립서비스에 불과하고 사실은 친자본적이다. 진실은 대부분의 정치가가 자본의 대리인이란 점이다. 사태를 이렇게 파악할 때 비로소 우리는 10년 뒤 또는 50년 뒤 한국의 미래를 제대로 이야기할 수 있다.

삶의 희망

남미의 혁명가 체 게바라는 "현실을 바로 보되, 불가능한 것을 꿈꾸자!"고 했다. 이 말은 달나라 정복이나 화성 정복 프로젝트처럼 '세상에 불가능한 것은 없다'는 식의 오만방자한 자본(과학기술)의 시각과는 다르다. 이 말의 진실은, 자본이나 국가의 입장 또는 기득권층의 입장에서 불가능하다고 말하는 것들을 풀뿌리 민중의 입장에서 주체적으로 돌파하자는 것이다.

그렇다면 자본의 입장에서 불가능하다고 하지만 우리가 진심으로 원하는 것은 무엇인가? 10년 뒤, 50년 뒤에 우리나라가 진정 나아가야 할 길은 무엇인가?

나는 한국이 이런 사회가 되기를 꿈꾼다. 그것은 한 마디로 부유한 삶이 아니라 '행복한 삶'이 국정 지표가 되는 나라다. 행복한 삶을 위해선 주어진 현실에 적응하는 것이 아니라 잘못된 현실을 바꾸어야 한다. 그 중에서도 세 가지만 먼저 바꾸었으면 한다.

첫째, 유기농 농민이 사회적으로 합의된 기본 소득을 받으며 안정적으로 식량을 생산하는 사회다. 유기농 공무원 제도도 좋다. 식량자급률 25퍼센트에 불과한 위험 사회를 탄탄한 자립 사회로 바꾸어야 한다. 농업, 농촌, 농민이 존중받는 사회를 만들자는 것이다. 가정의 밥상은 어머니가 차리듯 농민은 사회의 밥상을 차린다. 밥상을 차리지 않으면 일상생활이 불가능하듯이 농업이 망하면 사회가 망한다. 농민, 농촌, 농업을 살리는 것은 땅과 사람을 동시에 살리는 길이다. 산과 들, 강과 바다를 되살려 자급률을 70퍼센트 이상으로 올려야 한다. '대기업이 잘되어야 모두가 잘산다'라는 거짓말로 가장 기본적인 경제활동을 천시하는 사회는 미래가 없다.

둘째, 노동시간 단축을 통한 일자리 나누기다. 청년실업 문제를 해소하는 길도, 노동자 삶의 질을 향상하는 길도, 낭비적인 생산과 소비의 양식을 바꾸는 일도 바로 이를 통해 가능하다. 정리해고의 공포와 불안도 극복해야 한다. 노동시간 단축과 더불어 일과 삶의 균형을 회복하면서 자아 성찰과 사회 성찰이 많아지면 생산과 소비의 전 국면에서 중독에 빠져들던 모습을 건강하게 되돌릴 수 있다. 게다가 더 이상 노동자들을 단순한 생산요소로 취급하는 것이 아니라 생산과 노동, 분배와 소비의 책임성 있는 주체로 다시 서게 해야 한다.

셋째, 개성 있는 평등화를 이루어야 한다. 모든 아이들이 점수와 등수로 평가되고 분류되는 것이 아니라 있는 그대로 존중받아야 한다. 모든 아이들의 개성과 잠재력을 살려야 한다. 그리하여 개성 있는 고교 평등화를 이루고 개성 있는 대학 평등화를 이뤄야 한다. 일류 대학, 이류 대학 개념이 없어져야 한다. 누구나 개성에 맞게, 자신의 꿈에 맞게 진학하고 진로를 선택해야 한다. 아이들이 꿈을 키우고 실력을 키우게 사회가 지원해야 한다. 그렇게 실력을 쌓고 나온 청년들에게 사회는 고른 대접을 해야 한다. 이것이 직업 평등화다. 이렇게 고교, 대학, 직업 평등화가 이뤄지면 누구나 자신의 꿈을 키워 자부심을 갖고 살아갈 수 있다.

이런 변화가 이뤄진 사회를 나는 (현재와 같은) 사다리 사회가 아니라 '원탁형 사회'라 부른다. 이 원탁형 사회가 헌법 제119조 2항의 '균형성장, 적정분배, 독점방지, 주체조화' 등을 핵심으로 하는 경제민주화 조항에 걸맞은 사회다. 여기서 나는 주체가 제대로 서는 것이 핵심이라고 본다. 부자가 아닌 서민으로 소박하게 살더라도 노동자나 노동조합이, 사람 모두가 존중받는 사회, 그래서 누구나 사회경제적 의사결정 과정에 주체적으로 참여할 수 있는 사회야말로 희망 있는 미래다.

이런 사회야말로 전체 인구의 10퍼센트도 되지 않는 자본가와 기득권층을 위한 사회가 아니라 대다수 민초들을 위한 사회다. 이것이 민주 사회다. 우리가 진정 민주주의를 원한다면 이런 꿈을 꾸어야 한다. 이것이 더불어 행복한 사회다.

이런 사회를 만들려면, 우선 부자나 자본이 만들어놓은 헛된 꿈, 사실은 부자 주인에 종속된 노예 또는 기껏해야 마름(중간 관리자)이 되는 정도에 불과한 꿈을 버려야 한다. 부자가 부자 사회를 옹호하는 걸 말릴 순 없지만, 민초들이 부자 사회를 지지하는 건 헛발질이다. 민초는 민초의 꿈을 꾸어야 한다. 그것이 올바른 삶의 좌표다. 체 게바라가 '불가능한 것'을 꿈꾸자는 것은 바로 이런 뜻이다.

문제는 지금 여기에서부터 꿈을 꾸고 작은 씨앗을 여기저기 뿌리는 일이다. 그 꽃과 열매가 언제 맺어질지는 하늘이 알려줄 것이다. 수인사

대천명(修人事 待天命)이라 하지 않던가. 역사는 그렇게 발전한다. 안타까울 정도로 천천히. 그러나 불가능한 것을 꿈꾸는 자들이 수없이 많아질 때 그 꿈의 현실성은 더 커진다. 더불어 행복한 사회는 그렇게 옹골찬 꿈, 야무진 씨앗들과 함께 서서히 싹을 틔울 것이다.

아무도
가난하지 않은
사회

"아무도 부자가 되려고 하지 않으면 모두 부자가 될 것이고, 모두 가난해지려고 하면 아무도 가난해지지 않을 것이다."

초기 가톨릭 노동운동가인 피터 모린(1877~1949)의 말이다.

일신의 편안만 추구하는 삶을 거부하고 가장 낮은 곳에서 가장 어려운 사람들과 함께 살았던 선구자의 귀한 어록이다. 그보다 훨씬 젊었지만 그와 함께 동시대인으로 활동했던 도로시 데이(1897~1980) 역시 가장 힘겹게 살아가는 이들의 친구로 살았다. 일례로 피터 모린은 도로시 데이와 함께 '환대의 집'을 설립해 복지 국가라는 익명의 관료 체제와는 정반대의 방식, 즉 사람과 사람이 직접 만나는 방식으로 우애와 환대의 가치를 직접 실천했다.

이 환대의 집이 오늘날 흔히 볼 수 있는 무료 급식소와 다른 점은 무엇일까? 그것은 한편으로 가난한 사람들이 밥 한 그릇을 얻어먹기 위해 줄을 길게 서 있을 때 느낄 수 있는 인간적 모멸감이나 수치심을 예방할 수 있는 것, 또 다른 편으로 주는 자의 입장에서도 우월감 속에 일방적 시혜를 하는 가운데 은근히 상대방으로 하여금 비굴함을 강요하는 것이 아니었다는 점이다. 그저 편안한 친구처럼 손님을 맞아 소박하지만 정성껏 나누었다는 점에서 양쪽 모두 아무런 부담감을 느끼지 않았다. 그렇게 낮은 곳에서 가난한 사람들과 함께함으로써 그들은 누구도 가난해지지 않을 수 있었다. 이것이 곧 참된 공동체 복지의 원형질이 아닐까?

피터 모린이나 도로시 데이의 언행에 비추어 보면, 대한민국 전체가 "부자 되세요!"라며 인사하던 때가 자못 부끄러워진다. 물론 지금은 언론에서 노골적으로 "부자 되세요!"라고 부추기지는 않지만, 상당수 중년 이후의 어른들은 '부자 강박증'에 빠져 있다. 일례로 사람들은 아파트 평수나 아파트 가격의 등락, 주가의 등락에 신경을 곤두세운다. 가난은 경멸의 대상이지 추구의 대상이 아니다. "마음이 가난한 자에게 복이 있다"는 말은 대체로 종교 기관 '안'에서만 통하지, 문을 나서는 순간 우리는 금세 '물질적 탐욕'이 판을 치는 세상을 만난다.

그렇다면 이 냉혹한 세상에 맞서 어떻게 살아야 행복해질 수 있을까? 대부분 우리가 직면한 현실은 '승자가 되거나 승자를 부러워하거나' 중 양자택일해야 한다. 그렇다. 일류 대학이나 일류 직장 등 승자 그룹에 들기만 하면 행복하게 살 수 있을 듯하다. 하지만 승자 그룹에 들기란 상당히 힘들다. 극소수만 성공하기 때문이다. 게다가 극소수의 승자조차 다른 사람과 비교할 때는 상대적 행복을 누리는 듯하지만 진정으로 자신이 즐겁고 내면이 평화롭다는 의미에서 절대적 행복을 누리는가 하는 물음 앞에서는 대체로 머뭇거리기 쉽다. 나아가 그 승자들이 자신의 행복을 넘어 사회의 행복을 위해 조금이라도 이바지하는지 하는 관점에서 평가를 한다면 대체로 낮은 점수를 줄 수밖에 없다. 지극히 소수를 제외하고는 대부분 소시민적 행복만을 추구하거나 수단과 방법을 가리지 않고 탐욕을 추구하는 경우까지 있기 때문이다.

그렇다면 과연 우리는 어떻게 사는 것이 좋을까? 우선 일류 대학이나 일류 직장이라는 기준에 자신의 삶을 옭아맬 필요는 없다. 이런 면에서 우리는 '일류 인생'을 삶의 기준으로 삼는 게 좋다. 그리하여 내가 하고 싶은 공부를 하고, 또 하고 싶은 일을 하면서도 사회에 유익한 일을 한다면 삶의 보람을 느끼면서도 자연스레 행복해지지 않을까? 돈도 중요하지만 결코 돈이 삶의 목적은 아니다. 삶의 수단일 뿐이다. 행복한 삶에 도움이 되지 않는 돈벌이는 추구하지 말아야 한다. 이것이 스스로 행복하게 살 수 있는 주체성이다.

바로 여기서 두 가지 대안적 사례가 떠오른다. 하나는 '무소유'의 삶을 실천하는 독일인이며, 다른 하나는 '가난뱅이'로 즐겁게 사는 일본인이다.

《한국일보》 2003년 12월 8일자에는 독일 출신의 '거지 성자'로 알려진 페터 노이야르(62세)에 대한 기사가 실렸다. "우리가 죽임 당하지 않길 원하듯 남을 죽여서는 안 됩니다. 마찬가지로 거짓말을 하거나 남의 물건을 훔쳐서는 안 됩니다. 가장 기본적인 이런 덕목만 지켜도 평화가 이루어질 겁니다." 이미 전재성 교수에 의해 《거지 성자》라는 책도 나왔다. 원래 그는 1941년 독일 라인란트팔츠에서 태어났는데, 불교에 심취해 '집 없이, 돈 없이, 여자 없이' 무소유의 삶을 살고 있다. 그의 일과는 이렇다. 쾰른 대학 중앙도서관 앞 숲에서 잠을 자며 새벽 4시에 일어나 산책을 한 뒤 7시께 대학 근처 슈퍼마켓 등에서 유통기한이 지난 식품을 얻어 하루 한 끼의 식사를 해결한다. 낮에는 도서관에서 불경뿐만 아니라 기독교, 이슬람교, 유교 등 여러 종교의 경전을 공부한다. 찾아오는 사람이 있으면 대화를 나누며 자신이 알게 된 진리를 나눈다. 이러한 페터 노이야르의 삶은 마치 고대 그리스의 철학자 디오게네스를 연상하게 한다. 당시 최고의 권력자 알렉산더 대왕이 디오게네스를 방문해 "무엇을 도와줄까?"라고 물었을 때 디오게네스는 이렇게 말했다. "제발 내가 즐기고 있는 햇볕이나 가리지 마시오."

두 번째는 《가난뱅이의 역습》이나 《가난뱅이 난장쇼》란 책을 쓴 마쓰모토 하지메(松本哉)에 관한 이야기다. 그는 월급쟁이로 평생을 살면서 은행 대출을 받아 아파트와 자동차를 구입하며 소시민으로 살기를 거부한다. 스스로를 옭아매는 고급 노예의 삶이란 것이다. 따라서 "가난뱅이는 가난뱅이끼리 가난뱅이답게 살자"는 게 그의 소신이다. 어차피 삶이란 닥치면 다 해낸다는 자신감으로 고난을 감내하고 살아야 한다는 것이다.

그러나 이러한 삶의 철학은 단순한 체념과는 다르다. 가난뱅이를 가난뱅이로 몰아넣는 세상의 존재를 정확히 인식하되, 세상이 시키는 대로 살지 말자고 제안하고 실천하는 것이다. 그는 "사회를 위해 고생이 되더라도 꾸준히 노력하면 세상이 나아질 것이고, 그러면 약간의 떡고물이라도 얻어먹는다"는 식의 말은 부자들이 우리에게 듣기 좋으라고 내뱉는 거짓말이라고 일축한다. 대신 "하고 싶은 일을 하면서, 설사 좀 곤란한 일에 부딪히더라도 몸부림치다 보면 어떻게든 된다"는 식의 배짱이 필요하다고 한다. 그래야 인간답고 즐겁게 살 수 있다는 것이다.

구체적으로 그는 싼 집을 구하는 기술, 밥값 절약 기술, 저렴한 옷을 구하는 기술 등을 책에서 소개한다. 노숙 작전이나 걸식 작전을 거쳐 다다미를 우려먹기도 한다. 정말 가난뱅이답게 가난뱅이로 살아내는 기술자다. 실제로 그는 대학에서 반강제적으로 쫓겨난 뒤 도쿄 외곽의 고엔지라는 곳에 '아마추어의 반란'이라는 재활용 가게를 만든다. 가난이라는 부조리한 조건을 무기삼아 세상의 불합리에 맞서려는 주체적이고도 창조적인 삶이다. 그는 '엄숙한 반란' 대신 '즐거운 반란'을 실천한다. 난로 투쟁, 찌개 투쟁, 술 투쟁, 갈고등어 암치 투쟁, 페인트 탄 투척 등이 바로 그 실례들이다. 대학의 상업화를 막기 위해 그가 결성한 조직의 이름도 '호세 대학의 궁상스러움을 지키는 모임'이다. 아무 제약 없이 거리에서 발언과 행사가 가능하단 이유로 선거에 출마해 무도회 · 토크쇼 · 콘서트 등 온갖 이벤트와 흥겨운 소란을 빚어내기도 하고, 3인 데모, 내 자전거 돌려줘 데모, 월세 공짜를 위한 데모, 공포의 바람맞히기 데모 등을 조직한다.

이런 식으로 가난뱅이들이 가난뱅이라는 사회적 낙인에 짓눌리지 말고 오히려 적극적으로 즐겁고 유쾌한 삶을 조직함으로써 '얼마든지 다르게 살 수 있다'는 것을 보여주는 예가 마쓰모토 하지메다.

물론 이 두 가지 사례는 보통 사람들 눈에 극단적일 수 있다. 하지만 지금의 삶의 구조 속에 단단히 매여 있으면서 동시에 대안적 삶을 추구한다는 것은 거의 불가능에 가깝다. 대안적 삶을 추구하려면 지금의 삶의 구조로부터 스스로를 조금씩이라도 해방시켜야 한다. 문제는 정도의 차이일 뿐이다. 완전 무소유와 무한 소유 사이에 빈 공간이 꽤 많다. 바로 이 빈틈을 추구하는 것이 현실적 대안이 될 수 있다. 심지어 법정 스님조차 "무소유란 아무것도 갖지 않는 것이 아니라 불필요한 것을 갖지 않는 것"이라 하지 않았던가.

일례로 국정원 선거 개입 과정을 수사하는 과정에서 양심을 지켜냈던 권은희 과장이나 윤석열 검사는 그래도 우리 사회에 희망의 불꽃이 아예 꺼지지는 않았음을 잘 보여주었다. 국가 공권력의 대표적 기구인 경찰이나 검찰 안에조차 아직도 참된 양심은 일부 살아 있다. 물론 전체적으로 역부족이어서 문제긴 하지만, 이런 양심 선언자 또는 내부 고발자들은 돈과 권력의 무한 소유 욕망으로부터 스스로를 조금이라도 해방할 수 있었기에 그런 용기를 낼 수 있었다.

또 다른 사례로, 갖은 탄압과 고초에도 불구하고 민주노조 운동을 하는 노동자들, 농업을 살리기 위한 농민 운동, 민주화를 위한 변호사 모임이나 인도주의 실천 의사 협의회, 민주화를 위한 교수 모임, 참교육을 위한 교사 모임, 정의와 평화를 위한 종교인 모임, 민주언론 실천을 위한 언론인 모임 등도 있다. 기존의 사회 구조 안에서도 그 구조의 모순이나 문제들을 적극 돌파하고자 하는 움직임들이 작지만 여기저기 존재한다. 이런 사람들도 완전 무소유와 무한 소유라는 양 극단의 중간쯤 어딘가에서 인간다운 삶을 위해 발버둥치고

"부자 되세요!"가 아니라 "행복하세요!"

있는 것이다.

또 다른 예로는 귀농운동, 마을 공동체, 유기농 소농 공동체, 협동조합 운동, 지역화폐, 마을도서관, 동화 모임, 대안 교육, 로컬 푸드 운동, 직거래 장터, 아나바다 장터 운동, 재래시장 살리기 운동, 아름다운 가게, 공정 무역, 마을기업, 생태 건축 운동, 목공 동호회 등 다양한 실천 운동들을 들 수 있다. 이런 작지만 공동체적인 실천에 참여하는 분들도 마찬가지로 무한 소유의 탐욕으로부터 자신을 해방시켜내는 과정에 있다고 본다.

결국 나 홀로 살기보다 더불어 사는 것이 훨씬 재미있고 보람도 있음을 알 수 있다. 하지만 아직도 대부분의 사람들은 자기도 모르게 '무한 소유'라는 보이지 않는 힘에 이끌린다. 그런다고 해서 모두 성공하는 것도 아니요, 바람직한 것도 아닌데 말이다. 그런 점에서 앞서 말한 '빈틈'을 추구하는 개인적 · 집단적 실천들이 활성화하는 것이 대단히 중요하고, 이런 실천이 왕성하게 이뤄질수록 기존 구조에 하나 둘 균열이 날 가능성은 커진다. 이와 더불어, 비록 부자가 아니라 하더라도 행복하게 살 수 있는 희망도 커진다. 부유한 삶보다 '충분한' 삶을 찾는 것이 우리의 공동 과제일 것이다. 부유하면서 긴장된 것보다 충분하면서 평온한 것, 바로 이것이 참 행복이 아닐까?

3장

트리클다운 효과?
펌핑업효과!

시각이 바뀌고
개념이 바뀌면
길이 보인다

경영학을 공부하는 학생들은 '기업의 사회적 책임(CSR)'을 배운다. 이윤을 추구하는 기업도 사회의 요청에 부응해야 한다는 것이다.

가장 기본적인 책임은 사회가 필요로 하는 재화와 용역을 생산해 공급하는 경제활동 그 자체다. 다음으로는 법적으로 지켜야 할 내용은 준수하라는 법률적 책임이 있다. 그리고 내부 고객인 노동자는 물론 외부 고객인 소비자, 또 지역사회나 자연 생태계 등과 긍정적 상호작용을 하기를 바라는 도의적 책임이 있다. 이른바 '지속가능한 경영'을 하라는 것이다.

좀 더 나아가면 재량적 책임까지 요구한다. 그것은 기업이 '선제적으로'

사회를 위해 뭔가 좋은 일을 하라는 것이다. 가진 자의 의무라고 하는 '노블레스 오블리주' 차원에서 이윤의 일부를 각종 기부금이나 장학금으로 내놓는다든지, 공익 병원이나 학교를 세워 사회적 약자들에게 도움을 준다든지하는 것이다. 그런데 이것이 일제시대 억울한 민중의 한을 풀어주던 '각시탈'과 다른 점은 각시탈 자체가 민중의 일부였다는 점이다.

물론 기업들이 사회에 대해 가장 기본적인 경제적 · 법률적 책임을 넘어도의적 · 재량적 책임까지 온전히 다하기란 쉽지 않다. 그런데 흥미롭게도기본적인 경제적 · 법률적 책임은 다하지 않으면서 '생색내기' 식으로 도의적 · 재량적 책임을 다하는 척하는 경우가 많다.

일례로 '초일류 기업'이라는 삼성그룹과 그 계열사들은 헌법과 노동법에 규정된 노동조합조차 정당하게 인정하지 않으면서 각종 기부금을 내거나 사회적약자 지원을 해준다는 홍보책자를 돌리며, 현대자동차는 노동부와 대법원이 '불법 도급'이라 판정한 사내 하청 비정규직 노동자들을 정당하게 정규직으로 전환시키지 않으면서 여러 사회공헌 활동을 수행하고 책자도 만들어낸다.

이런 경우 윤리적 · 재량적 책임 수행은 경제적 · 법률적 무책임을 정당화하는 꼴에 지나지 않으며, 사태를 정직하게 보는 사람들은 이를 '위선'이라 부른다.

한편 독일 베를린에 있는 '제너시스 연구소' 설립자 페터 슈피겔(Peter Spiegel)은 《더 나은 세상을 여는 대안 경영》에서 '기업의 사회적 책임 2.0'을 이야기한다. 그것은 기업들이 이윤추구 과정에서 별 짓을 다 하다가도 느닷없이 사회적 책임을 다한다는 이름 아래 온갖 예쁜 짓만 하는 척하는 자기기만을 그만두고 아예 처음부터 '사회 혁신적 사업'을 성공적으로 수행함으로써 경제와 사회의 조화를 일관되게 추구하자는 것이다.

일례로 가장 가난한 농촌 여성들에게 무담보 소액대출을 해주어 자립할 수 있게 도와준 '그라민 은행', 전기가 잘 들어가지 않아 비싼 에너지 비용을 내야 했던 오지의 시골 마을에 친환경적이고도 값싼 태양광 셀을 높은 장대 위에 달아 문제를 해결한 '그라민 샥티' 사업 같은 것을 들 수 있다. 또 방글라데시의 그라민 그룹과 프랑스의 낙농 기업인 다농이 공동으로 '그라민 다농'을 만들어 가장 가난한 사람들조차 필수 영양소를 값싸게 얻을 수 있는 식품을 개발한 사업도 기억할 만하다.

그렇다. 기후 위기, 사회 위기, 금융 위기, 경제 위기, 정치 위기 등 각종 위기가 우리 삶을 위협하는 오늘날 경제 문제나 사회 문제, 나아가 생태 문제를 분리해서 보면 올바른 해답을 찾을 수 없다. 이것은 마치 빛의 3원색인 푸른색, 붉은색, 초록색이 하나로 잘 섞여 흰색의 밝은 전망을 만들어내듯 경제, 사회, 생태가 조화와 균형으로 통합되어 참된 희망을 만들자는 말이기도 하다.

이러한 사회 혁신의 밑바탕에는 사람이나 자연을 더 이상 돈벌이 수단으로 보지 않고 삶의 주체, 즉 소중한 생명체로 바라보는 근본적 시각 전환이 깔려 있다. 시각이 바뀌고 개념이 바뀌면 길이 보인다.

노동조합이나 노동자를 '눈엣가시'처럼 보지 않고 '공동 경영자'로 보는 새로운 기업 경영, 비정규직을 교묘히 활용해 인건비 따먹기 경쟁을 하는 것이 아니라 정식 노동자로 대함으로써 마음의 상처 없이 신바람 나게 일할 수 있는 조직, 사회적 불평등을 해소하고 자연 생태계를 보존함으로써 오히려 사회적 신망을 얻어 더 오래가는 경영 방식, 이런 것들이 한국에서 꽃필 날은 언제쯤일까? 지금 이 시대에도 과연 '각시탈'이 필요한 것일까? 그렇다면 우리 모두가 '각시탈'이 될 순 없을까?

대학은
돈의 문제가 아니라
사회 · 문화적
문제다

　　수백만 유대인이 학살당하던 나치 시절, 히틀러 세력은 헝가
리 부다페스트에도 몰려왔다. 죽임을 당할 것을 예감한 헝가리 유대인들은
갖은 방법으로 목숨을 구하려 했다. 그때 나치의 고위 간부에게 천문학적 뒷
돈을 주고 밤기차로 스위스로 탈출한 갑부가 있었다. 이후 그 부자는 새 삶
을 찾으라며 아들을 캐나다로 보냈다. 마침내 그 아들은 1952년 토론토 대학
전기공학과를 졸업했다. 그에게 캐나다와 토론토 대학은 '평생의 은인'이다.
그 뒤 그는 사업에 성공해 큰돈을 벌자 "사회에 돌려주려 한다"며 사상 유례
없는 기부금을 내놓기 시작했다. 그가 바로 86세의 피터 뭉크(Peter Munk)다.

피터 뭉크 자선재단은 1992년 설립된 뒤 지금까지 약 1억 달러(약 1200억 원) 정도를 기부했다. 기부금은 건강과 교육 분야에 가장 많이 사용되었는데, 토론토 제너럴호스피털에 심장센터 건립을 위해 1997년에 600만 달러를 기부하기도 했다. 그 뒤 재단은 2006년에 또 3700만 달러를 기부했다. 교육 분야에서는 2000년, '국제학 뭉크센터'를 설립하기 위해 650만 달러를 내놓았고, 2010년 4월엔 이를 '글로벌 뭉크스쿨'로 바꿔, 석사학위를 주는 대학원으로 격상하는 대신 2017년까지 연차적으로 3500만 달러를 기부하기로 약정했다. 2011년 3월, "이익공유제 같은 건 듣도 보도 못했다"고 큰소리치던 한국의 모 기업 회장에 견주면 뭉크 회장은 '사회주의자'처럼 보인다.

그러나 이렇게 관대한 그에게도 다른 얼굴이 있다. 그 막대한 돈의 원천이다. 그 천문학적인 돈은 흥미롭게도 그가 1983년부터 운영한 금광 회사 바릭골드가 아프리카와 파푸아뉴기니, 호주, 아메리카 등 세계 각지의 금광에서 노다지로 건진 것이다.

바릭골드의 홈페이지를 보면 금광 개발과 지역발전이 하나로 통합되는 듯 보고한다. 하지만 그 지역 개발의 이면엔 반드시 자연환경 훼손과 야생 동식물 서식지 파괴, 전통적 토착 공동체 파괴, 정겨운 인간관계의 소멸, 강제 이주, 광산 독극물로 인한 질병과 식수 오염, 농업 파괴, 생태 및 인권 운동가의 암살과 공포 분위기 조성 등이 따른다.

2009년 5월에는 아프리카 탄자니아 광산에서 유독 폐기물이 인근 강으로 흘러들어 그 물을 마신 20명이 죽고 약 1000마리의 가축이 죽었다. 격렬히 항의하던 다수의 사람들이 회사의 용역 깡패에 의해 무참히 살해당했다.

더욱 극적인 일은 남미에서 벌어졌다. 칠레와 아르헨티나 접경지역인 파스쿠아-라마 금광 인근엔 토착민 약 5000명 정도가 사는 알토 델 카르멘이란 소도시가 있다. 2008년 가을, 그곳 시장을 뽑는 선거에서 바릭골드의 사회책임 담당 여성 관리자가 출마해 당선됐다. 이런 식으로 자본은 인명과 자연을 훼손하면서도 권력과 여론을 장악함으로써 천문학적 돈을 번다.

그런데 피터 뭉크의 바릭골드 자본과 토론토 대학의 관계는 여기서 그치지 않는다. 천문학적인 기부금을 통해 학문의 자유를 침해할 수 있고 나아가 대학의 상업화에 기여하기 때문이다.

일찍이 이를 깨달은 토론토 대 해럴드 이니스(Herald A. Innis) 교수는 "기업이 대학을 산다는 것은 대학을 파괴하는 것이며 마침내 대학 존립의 이유인 문명을 파괴하는 것"이라 일갈한 바 있다. 대학은 곧 '공익'이란 말이다.

바로 그런 이유로 2011년 4월 초, 토론토 대학 학생회는 뭉크 재단이 '글로벌 뭉크스쿨'을 통해 학문의 자유를 침해할 수 있다며 시위를 벌였다. 그때 미국 MIT 대학에서 온 촘스키 교수는 "비교적 가난한 멕시코의 국립대에서는 무상교육이 이뤄지는데, 미국이나 캐나다 등 부자 나라에서는 등록금만 1년에 수만 달러나 된다"고 한탄하며 이건 "돈의 문제가 아니라 우리가 어떤 사회에 살고 싶은가 하는 사회·문화적 문제"라고 강조했다.

그렇다. '미친 등록금' 문제로 몸살을 앓는 대한민국, 그리고 갈수록 '장사꾼'이 되어가는 대학, 과연 어떻게 살아야 자손 대대로 인간다운 삶이 가능할지 정신을 바짝 차리고 지혜롭게 결단해야 한다.

'기업 살인'의 시대

경북 구미에서는 2013년 3월 한 달에만 화학물질 누출 및 폭발 사고가 네 건 발생했다. 악몽이다. 악몽이 반복된다. 그리고 악몽은 예전의 기억을 떠오르게 한다.

이미 2012년 9월, 구미 단지 내 화공업체인 '휴브글로벌'에서 역대 최악의 재난사고로 꼽힌 불산 누출 사고가 일어났었다. 이 사고로 다섯 명이 숨지고 수백 명의 환자가 발생했으며 인근 마을 주민들이 집단 이주하기도 했다. 그런데 사고 이후에도 유사한 사고가 반복되니 주민들로서는 여간 불안한 게 아니다.

포항제철에서도 용융로 화재가 세 번째 났다. 2013년 3월 22일 밤이었다. 이 사고가 나기 얼마 전인 2013년 3월 14일 저녁에는 여수산업단지 내 대림산업 공장에서 폭발 사고가 일어나 여섯 명이 사망하고 열한 명이 부상을 입었다. 폭발 사고는 고밀도 폴리에틸렌 중간 재료를 저장하는 사일로에서 발생했다. 회사는 사태의 확산을 방지하기 위해 서둘러 보상 문제를 마무리했다. 사망자 1인당 총 5억 3000만 원의 보상으로 결론이 났다.

이렇게 보상이 원만하게 이뤄졌다고 사태가 해결된 것일까? 남은 자들, 특히 사고 당시 부상을 당했거나 사상자를 가까이서 목격한 이들은 어떨까? 비슷한 사고가 또 다시 터지지 않는다는 보장이 있을까?

아나나 다를까? 현실은 산재 사고 연속이다. 현대제철 당진공장에선 2012년 9~11월 사이에 하청업체 직원 6명이, 또 2013년 5월에도 아르곤 가스 누출로 하청업체 직원 5명이 사망했다. 2013년 10월부터 2014년 1월 사이에도 역시 하청노동자 5명이 사망했다. 특별근로감독 도중에도 사고는 이어졌다. 그럼에도 원청인 현대제철은 산재 기록이 없어 근로복지공단으로부터 산재보험금 약 30억 원을 돌려받았다. 사고가 나면 하청 책임이고 굳이 책임을 져도 중간관리자가 희생양이 된다. 사업주는 아무 책임이 없는 듯 돌아간다.

설상가상으로 2014년 1~2월 사이에 여수 앞바다와 부산 앞바다가 유조선에서 유출된 기름으로 범벅이 되었다. 어민은 물론 바다 자체, 심지어 조류까지 큰 피해를 입었다. 한국 산업 현장은 한 마디로 안전불감증이 지배한다. 건강이나 안전에 들여야 하는 돈을 불필요한 비용으로 본 결과다. 이런 식의 생산성은 생산성이 아니라 파괴성에 다름 아니다.

한편 2014년 1월엔 '노동환경건강연구소' 및 '일과 건강'이 중심이 되어 '2014 노동자 건강권 포럼'이 열렸다(〈프레시안〉 2014년 1월 8일). 여기서는 산재와 관련된 해외 사례가 소개되었다. 일례로, 영국의 무상의료 시스템에서는 노동자가 노동 과정에서 다치면 산재 신청과는 무관하게 무상치료를 받는다. 핀란드는 노사정 대화와 복지 시스템 속에서 노동자 한 명이라도 건강하게 재활할 수 있게 '잡 코치'를 배치한다. 물론 이런 치료보다 중요한 건 예방이다.

이런 식으로 우리는 '행복'하려고 일하러 가지만, 일하다가 많이 죽거나 다친다. 해마다 2000명 이상이 일하다 죽는다. 다치거나 아픈 사람은 수만 명이다. 무서운 일이다.

그러면 죽지도 않고 아프지도 않은 사람은 괜찮은가? 사실 오늘날 언제 잘릴지 모르는 기업 풍토에서는 직장에 다니는 것 자체가 긴장의 연속이다. 사람이 자신의 분명한 주체성을 가질수록 살아남기 힘들다. 그래서 설사 몸은 살아 있어도 이미 노동자의 정신은 죽은 거나 다름없는 경우가 많다. 특히 정서적으로 대부분의 노동자들은 외로움과 공허감, 열패감과 불안감에 시달린다. 자존감이나 본연의 인간성조차 지켜내기 어려운 조건 때문이다. 마침내 무력감이나 우울증에 시달리기도 한다. 그래서 이미 오래전에 '회사 가면 죽는다'라는 제목의 책이 나왔는지 모른다. 가히 '기업 살인'의 시대다.

과연 우리는 사고가 난 뒤에 사상자에 대해 적절히 보상을 하고, 재발 방지를 위해 산업안전 조치만 잘 확충하면 가던 길을 계속 가도 좋은 것일까?

따지고 보면, 재앙은 이런 차원에서만 보아서는 안 된다. 어쩌면 물 좋고 공기 좋은 '삼면의 바다'에 공업 단지를 짓고 수출을 많이 해서 부자 나라를 만들겠다던 발상 자체가 재앙이었는지 모른다. 차라리 삼면의 바다를 깨끗하게 잘 지켜 일정한 그물망으로 물고기를 잡아 올리고 굴이나 미역 등을 양식하며 가공공장 정도를 깔끔하게 가동했더라면, 그리고 넓디넓은 개펄에서 다양한 해산물을 채취했더라면 지금보다 훨씬 더 높은 삶의 질을 누리며 살았을지 모른다.

결국 이 모든 사태의 뿌리는 우리가 '잘산다는 것이 무엇인가?'에 대한 성찰을 하지 않았다는 점이다. 무조건 공장을 많이 지어 수출을 해서 달러를 벌어들이면 부유한 나라가 된다는 공식밖에는 없었다.

영화 〈또 하나의 약속〉에서도 잘 드러나듯이 한국 경제를 지탱한다는 초일류 기업의 노동자조차 백혈병이나 암, 만성 과로와 같은 치명적 병에 노출되어 있다. 이런 질병도 정식 산재로 인정받기는 '하늘의 별 따기'다.

국정 철학이 너무나 편협했고, 미국이나 일본 등 강대국의 이해관계에 종속된 것이었으며, 그런 국정 철학을 각급 교육기관에서 앵무새처럼 반복해 '국민 교육'을 시킨 결과, 우리는 모두 그것이 옳은 길인 것처럼 믿고 살아왔다.

이것이 바로 아버지 박 대통령이 낳은 유산이라면, 이제 딸 박 대통령은 달라질 필요가 있다. 진정으로 '국민 행복 시대'를 열겠다면, 돈벌이 관점이 아니라 삶의 질 관점에서 정치, 경제, 사회, 문화, 교육, 종교 등을 모두 혁신해야 한다. 그래야 진정 사람들이 행복하게 살 수 있다.

일례로 위험 공장 대신에 안전 공장을 지어야 하며, 자연 오염 시설 대신에 자연 보존 시설을, 생명 파괴 기업 대신에 생명 살림의 기업을 만들어야 한다. 산재로 인한 '기업 살인' 문제, 이를 해결하는 데는 사후에 합당한 대책을 세우고 보상을 해주는 것도 중요하지만 무엇보다 사전 예방이 더 중요하다. 법 적용에 예외가 없어야 하고 원청과 하청의 관리자 및 사업주가 모두 공동책임(예, 원청:하청=70:30)을 지도록 해야 한다. 이런 식의 실질적 혁신 없이 말로만 '국민 행복'을 외치는 것은 마치 최근의 웰빙이나 힐링 상품처럼 신판 마케팅 기법에 지나지 않을 것이다.

비정규직
없는
세상을
꿈꾸며

선거 때마다 후보들은 유권자들에게 보다 많은 일자리를 약속하지만 좋은 일자리가 늘기는커녕 줄고, 비정규직 문제와 청년실업도 갈수록 태산이다. 사실 우리의 부모 세대가 하루 열 시간씩 일했다면 지금쯤 우리는 여섯 시간 정도만 일해도 사람답게 사는 세상이 되어야 마땅하다. 또 지금의 아이들은 나중에 한나절만 일해도 충분한 세상이 되어야 한다. 이게 역사 발전의 구체적 발걸음이 아닌가.

그러나 현실은 한마디로 '한겨울'이다.

"공장점거 이후 하루하루 용역 깡패들이 쳐들어와 심리적 압박이 심하다. 하루 세 시간 자면서 빵 하나로 끼니를 때우고 있다. 찬 콘크리트 바닥에 누워 비닐을 이불삼아 선잠을 잔다. (…) 나만의 싸움이 아니다. 내 자식 내 조카들을 위해서라도 이 X같은 비정규직이라는 명찰을 물려주지 않겠다. 패하고 두들겨 맞는 게 두렵지 않다. 하지만 내 자식이 비정규직, 계약직, 소모성 노동자가 되는 게 두렵다."

2010년 11월 15일부터 25일 동안 울산 현대자동차 공장에서 점거농성하던 한 비정규직 노동자의 결단 어린 편지다. 그렇다면 그는 왜 이런 행위를 감행하게 되었는가?

2010년 7월 22일 대법원은 "현대자동차의 사내 하청은 불법파견이며, 2년 이상 근무한 노동자는 정규직으로 간주한다"는 판결을 내렸고, 11월 12일 고등법원도 불법임을 확인했다. 그러나 회사는 사과와 반성을 하기는커녕 하청 회사의 폐업과 해고, 용역 깡패와 폭력으로 대응했다. 법원 판결도 땅바닥에 내동댕이쳐졌다. 이러한 절망적 현실 앞에 현대자동차 비정규직 노동자들은 위험을 무릅쓰고 공장 점거 투쟁을 벌였던 것이다. 법과 원칙을 강조하는 법치국가임에도 불구하고, 대법원 판결마저 무시당하는 게 현실이니, 이제 강력한 '집달리'가 절실한 상황이다.

그렇다면 회사가 정말 어려운 걸까? 현대자동차는 세계 10대 기업을 넘어 세계 5대 기업으로 진입을 서두를 정도로 한국 경제를 상징한다. '오바마를 위한 한·미 자유무역협정(FTA) 재협상'이라고 비난받은 한·미 FTA가 정식 발효되면 향후 10년간 국내총생산이 6퍼센트 증가할 것이라고 한다. 그 속에서 이득을 취할 당사자 중 하나도 현대자동차다. 미국이 재협상을 고

집한 이유도 현대자동차의 미국 내 성공에 대한 역공이 아닌가. 그 정도로 현대자동차는 승승장구했다.

당기순이익을 보라. 2008년 순이익은 1조 4000억 원, 2009년은 그 두 배인 2조 9000억 원, 2010년에는 5조 3000억 원, 2012년엔 9조 560억 원에 이르렀다. 게다가 2010년 현대건설을 인수하기 위한 입찰에서 밝힌 현금성 자산도 12조 원 대였다.

이런 현대자동차 안에 사내 하청업체가 무려 100여 개다. 거꾸로 보면 천문학적 이윤 뒤에 비정규직의 광범한 활용이 숨어 있는 것이다. 만약 이들을 법원 판결대로 정규직화한다면 어떻게 될까? 적게는 1500억 원, 많게는 3000억 원이 든다. 순이익의 5퍼센트만 들여도 노동자와 가족의 한을 풀 수 있다.

국내외의 많은 경영학 논문에 따르면 노동자의 고용안정이 보장되고 조직몰입이 증가할수록 조직시민행동(조직 구성원의 자발적·긍정적·헌신적 행동)과 노동효율이 오른다. 역으로 고용불안이 커지고 심리적 계약관계(직원이 회사에 기여하는 만큼 회사도 직원에 합당한 대우를 해줄 것이란 믿음)가 붕괴할수록 조직의 역기능이 증가하고 불만족과 저항이 커진다. 당연한 이치다.

이를 증명하듯 울산의 현대자동차 사내 하청 비정규직 노동자들의 공장 점거 투쟁은 끊이질 않는다. 몇년 전에는 공장 정문 앞 정규직화 촉구대회에서 비정규직 노동자가 분신을 시도했다. 목숨 건 투쟁이다. 누가 노동자들을 이렇게 내모는가.

보수 언론과 회사 측은 그들 특유의 언어로 '외부 세력'에 의한 '선동'을 말한다. 그 외부 세력이란 민주노총을 비롯한 노동조합, 진보적 시민사회 세력, 노동자 가족, 진보 정당, 진보 언론 등이다. 그러나 이들은 기득권의 시각에서 볼 때 '외부'일 뿐 인간의 시각, 관계의 시각, 역사의 시각에서 볼 때 엄연한 '내부'다. 왜냐하면 이들은 사람답게 사는 세상을 위해, 역사 발전을 위해 소통하고 연대해야 한다고 생각하는 이들이기 때문이다. 참된 사람인 한, 원래 우리는 내부도 외부도 아닌 '하나'가 아니던가.

그나마 다행인 것은 현대자동차가 '단계적으로'나마 비정규직의 정규직화를 실행하고 있다는 점이다. 현대자동차는 2013년 한 해 동안 총 1856명의 비정규직을 정규직으로 채용했다고 발표했다. 2013년 12월 말에도 울산에서 200명이 정규직 신규채용의 최종 합격자로 결정되었고, 이들은 6주간의 신입사원 교육과정을 거쳐 2014년 2월부터 생산현장에서 일한다. 비슷한 시기에 현대자동차 전주공장에서도 '생산인력 채용 공고'를 내고 추가 채용을 진행했다. 이런 식으로 현대자동차 회사 측은 오랫동안 사회적 논란이 된 사내하청 문제의 조기 해결을 위해 2016년 상반기까지 총 3500명의 사내하청 근로자를 정규직으로 채용하기로 했다.

물론 이러한 진행 방식은 노조의 요구와는 많이 다르다. 노조는 불법으로 판명된 모든 사내하청 근로자의 '일괄' 정규직화를 요구하고 있는 반면, 회사는 '단계별' 정규직화 방침을 고수하기 때문이다. 그런데 현대자동차의 당기순이익을 보면 문제의 핵심이 돈이 아님을 알 수 있다. 회사 입장에선 정규직이 많아질수록 해고가 힘들어지며 노동통제 또한 쉽지 않을 것이다.

한편 회사가 진행 중인 비정규직의 불법 공장점거 관련 소송 건들도 노사 간 갈등을 존속시키고 있다. 일례로, 2013년 12월 19일 울산법원은 노조 간부와 조합원 27명에게 90억 원에 이르는 손해배상을 하라고 판결했다. 역대 최고의 손해배상액이다. 이미 회사는 2010년 노동자들의 공장점거나 2012년 파업으로 인해 막대한 손실을 입었다며 475명의 노조 간부나 조합원을 상대로 총 200억 원 이상의 민사 소송 등 7건의 소송을 제기한 바 있다.

노조는 '화합'을 위해 소송 철회를 주장하지만, 회사 측은 '원칙'을 내세우며 소송 진행과 신규채용을 함께 진행하고자 한다. 일괄 정규직화 및 민·형사상 소송 문제 등 이러한 쟁점들은 '특별협의' 등 노력에도 불구하고 노사 간의 열린 대화나 생산적 해결책을 방해하는 요소로 작용한다.

여기서 나는 노사 모두가 현실적 이슈에 대해 "소 잃고 외양간 고치기" 식으로 접근할 것이 아니라, 상호 신뢰 회복과 삶의 질 향상이라는 새로운 관점을 통해 사회적 갈등을 사전에 예방하는 일이 절실하다고 본다. 나아가 장기적으로는 화석 연료에 기초한 자동차 산업의 패러다임 전환을 위해 어떤 대책을 세워야 할지에 대해서도 차근차근 논의를 진행해야 한다. 요컨대 노사정 모두 나름의 '이해관계'에 기초한 해결책이 아니라 '사회적 필요'에 기초한 해결책을 함께 찾는 것이 정도 경영의 지름길이다. 이것이 미래지향적 경영이자 지속가능한 경제가 아닐까?

윗물은
아래로
넘칠 틈이
없다

부자가 잘되면 하층민도 잘살게 된다는 논리를 '트리클 다
운' 효과라 한다. 우리말로는 적하효과 또는 낙수효과로 번역된다. 말 그대
로 "넘쳐흐르는 물이 바닥을 적신다"는 뜻이다.

대자본의 입장을 대변하는 이 이론은 1980년대 이후 득세한 영국의 대
처 수상이나 미국의 레이건 행정부가 '공급 측면', 즉 기업 위주의 경제를 추
진하면서 세력을 확장했다. 이어 미국의 제41대 대통령(공화당) 조지 부시
(George Herbert Walker Bush)가 재임 중이던 1989년부터 1992년까지 채택
한 경제정책의 이론적 배경이기도 하다.

외국말로 썼기에 그럴 듯해 보이지만, 실상은 정부가 투자 증대와 감세 정책을 통해 대기업과 부유층의 부(富)를 먼저 늘려주자는 것이다. 그렇게 되면 중소기업과 소비자에게 혜택이 돌아감은 물론, 이것이 결국 총체적인 경기를 자극해 경제발전과 국민복지가 향상된다고 말한다.

18세기 애덤 스미스(Adam Smith) 이래 자본 입장을 대변한다는 점에서는 같은 계보에 속하나, 정부가 경제 개입은 하되 노동이나 시민을 위한 정책보다는 자본이나 대기업을 위한 정책을 펴라고 하는 면에서 차별성이 있다.

그런데 1993년 1월 미국의 클린턴(Bill Clinton) 민주당 행정부가 들어서면서 이 트리클 다운 정책은 공식 폐지되었다. 하지만 아들 부시 대통령 시절에 트리클 다운 정책은 사실상 부활했고, 한국에는 예나 지금이나 전 사회적으로 광범위하게 강행되는 형편이다.

예를 들면, 자동차 산업의 경우 비교적 마진폭이 높은 중대형 고급차 부문에 투자를 집중해 재원을 확보하면, 그 재원으로 연구개발을 활성화한다. 그렇게 되면 소형차 시장도 연쇄적으로 경쟁력을 확보하게 되고, 대기업 노동자만이 아니라 중소기업 노동자, 나아가 소비자나 지역사회 등이 모두 혜택을 보게 된다고 말한다.

그런데 과연 실상이 그러한가? 결론을 말하자면, 이것은 거짓이다. 이미 《한국 경제의 배신》에서 밝힌바, 그 근거는 다음과 같다.

첫째, 위의 그릇에 물이 넘치면 아래로 흐른다고 하지만, 그 위의 그릇이 너무나 넓고 깊어서 물이 잘 차지 않는다. 이것은 곧 가장 위에 있는 그릇인 재벌 대기업의 탐욕이 심하다는 말이다. 삼성전자의 경우 이사들의 연봉은 100억 원 이상이며, 그 회장의 주식 배당금만 해도 1200억 원대이며, 현금으로 보유한 비자금만 19조 원이라는 보도가 있었다. 쌍용자동차의 경우, 3000명 가까운 정리해고를 감행하는 가운데 최고 경영진들은 천문학적 돈 잔치를 했으며, 마찬가지로 한국타이어나 한진중공업에서도 열악한 작업환경으로 노동자들이 연이어 죽어 나가고 대규모 정리해고를 반대해 309일이나 고공농성에 돌입했음에도 불구하고 최고 경영진들은 고액의 성과급이나 주식 배당 등으로 돈 잔치에 정신이 없었다.

실은 세계적 차원에서도 마찬가지다. 1996년 당시 세계 부자 358명의 재산이 세계 인구의 거의 절반(25억 명)이 가진 재산 총합과 맞먹었다. 그런데 이것이 2013년엔 세계 부자 85명의 재산이 세계 인구의 절반(35억 명)이 가진 총재산과 맞먹는 수준으로 집중화가 심해졌다. 일국 차원만이 아니라 세계 차원에서도 갈수록 위쪽의 그릇이 더 커진다.

둘째, 가장 위의 그릇이 거의 다 찰라치면 누군가 금세 다른 그릇을 갖다 놓는다. 북한이 권력을 상속하는 것과 마찬가지로 남한의 재벌들은 경영을 상속한다. 나아가 한 사업이 잘되면 금세 다른 기업을 세워 문어발 확장을 한다. 그것도 순환출자라는 편법을 통해 실질적인 자본 투자도 없이 경영을 장악한다. 이런 식으로 2세이건 새 회사이건 엄청 큰 그릇이 새로운 부를 삼키기 때문에 그 부가 아래로 흘러넘칠 시간이 없다.

일례로, 2014년 2월, 삼성전자와 SK하이닉스는 각기 300억, 150억 원을 출자하고, 반도체업계의 경쟁력을 위해 인수 및 합병(M&A)를 통해 규모를 더 키우기로 했다. 그러나 이런 투자 이전에 사람의 건강을 먼저 돌보아야 하는 것 아닌가?

또 다른 사례로, 1996년에 삼성그룹이 성균관대를, 2008년에 두산그룹이 중앙대를 인수하여 경영하기 시작한 것도 들 수 있다. 삼성은 성대에 지난 17년간 매년 900억 가까이 투자했고, 두산은 지난 5년간 매년 600억 정도 투자했다.

셋째, 위 그릇의 뒷부분에 작은 구멍을 내어 부단히 부를 빼내간다. 삼성그룹(삼성 재벌) 삼성전자의 어느 사업부의 경우 2008년 순이익이 1조 원 이상이었음에도 실제 발표된 것은 7000억 원 정도였다. 순식간에 3000억 원이 사라진 것이다. 묘하게도 그 타이밍이 삼성그룹의 2세가 이혼하면서 천문학적인 위자료 및 재산분할을 해주던 시점과 일치해 숱한 의혹을 불러일으켰다. 나아가 삼성그룹은 김용철 변호사나 노회찬 의원이 폭로한 'X파일 사건'처럼 천문학적 비자금을 조성해 정치가나 판검사, 행정가, 교수, 언론 등을 체계적으로 관리해 왔다. 이런 식으로 위 그릇의 부가 비밀리에 새나가기 때문에 가득 찬 뒤 아래로 흘러갈 여유가 없다.

오죽하면 정운찬 전 총리조차 2012년 대선 직전 CBS 라디오에서 "이른바 '재벌 장학생들'이 너무 많아 경제민주화 추진이 어려울 것"이라 했겠는가? 실제로 삼성이나 현대 그룹에서 돈을 받은 정치인, 관료, 학자, 판·검사들이 수두룩하다. 이들에게 건네지는 엄청난 돈들, 이는 모두 '윗 그릇'의 뒷구멍으로 빼돌린 비자금이 아니겠는가?

그렇다면 도대체 그렇게 엄청난 부는 어디서 오는 것일까? 그것은 1차적으로 대기업 소속 노동자들의 장시간 노동과 경쟁적 분위기, 극도의 충성심 등에서 나오며, 2차적으로는 비정규직, 여성 노동, 이주 노동, 그리고 1차, 2차, 3차 하청으로 연결되는 '기나긴 가치사슬'에서 일하는 모든 사람들(최근 논란이 되는 대기업과 대리점 사이의 '갑을관계' 사태를 포함), 국내외의 광범위한 소비자, 그리고 3차적으로는 아시아, 아프리카, 남미 등 해외의 천연자원이나 생태계, 그리고 가난한 현지인들의 희생에 근거한다.

그렇다면 사태의 진실은 윗물이 아래로 넘치기보다는 아랫물이 위로 뽑혀 올라간다고 해야 한다. 이것을 나는 이미 《한국 경제의 배신》이란 책에서 '펌핑업 효과'라 한 바 있다. 불행하게도 우리의 현실은 트리클 다운이 아니라 펌핑업 효과를 보여준다. 즉, 트리클 다운 효과는 진실이 아니라 거짓이며, 사태의 진실을 가리는 마스킹 역할을 한다. 참된 정치·경제민주화는 이러한 거짓을 벗겨내고 삶의 진실을 널리 알리는 데서 출발해야 한다.

더불어 행복을
추구하는
'어깨동무' 사회

■
■
■

정부나 자본은 말한다. "열심히 하면 잘살게 된다"고. 그들은 또 말한다. "대기업이 부자가 되면 윗물이 흘러 넘쳐 아래로 흐른다"고.

이제 우리는 안다. 그런 말이 진실이 아님을, 거짓임을, 극히 일부에게만 해당하는 말임을. 오히려 현실의 참모습은 "아랫물이 펌프질을 당해 위로 뽑혀 올라간다"는 펌핑업 효과가 나타나고 있다. 이것이 진실임을 우리는 안다.

그렇다면 대안은 무엇인가? 그것은 윗물이 아래로 흘러넘치는 것도 아니요, 아랫물이 위로 계속 뽑혀 올라가는 것도 아니다. 아래로 흐르든 위로 올라가든, 위는 좁고 아래는 넓은 사다리꼴 또는 피라미드인 질서 자체가 문제다.

그것은 처음부터 빈부 격차, 권력 격차, 불평등의 구조를 전제로 한다. 그 위에서 모든 사회 구성원들이 치열하게 경쟁하며 살아야 하는 '팔꿈치 사회'다. 중·단기적으로는 일부 극소수만 혜택을 보는 기만적 질서이며, 궁극적으로는 상하 가리지 않고 모두를 소진시키는 질서, 공멸을 초래하는 질서다. 따라서 처음부터 물이 골고루 나눠지는 그런 새 질서를 만들어야 한다.

처음부터 물이 모두에게 두루 흘러드는 질서란 무엇일까? 그것은 사다리형 사회가 아니라 원탁형 사회일 것이다. 경쟁보다 협동이, 분열보다 연대가, 질투보다 우애가, 배제보다 환대가 핵심 가치인 사회다. 보다 구체적으로, 사람들이 자신의 꿈이나 끼에 걸맞게 배우고 일하며 살아가는 사회, 상하 질서가 아니라 상호 존중하는 사회, 물질적 이해관계가 아니라 인간적 상호관계를 통해 더불어 행복한 사회가 참된 대안이 아닐까?

바로 이 지점에서 최근 한 뉴스가 생각난다.(《한겨레》, 2014년 1월 14일) 기업경영성과 평가 사이트인 '시이오(CEO)스코어'에 따르면, 2012년 삼성과 현대자동차의 영업이익이 국내 법인 전체 영업이익(국세청 기준)의 22.4퍼센트를 차지했다. 한때 우리는 30대 그룹의 경제력 집중을 걱정했는데, 이제 그 대상이 10대, 5대 그룹을 넘어 2대 그룹으로 축소 중이다. 즉, 10대 그룹 안에서도 삼성그룹과 현대자동차그룹 등 양대 그룹으로 경제력 집중이 갈수록 심화한다. 이 두 그룹 계열사의 국내 주식시장 시가총액 비중은 2013년 9월 말 기준으로 무려 36.5퍼센트다.

재벌닷컴의 자료를 보면(2014년 1월 13일), 삼성그룹과 현대자동차그룹의 2009년 영업이익은 23조 4000억 원, 전체 기업(금융·보험업 등을 제외한 한국은행 자료 기준) 대비 비중은 19.7퍼센트였다. 이들을 뺀 나머지 8대 그룹(SK·LG·롯데·현대중공업·GS·한진·한화·두산)의 당시 영업이익은 23조 2000억 원, 전체 기업 대비 비중은 19.6퍼센트였다. 이때만 해도 '2대 그룹＝나머지 8대 그룹'의 등식이 통했다.

그러나 2012년엔 양상이 크게 달라졌다. 삼성과 현대자동차의 2012년 영업이익이 43조 원으로 늘어나 전체 기업 대비 비중이 30.3퍼센트로 높아지는 동안, 나머지 8대 그룹의 영업이익은 18조 원, 비중은 12.8퍼센트로 후퇴했다. 삼성과 현대자동차의 이익이 두 배 가까이 늘어나는 동안 나머지 그룹의 영업이익은 32.5퍼센트나 줄어든 것이다. 삼성과 현대자동차를 제외한 기업들의 이익률이 마이너스 행진을 거듭한 것이다. 삼성과 현대자동차의 영업이익은 나머지 8대 그룹의 이익을 합친 금액의 두 배를 훌쩍 넘어섰다. 이런 식으로 대한민국 경제는 갈수록 1퍼센트의 대기업이 99퍼센트의 부를 독식하는 구조로 다가간다. 이미 널리 알려진 사실이다.

물론 삼성과 현대자동차 등 재벌의 급성장에는 그 기업 자체의 노력도 기인했다. 각 기업들은 '생사를 걸고' 품질 향상과 효율 향상, 고객 확보와 수익 증진에 최선을 다한다. 또 지위의 상하를 가리지 않고 '밤낮 없이' 열심히 일을 해야만 잘리지 않고 살아남을 수 있다. 그런 노고를 모르지 않는다. 그러나 이런 식의 '쏠림' 현상, 즉 승자독점 내지 재벌독식 구조와 그 토대인 '쥐어짜기 식' 생산구조는 나라 전체적으로 갖가지 문제를 일으킨다.

첫째, 가장 대표적인 것이 재벌 중심 또는 수출 지향적 대기업 중심의 경제 구조로 인한 사회경제 양극화 문제다. 양극화가 되어도 비난을 피하려면 '트리클다운 효과'가 나타나야 한다. 즉, 윗물이 넘치면 아래로 퍼져야 한다. 그러나 지난 50년 동안 우리의 경험은 '아랫물이 위로 뽑혀 올라갈 뿐'이라는

'펌핑업 효과'를 확인케 한다. 결국 농민, 중소 영세 기업, 비정규직, 여성, 노인, 청(소)년, 장애우, 저학력자, 저기술자, 이주노동자 등의 희생을 담보로 재벌 또는 대기업과 그 직원들만 배를 불리는 것으로 고착화했다. 동시에 이는 극소수 재벌들이 위기에 빠지면 나라 경제 전체가 흔들린다는 위험을 안고 있다. 어쩌면 이러한 문제점이 재벌들의 비리나 모순을 온존시키는 효과를 낳는지 모른다. 악순환이다.

둘째, '강자 동일시' 심리가 온 사회를 휘감는다. 사회경제적 양극화가 진행될수록 사람들은 승자 그룹에 들기 위해 너도 나도 분발한다. 이미 승자인 사람들은 자신의 기득권을 하나도 잃지 않기 위해 수단과 방법을 가리지 않는다. 또 중간층이나 아래층에 있는 사람들은 상류층이 누리는 기득권을 동경하고 선망하며 자신 또는 자식이라도 그 속으로 들어가도록 혼신의 노력을 다한다. 이런 식으로 온 사회는 '강자 동일시' 심리에 지배된다. 이제 대부분의 사회적 관계는 '강자냐 약자냐'를 둘러싸고 편협하게 재편된다. '시선의 폭력'이 사람을 압도한다.

지난 50년 동안의 경험이 이를 증명한다. 고교나 대학을 가도 '일류' 학교를 가야 성공을 했다고 본다. 취업을 해도 대기업이나 고급 공무원이 되어야 성공이다. 새로 사람을 만날 때 '명함'을 내밀면서 자신의 높은 지위를 자랑하고 인정받아야 인생 성공이 된다. 청년들이 공부를 해도 얼마나 자기 꿈에 걸맞은가, 나중에 일을 하더라도 얼마나 사회 헌신을 하는가 하는 잣대는 거의 없다. 오직 강자 그룹, 기득권 그룹에 들 수 있느냐 하는 점이 인생을 이끈다.

이런 식으로 가면 사회 전체의 인간관계가 점차 황폐한다.

셋째, 사회경제 양극화와 맞물려 생기는 또 다른 문제가 '사기 저하' 또는 '좌절감'이다. 마침내 사람들은 발버둥을 치며 노력을 해봤자 결국 극소수만이 성공한다는 것을 알아차리게 된다. 그 직후에 느끼는 감정은 한편으로는 분노와 증오, 다른 편으로는 슬픔과 좌절이다. 이제 뭔가 인생의 목표를 세우고 꿈을 향해 열심히 달려 나간다는 주체적 의지와 의욕이 상실된다. 무기력과 절망감이 사회를 휩쓴다. 권력을 잡은 정치가들은 온 국민을 상대로 '군기 잡기'에 나선다. 그러나 과연 이런 사회 분위기에서 열정적으로 뭔가 하려고 나서는 이들이 얼마나 될까? 두려움에 기초한 행위는 자발성에 기초한 행위에 비해 지속가능성이 거의 없다. 한 마디로, 나라 망할 징조다.

이런 상황에서 우리가 국가나 정부에 기대할 수 있는 것은 '경제민주화'와 '복지 사회'일 것이다. 그간 수출 대기업에 치중했던 환율정책이나 세제혜택 등을 버리고, 중견·중소기업들이 골고루 성장할 수 있는 기업 생태계를 조성해야 한다. 특히 '갑을관계' 문제, 즉 공업이 농업의 희생을 딛고, 또 대기업이 하청·협력업체 등의 희생을 딛고 성장하는 약탈적 경제 구조를 타파해야 한다. 사회적 약자나 빈곤층도, 또한 일중독에 빠져 쉴 줄 모르는 성취자들도 좀 더 인간답게 살 수 있는 사회적 여건을 만들어야 한다. 이것이 복지 사회다.

그러나 현 정부가 이런 일을 할 의지가 있는지는 의문이다. 그래도 '물이 골고루 흐르는' 새로운 사회 구조를 창조하는 것이 우리의 시급한 공동 과제다.

그래서 나오는 결론이 풀뿌리 시민사회의 활성화다. 우리가 아는 복지국가인 스웨덴조차 단순히 정당정치 차원에서의 변화만이 아니라 무수한 풀뿌리의 변화와 적극적 활동을 기반으로 해서 구축되었다. 일례로, 인구 900만 명에 불과한 스웨덴에는 4000여 개의 지역개발 그룹, 15만 개의 비영리단체들, 약 30만 개의 학습 서클들이 마을마다 지역마다 돌아간다. 이러한 사정은 핀란드, 덴마크, 노르웨이 같은 북유럽 여러 나라들은 물론 프랑스, 독일, 이탈리아, 스위스 등에서도 마찬가지다. 스위스는 모든 국민에게 월 300만 원을 무조건 주는 '기본소득제'를 위해 국민투표까지 추진한다. 결과와 무관하게 중요한 점은 무려 13~14만 명이 서명운동에 동참해 아래로부터의 변화를 주도한다는 점이다.

한편 눈을 돌려 아시아나 남미로 가보자. 아시아의 작은 나라 부탄은 1972년부터 '국민총행복'을 국정지표로 삼아 나라를 이끌고 있다. 이 나라 사람들은 상하를 막론하고 '강자 동일시' 심리가 없다. 그저 자연을 닮아 단순하고 소박하게 산다. 당연히 행복도가 높다. 남미의 쿠바, 베네수엘라, 볼리비아, 코스타리카 등 여러 나라들도 (대기업만 살찌우는) 자유무역협정 대신 '민중무역협정'으로 상부상조하거나 가난한 이들도 교육이나 의료 문제를 손쉽게 해결할 수 있게 한다. 특히 코스타리카는 군대 없는 나라로도 유명하다. 군대가 없다는 것은 국가 폭력이 없고 국민들이 그만큼 자유로운 영혼으로 산다는 뜻이다.

　이제 방향이 좀 보인다. 옆 사람을 팔꿈치로 밀치면서 자기만 경쟁에서 승리하려는 '팔꿈치 사회'가 아니라 더불어 행복한 길을 추구하는 '어깨동무 사회'를 만들어야 한다. 우리 조상들도 두레와 품앗이, 이웃사촌이라는 좋은 문화를 갖고 있지 않았던가? 최후의 결정적인 문제는 철학과 혈기지 재원이나 여건이 아니다. 세상을 제대로 바꾸려는 철학과 혈기, 즉 풀뿌리의 '철혈정치'가 절실한 시점이다. 더 이상 기존 사회질서, 기존 패러다임 안에서는 답이 없다는 점을 뼈저리게 느끼는 것이 새로운 출발의 시작이다. 그리하여 트리클다운(떡고물 줍기)도 펌핑업(쥐어짜 올리기)도 아닌 쉐어링(두루 나누기)을 근본 원리로 하는 진짜배기 대안을 열어 나가야 한다. 더불어 행복한 어깨동무 사회의 창조, 바로 이것이 상품화, 물신화, 속물화를 촉진하는 개인적 힐링을 넘어 '사회적 힐링'을 가능케 할 것이다.

4장

'이윤'보다
'사람'을 보라

노동 탄압
'꼼수'는
이제 그만!

　　한국이 국제노동기구(ILO)에 가입한 지도 벌써 20년이 넘었다. 1991년에 가입할 때만 해도 152번째의 막내였는데 그 사이에 33개 나라가 더 가입해 지금은 185개 나라가 회원이다.

　　원래 국제노동기구는 1919년 제1차 세계대전 직후 혼란스럽던 상황에서 세계적으로 노동조건 개선을 위해 만들어진 다국적 기구로 유엔의 전문기관이기도 하다. 물론 1917년 러시아혁명을 지켜본 자본주의 진영이 잔뜩 겁을 집어먹고 더 이상 그런 혁명의 불씨가 나오지 않게 하려고 만든 예방기구에 지나지 않는다는 평가도 있다.

그럼에도 국제노동기구가 1919년 설립 때부터 '8시간 노동'을 강조하는 등 세계적 표준을 주창해 왔고, 최근엔 '양질의 노동'을 강조하면서 노동의 품격을 높이려 하는 점을 부인할 수는 없다. 사실 신자유주의 세계화로 국가간이나 기업 사이에 '바닥을 향한 경주' 및 '팔꿈치 사회' 또는 '10 대 90 사회'가 기승을 부리는 시점에서 세계적으로 수준 높은 표준을 정하고 노동의 '상향평준화'를 이룬다면 바람직할 것이다.

그런데 이런 이상과 달리 지구촌 노동의 현실, 아니 당장 한국의 노동 현실을 둘러보면 정말 안타깝다. 국제노동기구가 설립된 지 거의 100년이 다 된 점을 생각하면 그저 한심하기만 하다. 예를 들면, 한국 정부가 1991년에 국제노동기구에 가입할 때 '핵심협약'으로 분류되는 네 범주, 즉 결사의 자유, 차별 금지, 강제노동 금지, 고용 상 최저연령 등의 협약 비준을 약속했는데 아직도 '결사의 자유'와 '강제노동 금지' 협약은 비준하지 않았다.

1996년 '선진국' 클럽으로 통하는 OECD가입 때에도 핵심협약 비준을 약속했지만 아직까지 지키지 않았다. 국제노동기구나 OECD가 직·간접적 압박을 가해 오기도 했지만 결정적 맹점인 강제력의 결핍으로 인해 그 실효성은 작다.

보다 구체적으로 2013년 9월 기준, 한국이 비준한 협약은 모두 28개로 185개 회원국 중 120위 수준이다. 한국은 국제노동기구로부터 캄보디아, 콜롬비아, 필리핀, 이란과 함께 '심각한 노동 탄압국'이란 오명을 받았다. 이러한 오명은 근거 없는 게 아니다. 아직도 많은 기업에서 노동조합 결성마저 부정당하며, 설사 신고필증을 받아도 '어깨 펴고' 활동할 분위기가 아니다.

아직 한국 사회는 '노동'이라는 글자만 봐도 알레르기 반응을 일으키는, 몹시 아픈 사회다. 노사 자율교섭 사항인 노조 전임자 임금을 금지하거나 복수 노조는 인정하되 교섭 창구를 강제로 단일화하는 것은 노사 자치를 저해한다. 일상적인 초과노동 또한 사실상 '강제'된다. 레미콘 운전자나 학습지 교사 등 특수고용 노동자, 사내하청 노동자, 그리고 교사나 공무원에 대한 노동기본권도 부정된다. 하물며 '사람 취급'도 못 받는 이주노동자들의 노동권은 말해 무엇하랴?

몇해 전 브라질 출신의 한 중견 학자가 나에게 상파울루 외곽의 수출 공단에 가면 한국 기업들이 다른 남미 출신 노동자들을 '노예노동'시킨다는 말을 해 얼굴을 붉힌 적이 있다. 그러나 어디 브라질뿐이겠는가? 중국이나 동남아, 심지어 한국 안에서조차 21세기와 19세기가 공존한다.

이제 좀 정직해지자. 진짜 선진국이 되려면 일하는 사람을 귀하게 여겨야 한다. 굳이 국제 기구들의 기준을 들먹이지 않더라도 우리 스스로 양심에 맞는 기준을 엄격히 지켜야 한다. 돈과 권력을 주무르는 1퍼센트의 사람들과 그 협력자들은 단지 글자 하나, 문장 하나를 바꿈으로써 엄청난 이권을 좌우하지만 그 해당 조항의 적용을 받는 1600만 노동자와 그 가족들, 또 수백만 명의 청년들은 한평생의 운명이 뒤바뀐다. 이 99퍼센트의 삶이 우리 사회의 얼굴을 대내외로 드러내는 지표다.

'노동 탄압국' 오명을 벗으려면 하루라도 서둘러 국제협약을 비준하고 온갖 형태의 노동탄압을 중지해야 한다. 물론 이것이 총파업 같은 '노동자 대투쟁' 없이도 이뤄지면 참 좋겠는데… 달리 표현할 길이 없다!

'숫자'보다
사람이
중요하다

"현재 전 세계 많은 기업 및 국가의 지도자들이 길을 잃고 방황하고 있다." 몇년 전 제프리 페퍼(Jeffrey Pfeffer) 미국 스탠포드 대 경영학 교수가 한국에 와서 한 말이다. 기업 경영이든 나라 경영이든 참된 소신과 철학을 갖고 일관성 있게 나가라는 말이다.

사실 그렇게 되지 못하는 이유는 간단하다. "이는 성장률과 이익률 등 숫자에만 매몰"되어 장기적 시각보다 단기적 시각에 사로잡혔기 때문이다. 이런 식으로 편협하게 달려 나가면 기업이든 나라든 '지속가능성'은 없다.

그렇다면 '사람이 곧 경쟁력'이라 강조하는 그의 해법은 무엇인가? 그것은 "숫자에 앞서 사람을 먼저 살펴봐야" 한다. 그렇다. 숫자보다 사람이 중요하다. 그는 또 오래 전《국가의 경쟁력》에서 "경쟁력의 원천은 결코 안이한 조건에서 나오지 않는다. 그건 오히려 숱한 압력, 도전, 역경 속에서 나온다"고 했다. 무수한 안팎의 압박과 역경, 도전을 창의적으로 극복하는 데서 참된 혁신이 가능하다.

바로 이런 시각으로 한진중공업 정리해고 및 공장이전 사태를 다시금 살펴보자. 영도조선소는 한진그룹이 기존의 대한조선공사를 1989년에 인수한 것이다. 노동자들의 피와 땀과 눈물이 업계 4위로 만들었다. 그런데 2010년 말, 노동자 400명은 보너스는커녕 정리해고나 다름없는 통보를 받았다. 해고 회피 노력도 없었고 대상자 선정도 자의적이었다. "3년째 수주 제로"가 이유였다.

반면 2007년에 인수한 필리핀 수빅만 조선소엔 2009년까지 10억 달러나 투자, 31건의 산재 사망, 63건의 불법해고 등을 거치며 높은 실적을 기록해 최근엔 3년 치 물량(60척)을 수주했다. 주주들은 174억 원의 배당금을 받고 임원 연봉도 1억 원씩 올라 돈 잔치를 했다. 이런데도 '긴박한 경영상 필요'로 정리해고? 노동 저항을 피해 필리핀으로 가려는 마음이 '긴박'한 것인가?

그런데 한진중공업 홈페이지를 보면 놀랍게도 '사람 중심 경영'을 강조한 페퍼 교수의 메시지를 모두 반영하고 있다. '신뢰 문화 창조' '인간 존중 소통' '임파워먼트' '핵심가치 공유' 등. 결국 표리부동이 사태의 핵심이다. 아무리 그럴듯한 '비전과 가치'를 내세운들 실제론 '인간 무시 경영' 아닌가.

2010년 말 또다시 반복된 정리해고 물결에 한진중공업 노조와 민주노총은 '정리해고 철회'를 주장하며 나흘간 농성을 벌였다. 회사는 꿈쩍하지 않았다. 마침내 2011년 1월 6일 새벽, 《소금꽃나무》의 저자이자 절반의 인생을 해고자로 살아온 김진숙 민주노총 지도위원이 무려 세 시간 동안 톱질로 자물쇠를 끊고 35미터 높이의 85호 크레인 위로 올라 190일이 넘게 "정리해고 철회"를 외친다.

바로 그 자리는 2003년 김주익 전 노조위원장이 살인적 손배가압류 등 극심한 노조 탄압과 열악한 노동에 저항하며 129일이나 외로운 싸움을 하다 극심한 절망감에 자결한 곳이다. 또 1991년 최초의 민주노조 위원장으로 밤낮 민주노조 운동에 전념하다 의문의 죽임을 당한 박창수 열사가 일하던 곳이다.

2011년 6월 11일의 제1차 희망버스에 이어 7월 9일 제2차 희망버스에 마음을 담은 1만여 지지자들에게 김진숙은 "앞으로 작은 희망의 꽃씨 하나가 어떻게 꽃밭이 되는지 기억해 달라"고 했다. 그는 트위터를 통해 한진중공업만이 아니라 쌍용자동차, 유성기업, 콜트콜텍, 발레오의 해고 노동자들을 기억하자 했고, 재능교육, 현대자동차 비정규직 등 모든 비정규직 노동자들의 삶과 애환을 잊지 말자고 했다.

그렇다. 혁명가 김진숙은 온 사회가 인간답게 변혁될 것을 요구한다. 경영학 교과서의 '변혁적 리더십'이니 '경영 혁명'이니 하는 개념들이 얼마나 위선적인지 온몸으로 찌른다.

해답은 있다. 우선 기업 경영에서 정리해고라는 개념부터 해고하라. 그렇다. 수탈자를 수탈하고, 정리해고를 해고하라! 그리고 신의와 성실에 기초한 대화를 하라. 경영 정보를 솔직히 공개하고 대다수가 공감하는 대안을 찾아라. 수천 명의 경찰 특공대나 용역깡패를 동원하지 마라. 그래야 비로소 '인간 존중'이란 말을 써도 양심이 꼬이지 않는다. 만일 지금처럼 겉과 속이 다른 경영을 계속한다면, 아마도 희망버스는 계속될 것이다.

하나의 대기업, 하나의 지역을 넘어 그 물결은 전국을 휩쓸 것이다. '호미로 막을 일, 가래로도 못 막는' 어리석음을 더 이상 범하지 말아야 한다. 수치상의 성장이나 수입보다 중요한 것이 사람들의 살림살이가 실제로 더 넉적해지고 행복해지는 것이기 때문이다.

초일류 기업
비정규직
노동자의 자살

"그동안 삼성서비스(A/S) 다니면서 너무 힘들었어요. 배고파 못 살았고 다들 너무 힘들어서 옆에 거 보는 것도 힘들었어요"라는 유서를 남기고 2013년 10월 31일 천안에서 한 노동자가 자살했다. 33세의 청년 노동자 최종범 씨는 첫돌배기 딸의 아빠이자 파릇파릇한 남편이었다. 그런 그가 왜 스스로 목숨을 끊었을까?

언론을 통해 알려진, 최씨가 노동 과정에서 서비스센터 사장과 통화한 일부 내용은 대단히 충격적이다. 고객의 불만을 처리하는 과정에서 센터 사장은 최씨에게 전화상으로 "왜 새끼야 무릎 꿇고 빌게 만드냐? (고객과) 맞다이 까든지, 무릎 꿇고 빌든지 둘 중에 하나 선택해!"라고 했다. 이에 최씨는 "죄송합니다"라는 말밖에 하지 못했다. 그 직후 최씨는 "전태일 님처럼 그러진 못해도 전 선택했어요, 부디 도움이 되길 바라겠습니다"라는 말을 남기고 떠났다.

여기까지만 보고도 우리는 최씨가 일한 사업장의 노사관계로부터, 협력업체와 삼성 재벌의 관계로부터 이번 사태의 뿌리를 더듬을 수 있다. 한국의 노동자들이, 나아가 한국의 비정규직 노동자들이 처한 일반적 상황이 상징적으로 드러나기 때문이다.

1987년 6월 '시민 항쟁'과 7~8월의 '노동자 대투쟁' 이후 정치적 민주화가 많이 진전되었다고는 하나 아직도 경제적·사회적 민주화는 요원하다. 특히 재벌의 독점적 지위와 그 아래 종속적으로 편입된 하청 구조는 협력(하청) 회사 사장들로 하여금 그 직원들을 '노예'처럼 취급하게 만든다.

이들은 오전 9시 이전에 출근해 밤 10시, 11시에 퇴근하기 일쑤다. 에어컨 실외기 고장 처리 서비스의 경우 4~5층 난간에 매달려 위험한 작업도 감수해야 한다. 특히 7~9월 여름철에 업무가 밀렸던 시기에 받았다는 평균임금 400~500만 원은 50만 원 내외의 유류비, 그 정도 혹 그 이상의 자재비, 휴대전화 비용, 심지어 고객들이 낸다고 해놓고 내지 않은 수리비 미수금까지 포함한 것이라 순수입은 200만 원 정도라 한다. 인간답게 사는 세상을 꿈꾸는 노동자라면 그런 상황에서 극심한 좌절감과 패배감을 느낄 수밖에 없다. 굴종을 강요하는 사장 앞에서 직원들은 저항이냐 포기냐 하는 극단적 선택을 해야 한다. 최씨의 경우, 그 선택은 죽음을 통한 저항으로 나타났다. 결국 재벌의 독점적 지위와 그에 종속된 불평등한 하청 구조 자체가 타파되지 않고서는 최씨의 경우와 같은 불행한 사태를 예방할 길이 없다.

하지만 여기서 또 하나 짚을 점이 있다. 그것은 우리 일반 소비자들도 일말의 책임감을 느껴야 한다는 점이다. 각종 서비스센터에서는 최씨와 같은 비정규직 노동자들이 매일 초를 다투며 일하고 있다. 성과 압박은 스트레스로 이어지고, 누적될 경우 우울증이나 직무 소진(번아웃)으로 치닫기도 한다. 그런데 일반 소비자들은 그들의 고통을 헤아리기는커녕 무조건 빨리 서비스를 해달라고 조르거나 과하게 불평불만을 토하기도 한다. 미국이나 유럽에서는 1~2주일 기다려도 될까 말까한 서비스를 한국에서는 하루 이틀 만에 해결하는 경우가 많아 나 역시 놀랄 정도다. 우리가 이렇게 빠른 서비스를 받기 위해 노동자들은 얼마나 자신을 혹사해야 하는지 우리 시민들도 한 번쯤은 생각해 볼 필요가 있다. 전자 서비스를 비롯한 각종 서비스 노동자들은 '고객 평가' 결과에 따라 각종 인센티브를 차별적으로 받거나 심하게는 실직 위협에 노출되기도 한다. 이런 맥락에서 극단적 고객평가제도나 소비자의 조급증도 다시 한 번 생각해야 한다.

그러나 이번 사태에서 결코 놓쳐서는 안 되는 지점이 바로 노동조합 문제다. 원래 노사관계란 노동자와 사용자 사이의 집단적 관계로서 협력의 측면과 갈등의 측면을 포괄한다. 노동조합은 노동자 사이의 경쟁을 지양하기 위한 연대체로서 사용자 측인 경영진과 대등한 지위에서 신의와 성실의 자세로 단체교섭을 통해 노동조건 등 제반 이슈를 풀어나간다. 헌법 33조에서도 노동자의 단결권, 교섭권, 행동권 등 노동3권을 보장하고 있다. 그런데 "내 눈에 흙이 들어가기 전에는 절대 노조는 안 된다"는 선친의 철학에 근거해 삼성 재벌은 노동조합을 철저히 금기시한다. 물론 노조 설립을 위한 숱한 시도가 있었지만 사전 발각되어 싹까지 뭉개졌거나 천신만고 끝에 설립된 경우에도 활동가들이 제대로 움직이지 못하게 방해를 받았다.

삼성전자서비스지회 노동조합의 경우도 마찬가지였다. (총 90명 기사 중) 최씨의 동료인 김기수 금속노조 삼성전자서비스지회 천안센터분회장은 오마이뉴스 팟캐스트 방송 '이슈 털어주는 남자'와의 인터뷰에서 "지난 7월 노조를 결성한 이후 사측이 여덟 명의 노조원을 대상으로 이전에는 하지 않았던 특별감사를 하는 등 노조 탄압에 들어갔다"고 했다.

최씨의 가족들은 그가 모르던 분야였지만 '울면서' 공부해 마침내 삼성전자 기사가 되었을 때, 그가 '초일류 기업 삼성'의 '정직원'이 된 줄 알고 무척 자랑스러워했다. 이것은 영화 〈또 하나의 약속〉에서 윤미가 대기업 '진성전자'에 취업하자 그 부모가 너무나 좋아하며 뿌듯해했던 장면과 정확히 닮았다. 대다수 민중이 품은 '환상'이다. 그러나 그 자부심은 최씨의 죽음 앞에 분노와 증오로 변했다.

이 고통과 상처를 조금이나마 치유해 줄 약은 무엇일까? 이 상황에서 그 어떤 '힐링캠프'가 도움이 될까? 참된 치유는 아마도 재벌의 횡포를 타파하고 권위주의적 경영 방식을 혁신하며, 소비자의 권익만 주장하기보다 노동자의 권리도 존중하는, 실질적 정치·경제 민주화에 있지 않을까 싶다. 삼가 고인의 명복을 빈다. 그리고 남은 우리는 (그들을 기억하며) 살면서 싸우고 싸우면서 살아야 한다. (돈과 권력에 순종 않고) 독하게 사는 것도 싸우는 것이다. 더불어 같이 싸우면 희망도 생긴다. 이것이 바른 삶, 값진 삶이다.

'경제 살리기'란 이름의 폭력

"내 옆에는 사람들이 있어. 물론 네 옆에도 사람들이 있겠지. 총리 자리면 신념도 버리는 대법관도 있고 돈이면 뭐든지 하는 사람들도 있겠지. 내 옆에 있는 사람들은 다르다. 법을 지키기 위해서 가족의 손에 수갑을 채우는 검사, 진실을 알리기 위해서 형부와 맞서는 기자, 사고를 당하고 자기 목숨이 위험한데도 나를 걱정해 주는 형사…. 이게 사람이다. 이게 내가 아는 사람이다."

몇 년 전 인기를 끌었던 드라마 〈추적자〉에서 억울하게 죽은 딸과 아내의 한을 풀기 위해 인생 전체를 건 백홍석 형사가 돈과 권력이라면 수단과 방법을 가리지 않는, 그리하여 인간성 자체를 내버린 강동윤에게 던진 말이다. 강동윤 곁의 사람들은 독일 나치의 폭력을 고발한 프리모 레비(Primo Levi)의 '이것이 인간인가?'라는 질문을 하게 하는 부류지만, 백홍석 곁의 사람들은 진정 '이것이 사람'이란 느낌이 들게 한다. 핵심은 진실과 사랑이다. 돈과 권력은 완전히 그 반대편이다.

이런 문제의식을 가진 드라마가 전 국민의 인기를 모을 무렵, 개탄스럽게도 노골적인 폭력 사태가 '경제 살리기'란 이름 아래 노동자들을 압살하고 있었다. 실은 이미 2010년경부터 민주노조와 그 조합원을 깨기 위한 작전이 치밀히 전개되었다. 복수 노조 시대를 맞아 제2의 민주노조 운동이 일어날까봐 나온 자본과 권력의 전략이다.

2010년 2월, 발레오만도에서는 임단협이 원만하게 진행되지 않자 노조가 태업을 시작했다. 회사는 용역을 투입하고 공격적 직장폐쇄를 하며 노조원들을 쫓아냈다. 상신브레이크와 KEC 또한 같은 시나리오를 겪었다. 주야 맞교대 대신 주간 2교대를 약속했던 (현대자동차의 하청업체인) 유성기업이 주간 2교대 대신 용역 투입을 하고 공격적 직장폐쇄를 한 것도 같은 맥락이었다. 흥미롭게도 현대자동차 총괄 이사의 차량에서 유성기업과 현대자동차의 노조 파괴 시나리오가 발견되었다. C컨설팅의 자문도 있었다.

2012년 6월 19일 새벽에는 충남 당진의 JW(중외) 노동조합 임시 사무실에 열세 명의 괴한이 난입해 두 명의 노조원을 칼로 위협하고 천막과 기물을 부순 뒤 달아났다. 경찰 수사는 형식적이거나 지지부진했다.

7월 27일에는 안산 반월공단의 SJM 사에 '컨택터스' 용역깡패 200여 명이 투입되었다. 임단협 결렬로 파업 농성 중이던 현장을 경찰의 방관 아래 폭력으로 침탈한 것이다. 노조원 30여 명이 크게 다치고 한동안 악몽에 시달릴 정도로 큰 상처를 입었다.

당시 정치권에서는 '컨택터스'와 같은 용역깡패 회사를 둘러싸고 큰 논란이 일었다. 그것이 〈추적자〉에도 여러 번 나오는 쇼로 그치지 않고 제대로 사람 냄새 나는 사회를 만드는 계기가 되려면, 그 문제에 대해 근본적으로 접근해야 한다. L 전직 대통령의 말처럼 "고액 연봉을 받는 노동자들이 파업을 벌이는 것은 나라 경제에 아무 도움이 안 된다"는 식으로 접근해서는 곤란하다.

첫째, 노동자가 태업이나 파업을 벌이는 것은 사용자가 '신의'와 '성실'의 원칙에 따라 단체교섭에 나서지 않기 때문이다. 처음엔 나서더라도 나중엔 교섭을 해태하기 일쑤인데, 그것은 자본의 이윤은 양보하지 않으면서 노동자의 일방적 희생만 강요하기 때문이다.

둘째, 공권력에 의한 합법적 폭력이나 민간 자본에 의한 사적 폭력 사이의 유착을 철저히 막아야 한다. 국가가 반드시 자본의 시녀 역할을 한다고 할 순 없지만, 현실은 대체로 그렇게 흘러왔다. '정치 민주화'가 된 오늘날도 마찬가지다. 특히 컨택터스나 지원가드와 같은 용역깡패 회사들, 그리고 C 컨설팅과 같은 노조파괴 전문가들이 더 이상 발을 붙이지 못하게 해야 한다. 국정조사나 청문회로 전 국민에게 사태의 전모를 알리고 이런 일이 재발하지 않게 하는 것도 한 방법이다.

셋째, 경제민주화의 첫 걸음으로 노동자나 시민에 대한 폭력금지 약속을 받아내야 한다. 재벌 개혁도 노동자의 의견을 적극 반영해야 한다. 그래야 대통령보다 높은 자리에 앉은 재벌 총수가 수시로 "욕 보래이"라며 원격 조정하는 반사회적 작태를 막을 수 있다. 진정 '사람'이라면, 돈과 권력이 아닌 사랑과 진실이 통하는 세상을 만들어야 한다.

대통령부터 이웃집 아저씨나 아줌마까지 이 과업을 자신의 문제로 끌어안아야 한다. 그러나 과연 '높은' 이들, '잘난' 이들, '부자'들이 얼마나 진지하게 동참하겠는가? 그렇다면 어떻게 해야 하나? 결국은 소외되고 배제되고 탈락한 주변인들, 낮은 자들이 스스로 깨치고 뭉쳐야 한다. 어차피 70퍼센트가 스스로 서민층이라 여기는 세상 아닌가? 이들이 서로의 고통에 공감하고 위로하며 상호 치유를 해나가야 한다. 함께 싸워 나가면서 동시에 건강한 대안을 상상하고 공유하고 실험해야 한다. 이 과정의 자연스런 결과가 풀뿌리의 위대한 힘으로 분출할 것이다. 바로 이때 세상의 변화는 빨라진다. 이것이 곧 '나부터' 사회혁명의 요체다.

해고의 공포와
노동의 공포로
죽어가는
노동자들

　　　　열아홉의 나이로 '잘살아 보겠다'는 꿈을 안고 삼성전자 온
양공장에 취직한 여성 노동자가 있었다. 방사선 기계로 검사 업무를 하다가
3년 만인 2007년 백혈병 진단을 받았다. 하늘이 무너지는 느낌이었을 것이
다. 일곱 차례의 항암치료와 골수이식에도 불구하고 결국 그는 숨졌다. 이름
은 박지연. 나이 스물셋에 불과하다. 2007년 3월, 같은 나이의 황유미 씨도 같
은 운명의 길을 갔다. 영화 〈또 하나의 약속〉은 실제로 '또 하나의 현실'이다.

　　이러한 유해 노동과정 문제의 심각성을 알고 심층 취재한 MBC 〈PD수
첩〉과 SBS 〈그것이 알고 싶다〉, 대전MBC 〈시사 포커스〉 등 프로그램이 무슨

까닭인지 불발되고 말았다. 휴대폰이든 컴퓨터든 우리의 '생필품'을 만드느라 이렇게 노동자들이 죽어간다. 우리는 그들의 생명 에너지를 먹고 '편리'하게 산다.

반올림(반도체 노동자의 건강과 인권지킴이 단체 이름)에 따르면, 삼성전자 전·현직 노동자 중 2013년 12월 초까지 확인된 백혈병과 뇌종양 등 직업병 피해자의 수는 138명으로 그중 56명이 사망에 이르렀다. 이 중 36명이 산업재해를 신청했으나 인정받은 것은 유방암으로 숨진 고 김도은씨, 재생불량성빈혈로 투병중인 김지숙씨 두 명뿐이다. 고 황유미씨 등 세 명은 1심에서 산재를 인정받았으나 근로복지공단이 항소, 현재 항소심이 진행 중이다.

반올림은 지난 6년 이상의 세월 동안 일관되게 회사 측의 사과, 산재인정 및 사망근로자 보상, 재발방지대책에 대한 요구를 제출해 왔다.

2013년 12월 18일에는 삼성과 반올림 사이에 6년 만에 처음으로 협상 테이블이 마련되었다. 그러나 삼성 측이 내용 협상에 들어가기도 전에 반올림을 협상의 당사자로 인정하지 않고 개별 피해자들만 당사자들로 인정하는 바람에 무산되고 말았다. 교섭단은 황상기 교섭단 대표(삼성반도체 백혈병 피해 노동자 故황유미 님 부친), 김시녀(삼성LCD 뇌종양 피해 노동자 한혜경 님 모친), 김진환(삼성반도체 백혈병 피해 노동자 김은경 님 남편), 유영종(재생불량성빈혈 피해 노동자 유명화 님 부친), 이선원(백혈병 피해 노동자 故이숙영 님 남편), 정애정(백혈병 피해 노동자 故황민웅 님 아내), 송창호(악성림프종 피해 노동자), 정희수(뇌종양 피해노동자 故이윤정 님 남편), 이종란·공유정옥(반올림 활동가) 그리고 서기와 참관 각각 1명으로 구성됐다.

한편 삼성 측은 "이후 협상에도 성실하게 임하겠지만, 환자와 가족 분들의 대표성을 입증할 위임장을 가져오기 전에는 협상을 진행하기 어렵다"고 했다.

노동과정에서 귀한 생명을 잃는 일은 삼성전자만이 아니다. 한국타이어 제품검사팀에서 일하던 52세의 손모 씨도 지난 2010년 1월 죽었다. 사인은 급성 심근경색이다. 이 회사에선 2006년 5월부터 2007년 12월까지 15명의 노동자들이 심장질환과 암 등 질병으로 돌연사했고, 길게 보아 1995년부터 2010년 초까지 15년간 무려 100명이나 사망했다. 질병 사망자만도 60명이 넘는다. 양심적 전문가들에 따르면, 타이어에 필요한 카본블랙과 초미세분진, 유기용제 솔벤트 등이 뇌심혈관계 질환을 일으킨다. 그러나 지금까지 산재 인정을 받은 이가 거의 없다.

금호타이어도 예외는 아니다. 2007년 불과 8개월 동안 노동자 다섯 명이 죽었다. 2005년에도 세 명이 돌연사했다. 회사 측은 모두 개인 탓이라 했지만 노동자들은 고용불안과 노동강도를 지적했다. '아직 잘리지 않고 있을 때 많이 벌자'며 야근·특근·휴일 등 연장근로를 습관적으로 하던 터였다. 기본급보다 수당이 더 많은 임금구조도 문제고, 인원 부족으로 편히 쉴 수 없던 것도 문제였다. 결국 한편에선 해고의 공포가, 다른 편에선 노동의 고통이 이들을 죽인 셈이다.

그리고 2009년 5월, 쌍용자동차에서 41세의 노동자 엄인섭 씨가 뇌출혈로 사망했다. 그는 그해 6월 초에 단행될 3000명 규모의 정리해고 압박으로 불면증 등의 극심한 스트레스에 시달렸다고 한다. 그리고 '뜨거운 77일'간

투쟁에서 이런 식으로 뇌출혈, 심근경색, 자살로 목숨을 잃은 노동자가 네명이다. 충격으로 노동자 가족 두 명도 사망했다. 파업이 끝난 직후에도 후유증과 경찰의 강압수사로 두 명이 또 자살하려고 시도했다.

우리가 날마다 자동차를 타고 도로를 편안하게 질주할 때, 이렇게 우리는 노동자와 그 가족들의 생명 에너지를 머금고 달리는 셈이다.

이렇게 노동자들은 일하며 죽어가고, 일을 못해도 죽어가고, 일하게 해달라고 싸우다 죽는다. 그런데 이들이 만든 휴대폰과 컴퓨터, 자동차를 무심코 소비하는 우리는 과연 이들을 기억하는가? 그들의 노동을, 그들의 피와 땀과 눈물을, 그들의 고통과 두려움을, 그들의 절망과 투쟁을, 그들의 소박한 바람과 희망을.

문제는 죽은 노동자만이 아니다. '아직' 잘리지 않고 살아 있는 노동자들은 과연 행복할까? 일중독에 빠져 몸은 살아 있되 정신은 죽은 '좀비' 신세가 아닐까?

나아가 그들이 만든 휴대폰과 컴퓨터, 자동차를 별 생각 없이 쓰기만 하는 우리 자신은? 혹시라도 '돈이면 못할 게 없다'거나 '어디, 공짜 폰 없나?'라며 어느 새 돈 중독, 소비 중독에 빠진 건 아닌가. 죽어간 노동자를 기억하고 애도하는 것은 곧 산 자들이 자신의 인간성을 회복하는 출발점이 될 것이다.

보호장치가
불안장치로
둔갑하는 역설

       노동법은 원래 노동자를 보호한다는 취지로 만든 것이다. 노동자 보호는 물론 사회적 약자인 노동자의 권익을 보호하는 측면도 있지만 역설적으로 자본주의 노동사회의 기본 질서를 보호하는 측면도 있다.

       19세기 초 영국에서 최초의 노동법인 '공장법'이 나온 까닭도 저임금의 장시간 노동에 노동자가 너무 오래 일할 경우 노동자가 너무 비참해지기 때문이기도 했지만, 그래서는 기득권층의 돈벌이 경제에 필요한 노동력의 재생산이 길게 보장되지 않기 때문이었다.

       대한민국도 헌법에서 행복추구권이나 평등권, 사회보장권, 그리고 노동

3권, 즉 단결권, 단체교섭권, 단체행동권을 보장하고 그에 따라 근로기준법이나 노동조합법 등 여러 노동관계법이 있다.

그런데 이상한 역설이 많다. 노동자를 보호한다는 노동법이 노동자 권익을 침해하는 일이 많기 때문이다. 일례로 노동자를 함부로 해고해서는 안된다는 취지 아래 '이런저런 조건을 갖추어야만 정당한 해고'라 명시하는 순간, 그 법은 '이런저런 조건만 형식적으로 갖추면 누구나 해고할 수' 있는 법이 되어버린다.

1998년 현대자동차 정리해고자들과 그 가족들의 눈물, 2001년 정리해고 통지서인 '노란 봉투'를 받아든 대우자동차 노동자의 눈물, 2009년 쌍용자동차 노동자들의 피눈물이 바로 이 점을 상징한다. 노동자와 그 가족의 분한 마음은 "평생 뼈 빠지게 충성한 결과가 겨우 '정리대상자'라니…"라는 말로 압축된다.

또 양성 평등을 실현하자는 취지에서 만들어진 남녀고용평등법이나 모성보호법 등은 역설적으로 여성의 고용을 꺼리는 경향으로, 고용을 하더라도 차별적 일자리로, 정리해고 시 최우선 희생자로 나타났다.

나아가 비정규직법은 어떤가? 최대 2년간의 노동계약이 끝나면 파견근로자나 기간제 근로자를 정규직으로 고용해야 한다는 그럴듯한 조항이 있지만 역설적으로 이 법에 따른 2년이 되기 전에 '계약 해지'를 해버리거나 이상야릇한 무한 계약직이 도입되기도 한다. 보호장치가 불안장치로 둔갑하는 역설이다.

'외국인노동자법'도 마찬가지다. 이주노동자의 고용관계에 합리적 규칙을 만든다는 법이 이주노동자의 작업장 이동도 사실상 제한하고 '임금노예' 외의 인간적 활동을 하고자 하는 경우 해고 대상이 된다. 합법적 테두리에서 운신할 폭이 좁으니 이주노동자들이 역설적으로 불법, 즉 미등록 상태에 빠지게 된다.

한편 공무원과 교사의 경우, 별도 법으로 정해 놓고, 양심적 공무원들이 '부정부패 척결'을 구호로 내세우며 통합 노조를 만들자 노동부가 구차한 토를 달아 퇴짜를 놓는다.

참된 교육자들이 노조까지 만들어 행복한 교육현장을 만들려 하자 교육부는 '눈엣가시'처럼 대한다. 또 대학 강의의 절반을 담당하는 시간강사들은 실질적인 '교원' 인정도 못 받는다.

심지어 이명박 정부 당시 노동부장관조차 국회 환경노동위원회에서 "노동3권 중 단체교섭ㆍ행동권을 제약해야 한다"고 말했다.

이 정도면 '노동법의 역설'이 문제가 아니다. '헌법의 역설' 수준이다. 헌법 제1조 "대한민국은 민주공화국이고 모든 권력은 국민에서 나온다"까지는 좋은데, 그 나간 권력이 도대체 어디로 사라졌는지, 무얼 하는지 모를 지경이다. 차라리 솔직히 노동법이나 헌법 등 모든 법이 '기득권의 법'이라고 공표라도 하는 게 양심에 떳떳하지 않을까?

힘들어도
함께 가니
희망이다

2009년 5월부터 시작된 쌍용자동차 노동자 투쟁은 그해 8월 6일까지 77일간 계속되었다. 비정규직 투쟁까지 합치면 80일이 훨씬 넘는다. 비정규직에 대해서는 그 이전에 대량 계약 해지가 이뤄졌고, 새로운 정규직 해고 대상자는 2646명이었다. 이에 노동자들은 "해고는 살인이다. 함께 살자!"를 외치며 결사 항쟁했다. 용역 및 구사대의 폭력이 있었고 마침내 경찰 특공대에 의한 공권력의 폭력 진압이 있었다.

해고의 스트레스는 물론 회사의 압박이나 경찰과 검찰의 압박, 두려움과 괴로움이 삶을 위협했다. 해고당한 후 사망한 쌍용자동차 노동자와 그가

족은 모두 24명에 이른다. 사람들은 투쟁 직전에도 죽어갔고 투쟁을 하면서도, 또 투쟁이 끝나고서도 죽어갔다. 자본주의 노동 과정에서 격리된 노동자들은 심리적·육체적으로 삶의 희망을 잃었으며, 심지어 사회적·정치적으로도 삶의 절망만 강요받았다.

희망버스, 촛불광장, 심리상담 등 노동자들과 연대하는 움직임이 다양하게 벌어졌다. 그 와중에 천주교정의구현사제단 신부 및 수녀들이 중심이 되어 '쌍용자동차 해고 노동자를 위한 매일 미사'가 서울 대한문 앞에서 2013년 4월 8일부터 11월 18일까지 225일 동안 열렸다. 그리고 이제 해고자 문제에 대해 회사가 답할 차례라는 이유에서 분향소를 다시 쌍용자동차 공장이 있는 평택으로 옮겼다. 이로써 쌍용자동차 분향소는 쌍용자동차범국민대책위에 의해 서울 대한문 앞에 설치된 지 1년 7개월 만에 공장으로 돌아갔다.

미사에 참가한 한 해고 노동자는 "10년 넘게 부친과 함께 살면서 많이 외로웠는데 미사가 시작되면서 매일 여섯 시 반 저에게 새로운 가족이 생겼다, 앞으로도 가족들 눈에 눈물 나지 않도록 정말 열심히 싸우겠다"고 말했다. "지난 225일간 미사에 함께하면서 진정으로 사람만이 희망임을 확인했습니다. 거의 하루도 빠지지 않고 참석해 준 대표 신부님을 비롯해 함께해 준 분들의 희생과 헌신을 잊을 수 없을 겁니다. 반드시 공장으로 돌아가겠다는 확신과 희망을 가지고 쌍용자동차 문제만이 아니라 비정규직 없는 세상을 위해 더 당차게 웃으며 투쟁하겠습니다."

김득중 쌍용자동차 지부장도 "매일 미사는 저희에게 든든한 희망이자 버팀목이었다"며 "반드시 공장으로 돌아가서 그 은혜에 보답하겠다"고 했다. 또 2012년 11월에 평택 공장 앞 송전탑에 올라 문제 해결을 촉구하며 고공 시위를 벌였던 한상균 전 지부장도 "쌍용자동차 해고 노동자 등 국가 폭력의 트라우마에서 벗어나지 못하는 사람들에게 있어 '매일 미사'는 큰 힘이 됐다"며 "쌍용자동차 노동자들도 다른 노동자들과 함께 이야기하고 치유하면서 새로운 희망을 만들어가고 있는 중"이라고 덧붙였다.

한편 한 수녀는 "미사에 참석하며 처음 마주한 것이 쌍용자동차 해고 노동자들의 희망 없는 눈빛이었다"고 했다. 그는 "미사에 오면서 동료와 가족을 보내고 살아남은 자들, 죽을 만큼 고통스러운 상처를 지닌 이들과 함께 울 수 있었다"며 "시대에 광풍이 불어도 계속 함께 걸어가길 소망한다"고 말했다. 이와 더불어 천주교정의구현사제단은 11월 18일의 마지막 미사에서 성명서를 통해 박근혜 정권이 들어선 후 불법연행 등 노동자들에 대한 탄압이 더욱 심해졌다며 정부를 비판했다. 이들은 "오늘 끝나는 대한문 미사는 또 다른 기도의 시작"이라며 "박근혜 정권에 탄압당한 노동자뿐 아니라 진실과 공정에 헌신하는 모든 이의 연대로 다시 거듭날 것"이라 천명했다.

현재 쌍용자동차의 대주주인 인도 마힌드라그룹 아난드 회장은 11월 11일 은수미 민주당 의원 등 국회 환경노동위원회 소속 의원 세 명을 만나 "쌍용자동차 정리해고자의 복직을 전향적으로 검토하겠다"고 밝힌 바 있어 노동자들은 실낱같은 희망의 끈을 놓지 않고 있다.

불행 중 다행이라 했던가. 2014년 2월 7일, 서울 고법은 쌍용자동차 정리해고가 무효임을 선언했다. 정리해고의 4대 요건 중 두 요건, 즉 긴박한 경영상의 필요 및 해고 회피 노력 요건에 결격 사유가 있다는 것이다. 이 소송의 직접 당사자인 150여 해고자들은 '만세!'를 부르며 눈물을 흘렸다. 하지만 아직도 갈 길은 멀다. 아직 진짜 이긴 것은 아니다.

무려 24명의 목숨을 앗아간 쌍용자동차 정리해고 사태는 한국 사회에 또 다른 트라우마의 과정을 보여주었다. 원래 트라우마란 물리적 상처의 흔적을 뜻했지만 정신의학 분야로 널리 응용되면서 폭력적 경험으로 인한 심대한 정신적 상처를 뜻하게 되었다. 여기서 말한 폭력적 경험이란 주로 아동학대나 성폭력, 가정폭력, 대형 재난, 대형 교통사고, 전쟁, 정치 탄압, 극심한 빈곤 상황 등을 말한다. 그런데 이번 쌍용자동차 사태에서도 확연히 드러난 바와 같이 노동자들에 대한 정리해고나 그 이후의 투쟁 과정, 공권력의 개입 등도 노동자와 그 가족들에게 심대한 정신적 상처, 즉 트라우마를 남길 수 있음을 알 수 있다.

트라우마에 시달리는 노동자들은 극도의 스트레스나 우울증에 시달리기도 하고 잠 자다가 악몽에 시달려 놀라 벌떡 깨기도 하며 헬리콥터 소리에도 가슴이 쿵쿵 뛰는 경험을 한다. 경찰 버스만 보아도 소스라치게 놀라기도 한다. 이런 것이 외상후스트레스장애(PTSD)이다. 심지어 24명의 사망자 중에는 이런 극도의 스트레스에 시달리다 삶의 희망을 잃어버리고 결국 자살로 절망감을 표현한 경우도 많다. '해고는 살인'임이 입증된 셈이다.

이러한 쌍용자동차 사태를 통해 우리는 무엇을 배울 것인가? 첫째, 정리해고나 반대투쟁, 공권력 투입 등 일련의 과정이 트라우마의 원인이 될 수 있다는 사실이다. 진정한 '산업 평화'를 바라는 기업과 정부라면 노동자와 그 인권을 존중하는 풍토를 만들어야 한다. 말로만 할 것이 아니라 실질적인 제도와 문화를 정착시켜야 한다. 법과 제도를 잘 만들어야 하고 이를 예외 없이 지키는 것도 중요하다. 소신 있는 판사들로 구성되는 '노동법원'의 창설이 그 한 예다.

둘째, 트라우마의 치유 문제다. 정혜신 박사가 주도한 '와락'과 같은 개인적 · 집단적 심리치료도 대단히 중요하지만, 더욱 중요한 것은 쌍용자동차 노동자들의 집단적 한을 풀어주기 위해 국정조사를 통해 각종 의혹을 해소한 뒤 원직 복직을 실시하는 일이다. 나아가 무려 47억에 이르는 손해배상의 무효화, 77일 또는 86일 파업자 인권침해에 대한 손해배상, 그간 구속, 수배, 자살시도, 부부 싸움, 이혼, 유산, 아이 방치, 트라우마, 우울증, 자살, 죽음 등에 대한 포괄적 보상, 진실한 공개 사과, 재발방지 약속, 해고 및 진압 책임자 구속 처벌 등까지 해내야 비로소 사회적 치유가 완성될 것이다. 정치 · 경제민주화는 참으로 멀고도 험하다. 물론 희망버스나 촛불광장, 매일 미사와 같은 시민사회의 집합적 관심과 연대도 엄청난 위력을 발휘한다. 이런 부분들이 모두 결합되면 노동자들의 집합적 상처는 서서히 치유될 것이다.

셋째, 트라우마의 재발 방지 문제다. 이런 일이 반복되지 않으려면 어떻게 해야 할까? 사실 노동자들이 복직한다고 해서 그들의 노동이 결코 즐거운 것은 아니다. 게다가 상시적 구조조정과 범지구적 경쟁 압박이라는 칼날은 항상 도사린다. 따라서 노동 과정을 보다 인간적으로 만들기 위한 범사회적 노력이 필요하다. 민주노조 운동은 그 과정에서 단연코 주체가 되어야 하고, 이런 부분을 전폭적으로 지지해야 한다. 나아가 향후 자동차 산업의 미래까지 생각하면서 더 이상 대량 해고와 같은 사태가 발생하지 않도록, 그런 시기가 왔을 때 폭력적인 과정이 전개되지 않도록 사전에 토론하고 대비해야 한다.

특히 '정리해고 4대 요건'을 엄정히 검토한 서울 고법 판결이 훼손되지 않도록 더욱 잘 지켜내야 한다. 즉, 정리해고 요건인 ①긴박한 경영상의 필요, ②해고 회피 노력, ③공정한 해고 기준, ④노조와의 성실한 협의 등이 전국의 노동현장에서 준수되도록 교육, 토론, 공유되어야 한다.

이런 종합적 노력들이 차분하게 이뤄져야만 우리는 더 이상 수많은 사람들의 가슴에 상처를 새기는 폭력이나 트라우마, 그리고 그로 인한 사회적 죽음을 예방할 수 있다. 과연 기업과 정부는 이런 제안에 귀를 기울일까? 나아가 우리 노동자들조차 이런 문제의식을 공유하고 함께 진지한 토론과 학습을 시작할 수 있을까? 시간이 걸리더라도 함께 넘어야 할 언덕이다.

한국 철도노조의
'총파업 투쟁'과
캐나다 공공노조의
'파업권 위기'

2013년 12월을 달구었던 철도 노동자 파업이 연말을 앞두고 약간 허무하게 끝났다. 사상 가장 긴 파업이라던 22일 간의 파업은 '수서발 KTX 자회사 설립'으로 상징되는 '철도 민영화'가 주된 이슈였기에 노동 진영을 넘어 광범위한 시민 사회의 지지를 받았다. 파업의 동력도 탄탄했고 사회적 지지도 제법 높았다. 파업 지도부도 나름 유연성과 기동성을 발휘하며 힘겨루기를 잘 해나가는 듯했다.

하지만 연말에 10만 여 민중이 함께 한 총파업 시위 직후에 느닷없이 '합의문' 몇 줄로 파업이 종식되고 말았다. 특히 합의문은 철도 노사가 직접 당사자로 등장한 것이 아니라, 여야 대표와 철도 노조 대표가 합의한 것이란 점에서 뭔가 찝찝한 구석이 있다. 예전 같으면 '어용노조 식 비겁한 타협'이란 비난이 나올 법도 하지만 이번엔 그런 비난보다는 '그간 고생했다'라는 평가가 많았다. 아마도 좀처럼 투쟁의 기운이 잘 살아나지 않는 시대적 흐름을 반영한 태도가 아닐까 싶다.

동일한 내용은 아니지만, 캐나다의 온타리오 주 공공노조에서도 2011년에 노동자 파업권을 둘러싸고 노정 간 갈등이 있었다. 수년간 뜨겁게 지속된 캐나다 토론토 시 교통공사(TTC)의 노동자 파업권 논란이 막바지에 이르렀을 때다. 온타리오 주 '가족의 날' 직후인 2월 22일, 랍 포드(Rob Ford) 토론토 시장의 요구에 따라 달턴 매컨티(Dalton McGuinty) 수상이 주도하는 주 정부가 주 의회에 새 법안을 제출했다.

이 법에 따르면 토론토 대중교통 서비스는 기존의 경찰, 소방 업무처럼 '필수 업무'로 지정된다. 그러면 대중교통의 공공부문 노동자들은 단체행동권, 즉 파업권을 잃고 제3자 중재에 따라야 한다. 캐나다 노동 진영은 이 법에 대해 "필수업무법이 아니라 파업금지법"이라 비판했다. 당시 온타리오 주 의회는 2003년과 2007년 선거 이래 자유당이 압도적 다수를 차지하고 있었다. 그런데 2011년 3월 말에 단체협약이 끝나기 때문에 집권당은 신민주당의 반대에도 불구, "원활한 공공 서비스는 모든 시민의 권리"란 명분 아래 사실상 노조를 압살하는 이 법을 서둘러 통과시키려 했다.

캐나다 최대 도시인 토론토엔 도심만 해도 250만 명이, 광역 토론토 시 전체에 550만 명이 거주하기에 대중교통 시스템은 일상생활의 '핏줄'이

나부터 세상을 바꿀 순 없을까?

기도 하다. 사람들은 2008년 35시간 파업의 고통을 기억한다.

그러나 사태를 이 수준에서만 보면 핵심을 놓치기 쉽다. 한국이건 캐나다건 우리가 현실의 노동관계를 올바로 이해하려면 한편으로 자본과 권력 진영의 구조적 전략을 봐야 하고, 다른 편으로는 노동 진영의 주체적 대응방식을 보아야 한다. 우선 자본과 권력 진영의 구조조정 전략이란 1930년대부터 1970년대까지의 복지국가 패러다임 시절에 구축되었던 각종 사회복지 지출이나 광범위한 노동권에 대한 체계적 공격이다. 1980년대 이래 영국의 대처 총리와 미국의 레이건으로 상징되는 신자유주의 공세가 바로 그것이다. 이것은 미국의 위스콘신 주 스콧 워커(Scott Walker) 지사가 공공부문 단체교섭권과 사회복지를 파괴하는 법을 강행하려 했던 시도와도 같다. 노동운동의 마지막 전선까지 확인사살하려는 행위인 셈이다.

또 그것은 그간 누적된 재정적자와 이윤 하락을 극복하려는 기득권 세력의 전략이기도 하다. 캐나다 온타리오 주도 예외가 아니어서 무려 193억 달러의 재정적자 상태에 직면, 마침내 매귄티 총리는 2009년 봄 최저임금 수준을 인상하려던 계획을 보류했고, 2010년 여름엔 공공부문 노동자들의 임금을 2년간 동결, 약 15억 달러를 절감하겠다고 나섰다. 반면 사업가를 위해선 46억 달러의 세금을 깎아주기로 했다. 파업권 박탈법도 바로 이런 공세의 연장선이었다.

다음으로, 노동 진영의 대응을 보자. 그나마 제도권 정당 중 가장 혁신적이라 할 수 있는 신민주당의 1990년대 전반 집권기에 밥 래이 총리는 특유의 '사회 협약'을 제시했다. 그것은 온타리오의 재정적자를 해결하고자 고통

분담 차원에서 기업은 세금을 더 내고 노동자 임금은 동결하는 것이었다. 그동안 노조 진영은 신민주당이 노동자 권익을 대변하리라 믿고 지지했는데 이로써 톡톡히 배신당했음을 느꼈다. 그 뒤 '홧김에 하는 결혼'처럼 캐나다 공공노조는 신민주당을 버리고 자유당을 지지한다. 신자유주의 맥락에서는 '오십 보 백 보'라 할 수 있지만, 노동 진영이 더 보수적인 자유당과 기이한 동반관계를 이룬 것이다. 대안 부재의 결과다.

그런데 그 뒤 얼마 지나지도 않아 70만 명의 조합원을 가진 공공노조는 자신이 지지했던 자유당으로부터 '파업권 박탈'이라는 폭탄을 맞을 위기에 처했다. 설상가상으로 사회적 지지도 약한 편이었다. 거의 같은 시기에 미국 위스콘신 주에서 주 정부(보수적인 공화당)의 '반노조법'에 맞서 노동자와 시민들 수십만 명이 베트남 전 이후 최대 규모로 의사당까지 점거하며 총파업을 벌인 것과 대조적이었다.

캐나다 토론토의 공공노조 사례가 우리에게 주는 교훈은 '눈은 멀리 보되, 발은 땅바닥에, 몸은 부지런해야' 한다는 점이다. 당장의 이해득실에 따라 조급하게 행위하기보다는, 자본과 권력의 신자유주의 공세에 전략적 대안을 내면서도 노동자 내부의 소통과 연대를 위해, 또한 사회 전체의 신뢰 획득을 위해 부지런히 노력해야 한다.

한편 노조 혐오증을 가진 시민들도 지금까지의 복지혜택이나 생활 향상조차 노동운동과 사회운동의 성과물이란 점을 잊어서는 안 된다. 또다시, 뭉치면 살고 흩어지면 죽는다! 무엇을 위해? 더불어 행복한 세상을 위해!

'쥐식빵' 사건과 삼성의 '유령 노조'

몇해 전 크리스마스 직전에 시작된 일명 '쥐식빵' 사건은 결국 경쟁업체를 운영하던 한 업주의 자작극임이 밝혀졌다. 당사자 ㄱ씨는 2010년 12월 23일 새벽, 집에서 떨어진 PC방에서 다른 사람의 명의를 도용해 글을 올렸다.

"쥐, 고발하면 벌금이 얼마?"란 글이었다. 쥐가 든 밤식빵 사진도 공개했다. "집에서 애가 빵을 먹으려다 토하고 굴러다니고… 위생 상태를 생각하면 정말 끔찍하다"고 비난했다. 당연히 그 식빵을 판 가게는 피해를 보았다.

그러나 ㄱ씨의 행동은 처음부터 이상했다. 상식적으로 생각해 진짜 식빵 속에서 쥐가 나왔다면 당장 그 가게에 찾아가 항의해야지 왜 PC방에 가나? 그것도 아이가 식빵을 먹지도 않을 새벽 시간에 말이다.

사태가 커지자 ㄱ씨는 한 인터넷 매체에 "하늘에 맹세코 조작하지 않았다. 나와 가족은 피해자"라며 억울해했다. 진짜 아이가 먹을 식빵에서 쥐가 나왔다면 굳이 하늘에 맹세할 필요도 없지 않았을까? 억울함이 아니라 분노가 하늘을 찔렀을 것이다.

장두노미(藏頭露尾)란 말이 있다. 아무리 머리를 처박고 감추려 해도 꼬리가 드러난다는 말이다. 진실은 아무리 감추려 해도 언젠가 드러나기 마련이다.

빵을 팔던 ㄱ씨의 자백에 따르면, "장사가 더 잘되기를 바라던 중, 길에서 죽은 쥐를 보는 순간 '쥐 식빵' 아이디어가 떠올랐다. 냉장고에 쥐를 보관했다가 사람들이 퇴근한 밤, 아내의 가게에서 식빵을 조작했다. 인터넷에 까발리면 손님들이 그 가게를 피해 모두 내 가게로 올 줄 알았다." 그러나 현실은 그의 의도와 달리 흘렀다. 결국, 탐욕에 의한 자작극임이 모두 드러나고 말았다.

이 사건을 보면서 나는 '무노조 경영'으로 일관하는 '초일류 기업' 삼성이 생각났다. 노동자가 헌법에 보장된 노조를 만들려 하면 회사가 먼저 유령 노조를 조작하는 모습이 마치 쥐 식빵 사건과 비슷했기 때문이다.

물론 두 사례는 서로 다르다. 쥐 식빵은 경쟁업체간 문제고 유령 노조는 대자본과 노동자 간 문제다. 게다가 쥐 식빵은 눈에 보이지만 유령 노조는 안 보인다. 그런데 공통점도 있다. 그것은 없는 걸 있는 것처럼 속여 이득을 취하려 한 점이다.

김용철 변호사의 《삼성을 말한다》에 따르면, "삼성은 관할 관청의 공무원을 매수해 놓는다. 노동자가 노조설립 신고를 해오면 해당 공무원은 서류 검토 대신 회사에 전화를 한다. 회사는 한편으로 신고자를 추격하고 다른 편으로 유령 노조를 설립한다. 그러나 이것조차 드문 일인데, 이미 사전에 눈빛이 이상한 자를 회유, 협박, 납치하기 때문이다. 심지어 불법적 위치추적까지 한다. 한국은 진짜 '삼성공화국'인가?"

《골리앗 삼성재벌에 맞선 다윗의 투쟁》을 쓴 김성환 삼성일반노조 위원장은 "삼성반도체 한 사업장에서 100명 가까운 사람이 백혈병과 희귀암으로 죽어갔다. 이런 사안에 대해 진보 지식인이라 한다면 성명서라도 내야 하는 거 아닌가? 무슨 단체들이 많지만 삼성 문제를 말하지 않는다. 그들이 꿈꾸는 좋은 세상, 사람답게 사는 세상은 도대체 어떤 건가?"라고 반문한다.

또 23년간 삼성에 충성한 박종태 대리가 사내 인터넷 망에 '노조 설립'을 제안한 뒤 즉각 해고를 당했다. 그는 추운 날씨에도 회사 정문 앞에서 일인 시위를 벌였다.

그는 《환상》이란 책에서 삼성이 '개인변화관리'란 이름으로 직원의 몸까지 관리한다고 했다. 금연, 금주, 다이어트, 체중, 어학공부 등까지 회사가 밀착 통제한다. 마치 100년 전인 1910년대의 미국 헨리 포드 자동차 공장에서 상대적 고임금을 주는 대신 노동자의 일상을 밀착 감시했던 것과 비슷하다. 그는 주장한다. "사원들의 진정한 건강과 자기계발은 일회성 이벤트가 아니라 회사가 그들의 건강권을 지켜주고 스트레스를 줄여줄 때 가능하다. 강요된 영어 사용을 없애고 노동 강도를 낮추며 휴식 공간을 마련하고, 납득되지 않는 사유로 해고하지 않고, 폭력을 쓰지 않으며, 반도체 등 유기용제에서 사원들을 보호해야 한다."

"무노조 경영을 고집하는 삼성은 머지않아 유럽의 노조, 소비자단체, 비정부기구(NGO)들로부터 거대한 반대운동에 직면하게 될 것이다." 사회책임에 관한 국제표준인 'ISO 26000' 제정에 큰 역할을 한 오스트리아 빈 대학 마틴 노이라이터(Martin Neureiter) 교수의 경고다.

삼성은 이를 의식했는지 2009년에 노동건강연구소를 세웠다. 그러나 진정으로 '노동건강'을 생각한다면 노조 설립도 자유로워야 하고 질병 발생도 원천 봉쇄해야 한다.

쥐 식빵 사건과 같은 '자작극'이 더 이상 벌어지지 않아야 한다. 양심을 팔아 돈을 벌려고 하는 일은 범죄 행위다. 기업들도 "노동자를 생산요소가 아니라 공동 경영자로 간주"해야 한다. 그럴 때 진짜 '통 큰' 경영이 가능해지고 노사 구분 없이 함께 웃을 수 있을 것이다.

한국 경제가 세계 10위권을 달리는 것과 달리 노사관계는 후진성을 면치 못하고 있다. 겉으로는 헌법상 노동3권이 보장되고, 1995년 이후 민주노총이 있으며, 2000년대 이후 노동자 정당 내지 진보 정당까지 존재하지만, 노동자가 피부로 느끼는 노동인권과 노사관계는 대단히 낙후되어 있다.

일례로, 대부분 노동자의 파업은 불법으로 규정된다. 합법 파업은 '자기 노조 이기주의적' 성격을 띤 임금과 복지 등 직접적인 근로조건을 둘러싼 파업에만 해당한다. 구조조정(정리해고) 이슈나 민영화, 정책 관련 이슈가 아무리 근로조건에 악영향을 주더라도 직접적인 이슈가 아니란 이유로 파업의 정당성 구성 요건에 해당되지 않는 것으로 사법부는 해석한다. 그렇게 불법으로 규정된 파업의 참가자는 자동으로 업무방해죄를 짓는 것이며 민사상 손해배상 책임을 지게 된다.

실제로 현대자동차 울산공장을 무단 점거해 생산 차질을 일으켰던 노조원 11명은 2013년 10월에 20억 원 규모의 손해배상 판결을 받았고, 2013년 11

월 29일엔 2009년 정리해고 반대 투쟁(공장 점거 파업)에 참여한 쌍용자동차 노조 간부와 조합원, 금속노조·민주노총 간부 등 110명은 약 47억 원의 배상 판결을 받았다. 이어 2013년 12월 19일엔 2002년의 대법원 판결(2년 이상 된 사내하청 비정규직의 정규직화가 옳다는 내용) 이행을 요구하며 파업을 일으켰던 현대자동차 비정규직지회(사내 하청노조) 조합원 27명이 무려 90억 원을 배상해야 하는 판결이 떨어지고 말았다. 이어 2014년 1월 17일엔 전국금속노조 한진중공업 지회가 2011년에 '김진숙 309일 고공농성'으로 상징되는 정리해고 반대투쟁을 해서 회사에 손실을 입혔다는 이유로 59억여 원 배상 판결을 받았다. 말이 '수십 억'이지 일반 노동자나 노조에게는 생사가 달린 문제다.

후진적 노사관계를 선진화하는 방안은 없을까?

첫 단계는, 노동(노동이 가진 사회적 의미와 동시에 노동이 가진 사회적 신화)에 대한 심층적 인식을 촉진하고, 노동조합이나 노동운동에 대한 편견을 불식시켜야 한다. 예컨대 프랑스나 독일의 중·고교에서는 청소년들에게도 노동교육을 체계적으로 시킴으로써 노동자의 파업을 정당한 시민권의 행사로 인식하게 돕는다.

둘째 단계는, 최저임금 수준을 현실화하고(예, 시간당 1만 원), 최저임금법 위반자에 대한 감시와 단속을 철저히 한다. 최저임금도 주지 못하는 사업장은 사업 허가를 철회한다. 일례로 현재의 법조차 최저임금제 위반 시 벌금 300만 원 또는 2년 이하의 징역에 처하고 있지만, 실제 적용되는 경우는 드물다.

셋째 단계는, 헌법과 노동관계법에 제시된 노동3권을 법대로 잘 이행되게 만드는 것이다. 당연히 잘못된 정리해고를 비롯 부당노동행위도 철저히 규제

해야 한다. 이런 면에서 노동법 안에서조차 발견되는 자기모순이나 역설 같은 문제를 일관성 있게 고쳐야 한다. 파업권은 보장한다면서 사실상 파업을 불가능하게 한 조항들(공익 사업장의 필수유지업무 조항, 일반 회사의 특정 부서 파업 금지 조항), 나아가 여성이나 파견제, 기간제 노동자, 이주노동자를 보호한다면서 실제로는 불리한 처우를 받을 수밖에 없는 상황 같은 문제를 전향적인 자세로 해결해야 헌법 정신에 위배되지 않는다.

넷째 단계는, 노사관계 상의 갈등을 사전에 조율하는 두 기둥인 경영참가 제도와 단체교섭 제도를 신의 성실 원칙에 걸맞게 제대로 실시해야 한다. 영미식 시장 논리가 아니라 유럽식 공동결정 논리를 정착시키는 것, 그리고 노동자 삶에 영향을 주는 이슈에 대해 노사간 자율 교섭이 가능하게 하고 실질적인 파업권을 보장하는 것이 노사관계 선진화에 매우 중요하다. 예컨대 독일이나 스웨덴의 경우, 경영 의사결정 과정에서 노동자의 목소리가 체계적으로 반영되도록 법적인 강제를 하다 보니, 노동권이 존중되면서 경영혁신도 부단히 일어나게 되어 전체 경제가 업그레이드되는 선순환이 가능했다.

다섯째 단계는, 노사관계가 아니라 동료관계로 이행하는 것이다. 협동조합 방식이나 노동자 자주관리 방식의 경영 시스템이 정착되면 더 이상 자본가와 노동자로 분열되는 것이 아니라 모두가 동료로 함께 일할 수 있게 될 것이다. 일례로 미국의 AP통신, 스페인의 몬드라곤이나 한국의 우진교통 사례는 구성원들이 스스로 경영을 책임지는 형태다. 이 단계는 노사관계의 선진화를 넘어 부분적으로나마 '노사관계의 지양'이 이뤄지는 단계라 할 수 있다. 물론 이 모든 단계에 사회복지나 기본소득제와 같은 '사회적 안전망'이 어느 정도

구축되어 있다면 노사간의 불필요한 충돌은 상당히 줄어들 것이다.

요컨대 노사 문제의 해법은 돈이 아니라 사람을 보는 데서 실마리를 찾을 수 있다. 돈은 삶의 수단에 불과하지 결코 목적이 아님을 수시로 상기해야 한다.

5장

불안과 분주함
사이에서
열심히 일한 죄

"해고는 살인이다!"

청년 학생들은 취업을 위해 목매달고, 노동자는 해고당하지 않으려고 목을 맨다. 도대체 우리 모두를 옭아매는 '일'이란 현대인에게 무슨 의미를 지니는가?

모두에게 그런 것은 아니지만, 일은 사람에게 크게 세 가지 의미를 지닌다. 하나는 생계다. 먹고사는 원천을 얻는 것이다. 농사를 짓는 경우 직접 얻기도 하고, 남의 밑에 가서 일을 하는 경우 임금으로 생필품을 사서 해결하기도 한다.

둘째는 관계다. 일을 통해 다른 사람들과 관계를 맺는다. 직장동료로 만나기도 하고 생산자와 소비자로 만나기도 한다. 일을 통해 비로소 우리가 사회적 존재임을 깨닫는 것이다.

셋째는 정체성이다. 일을 통해 내가 어떤 사람인지 알 수 있고, 내가 무엇을 잘하는지, 무엇을 좋아하는지 알 수 있다.

이런 복합적 의미에서 정기적으로 일을 하는 사람은 대체로 건강하고 소박한 행복을 누릴 수 있다. 웰빙 수준이 상대적으로 높아질 수 있다는 말이다. 일이 있으면 행복하기 쉽고 일이 없으면 불행하기 쉽다. 사실 이런 식으로 일이 삶의 필수불가결한 요소가 된 오늘날 '노동사회'의 진실이 바로 이런 것이기에 우리는 의외로 쉽게 '일중독'에 빠져든다.

반대로 우리는 일자리를 잃는 경우 심각한 정신적 충격에 시달린다. 최근 미국 미네소타 대학의 한 연구에 따르면, 해고 통지를 받은 직후에는 충격이 심하나 시간이 흐르면서 해고 이후 10~12주까지 충격이 점차 약해지면서 건강 상태가 조금씩 개선되기도 한다.

그러나 그 이후에도 다른 일자리를 구하지 못해 불합격 통지서가 쌓이기 시작하면 건강 상태가 급격히 악화한다고 한다. 대개 무기력증이나 우울증에 시달린다. 사람이 우울증에 시달리면 훨씬 더 빨리 노화한다는 연구도 있다.

반면에 동일한 상황에서도 실업을 담담하게 받아들이고 '인생 이모작'의 기회로 삼아 자신을 적극적으로 계발하고 진정으로 하고 싶은 일을 찾으면 정신건강이 좋아지기도 한다. 그렇게 되면 '전화위복'이란 말처럼 오히려 실업이 진정한 자아를 찾는 참된 계기가 된다.

쌍용자동차 사례의 경우, 2009년 봄에 2646명 이상의 정리해고 계획 발표 이후 사람들의 정신건강은 심각하게 나빠졌다. 노동자와 그 가족들은 분노와 증오감에 치를 떨었다. 점거농성과 파업이 시작되었고, 사람들은 77일 (선발대의 굴뚝농성까지 치면 86일) 동안 목숨 건 싸움을 했다.

이미 싸움 직전부터 자살하거나 심장병으로 쓰러지는 사람이 생기더니 싸움이 진행되는 동안에도, 그 이후에도 그리고 최근까지 노동자 가족을 포함해 모두 24명이 목숨을 잃었다. 잘못한 것이라곤 '열심히 일한 죄'밖에 없는데 어느 날 갑자기 정리해고라니, 마른하늘에 날벼락이었다. 오죽했으면 스스로 목숨을 끊는 자살을 선택했겠는가?

이미 많이 알려진 사실이지만, 파업 직후 쌍용자동차 노동자들의 정신건강은 (중간 이상) 우울증이 54.9퍼센트였는데, 파업 종료 직후 71.1퍼센트로 높아졌다. 더욱 놀라운 것은 파업 이후 1년 6개월이나 흐른 뒤에도 우울증 환자가 줄기는커녕 오히려 80퍼센트로 늘었다. 우울증이란 모든 게 무기력해지고 살맛이 나지 않는 상태다. 의욕 상실과 밥맛 상실로 이어진다. 세상이 무의미해진다. 차라리 불교식의 무상, 무념, 무아 상태라면 도를 터득한 상태라고 기뻐하겠지만, 현실적 생존의 바탕, 관계의 바탕, 정체성의 바탕을 잃었으니 허무감밖에 남지 않겠는가?

게다가 경찰과 사법기관, 용역깡패, 심지어 구사대의 폭력에 심각히 노출된 경험은 PTSD 즉, 외상후스트레스증후군을 낳았다. 마치 전쟁터에 다녀온 군인들처럼 꿈에 살상 장면이 재현되거나 길거리에 누군가 지팡이만 들고 지나가도 마치 총을 들고 자신에게 다가오는 듯한 착각을 일으킨다. 이런 사람들이 77일간의 파업 직후 42.8퍼센트나 되었고, 파업 이후 정리해고가 현실화한 지 1년 6개월이 지난 시점에서는 52.3퍼센트로 늘었다.

그래서 현실적으로 "해고는 살인이다!"라는 구호가 틀린 말이 아니다. 그러나 역설적이게도 해고를 당하지 않고 계속 일한다고 해서 행복한 것은 아니다. 취업자는 취업자대로 스트레스고 실업자는 실업자대로 스트레스다.

이 진퇴양난의 상황을 돌파하는 진보적 대안은 무엇일까? 그것은 간단히 말해, '모두 일하되 조금씩 일하는' 것이다. 정규직을 원칙으로 모든 이의 노동시간 단축을 통한 일자리 나누기가 우리 모두의 구호가 되어야 하는 까닭이다.

'개콘' 수준의 공정사회 담론

이진경 교수는 몇해 전 한 칼럼에서 '공정한 사회' 담론을 '유머의 총괄'이라며 '웃자'고 제안했다. 그리고 과연 "이 웃음의 끝엔 무엇이 있을지" 생각하자고 했다.

그것은 내 생각에 쓸쓸함과 공허함이 아닐까 한다. 아마도 그것은, 언행 불일치의 극치, 소망적 예언과 현실적 상황 사이의 간극, 겉포장과 알맹이 사이의 황당한 차이에서 오는 것일 게다.

사실 대한민국의 헌법 10조는 모두의 행복추구권을 말하고, 11조는 온갖 차별을 금지한다. 나아가 31조는 교육권을 제시하며, 33조는 노동3권을,

그리고 34조는 인간다운 삶의 권리(복지권)를 보장한다. 이 몇 가지라도 제대로 지키면 '공정 사회'가 될 수 있다.

그런데 현실을 보라. 어린이나 청소년의 행복지수는 OECD 나라 중 꼴찌다. 나라 전체의 자살률은 세계 최고다. 산재 통계나 노동시간 통계 역시 세계 최고다. 공식 통계에 없는 세계 최고도 많다. 대표적으로 대한민국의 뜨거운 교육열과 심각한 일중독 상황이다.

우리나라 학부모들은 자식의 행복을 위한답시고 자식은 물론 자신의 몸과 정신이 망가지면서도 입시에 목맨다. 자식을 일류대에 보내려면 5대 요건이 필요하다는 말도 회자된다. 할아버지의 재력, 엄마의 정보력, 아빠의 무관심, 파출부의 사랑, 형제자매의 희생이 그것이다. 그렇게 자식 교육에 목을 매고 실컷 시달리고 나면, 그 결과에 상관없이 부모의 팔팔하던 청춘은 (대개 30~40대 시절) 온 데 간 데 없다. 50줄이 넘어서면 이제 '노후'가 삶을 은근히 두렵게 만든다. 인생을 음미하면서 제대로 살고자 생각하는 순간, 우리는 어느덧 마무리를 준비해야 한다. 돈과 시간과 열정을 많이 들이고도 인생을 헛살기 쉬운 것이다. 정말 '웃기는 비극'이 아닐 수 없다.

노동의 세계는 더 심하다. 대부분의 사람들은 자신의 꿈이 아니라 오로지 생계와 생존에 목을 맨다. 아무리 해도 생계와 생존 문제로부터 자유로워지지 못하면서 말이다. "남들이 하니까 나도 멈출 수 없다"는 식이다. 만성피로, 산업재해 그리고 과로사가 그 종점이다. 한 번밖에 없는 인생, 이렇게 살아야 하나? 더욱 안타까운 것은 공정한 사회를 만들겠다는 정부가 인간다운 삶을 요구하는 노동조합을 앞장서서 탄압하는 일이다.

일례로 정부출연 연구기관 구조개편을 강행하면서 한국건설기술연구원은 노조 간부들을 집단 해고했다. "4대강 사업이 대운하 사업"이라며 양심선언을 했던 김이태 박사가 탄압받은 곳이다. 보건사회연구원과 직업능력개발원, 국립청소년수련원은 타임오프 시행을 근거로 전임자 임금을 지급하지 않았다. 수십 군데 공기업에서도 단체협약을 일방 해지했다.

민간부문도 마찬가지다. 몇년 동안 계속되고 있는 현대자동차의 비정규직과 관련해서는 대법원이 "2년 이상 근무한 하청노동자는 정규직으로 간주한다"는 판결을 한 뒤 노사간 긴장이 더 높아졌다. 노조가 불법파견 문제를 제기하며 '정규직화' 투쟁을 벌이고, 비정규 노동자들이 대거 노조에 가입하자 사측의 노조탄압이 더 심해졌다.

실제로 현대자동차 아산공장 관리자 200여 명이 사내하청지회 비정규 노동자들의 집회를 물리적으로 방해했다. 사내하청지회가 의장공장 식당 앞에서 비정규직-정규직 100여 명이 연대해 점심시간을 이용해 집회를 열려 했을 때 이를 부당하게 저지한 것이다. 그외 고용노동부가 각 사업장에 공문을 보내 노사간 자율적인 단체협약을 시정하도록 강력 권고하기도 한다.

노동자의 자발적 조직인 노동조합이 탄압받거나, 개인이 양심에 따라 말할 자유도 없는 나라는 결코 공정한 사회가 아니다. 《정의란 무엇인가》를 쓴 마이클 샌델 교수의 특강에 사람들이 몰리고, 책이 수십 만 권 팔린 것은 단지 그가 하버드 대학의 교수이기 때문만은 아닐 것이다. 사회정의와 공정성에 대한 우리 사회의 내면적 갈망이 그만큼 크다는 뜻이 아닐까?

이제 진심으로 공정 사회를 원한다면 기득권 위주의 사회 시스템에 근본적인 수술을 해야 한다. 그것은 우선 고교 평등화, 대학 평등화, 직장 평등화로 상징되는 '개성 있는 평등화'를 실현하는 것이며, 노동조합과 함께 과감한 노동시간 단축을 통한 일자리 나누기를 구현하는 것이다.

나아가 주거, 교육, 의료 문제의 사회공공적 해결로 인간다운 삶의 조건을 확보하고, 유기농 농민을 공무원 대우함으로써 온 사회의 밥상을 살려야 한다. 정말 '개론' 수준인 말로만 공정한 사회를 이제 진짜 공허하지 않게 제대로 바꿔보자.

최저임금,
살아보고
결정하자!

긴 산고 끝에 2014년 최저임금이 시급 5210원으로 정해졌다. 2013년 최저임금 4860원에 비해 350원 증가했다. 고작 이것 올리느라 2013년 5월부터 7월 초까지 노·사·공익 대표 각 아홉 명씩 27명이 (법정 시한을 넘기면서까지) 일곱 차례나 긴장된 시간을 보냈는가 싶기도 하다.

하지만 최저임금의 적용을 받는 알바생이나 시간제 근로자, 저임금 근로자 등 사회적 약자들이 약 500만 명에 이른다는 사실, 그리고 비정규직 노동자가 850만 명 정도라는 사실을 감안한다면 최저임금을 어떻게 정하는가 하는 문제는 예사로 넘길 일이 아니다.

이런 면에서 해마다 반복되는 최저임금위원회 내 갈등과 협상의 교착, 그리고 막판의 무리한 조율 등을 보면서 향후 최저임금 결정 과정을 보다 합리적으로 혁신할 필요를 느낀다.

우선 최저임금이란 국가가 헌법에 의거해 그야말로 최소한의 임금을 정하는 것이다. 1988년부터 실시된 최저임금법은 근로자의 '생활안정'과 노동력의 '질적 향상'을 꾀함으로써 '국민경제의 건전한 발전'에 이바지함을 목적으로 한다. 이 취지에 공감한다면 어떻게 사용자 측에서 "최저임금 0원 인상"과 같은 협상안을 제시할 수 있을까? 그런데 사용자 대표들은 (대통령의 공약도 무시한 채) 예외 없이 '기업 부담'을 내세워 최저임금을 동결해야 한다고 했다. 속셈은 막판에 몇십 원 정도 올리려 했을지 모른다. 2014년을 위한 최종 결정도 350원 인상이다.

여기서 중요한 것은 시급 5210원 정도 받아서 근로자의 '생활안정'이나 노동력의 '질적 향상'이 이뤄질까 하는 점이다. 주당 40시간 기준, 월급은 약 108만 원 정도다. 노동부에 따르면 257만 명 정도가 직접적 적용대상이다. 간접적으로 영향 받는 이들까지 합치면 500만이 넘을 것이다. 그런데 과연 이 돈으로 생활안정을 이루고 노동력의 질적 향상을 이룰 이가 얼마나 될까?

여기서 노·사·공익 위원들에게 제안을 하고 싶다. 올해나 내년에도 동일 과정을 반복함으로써 사회적인 비판을 받지 않으려면, 이른 봄에 일종의 '집단 실험'을 해보자는 것이다.

그것은 최저임금 위원 27명이 각자 한 달만 108만 원으로 살아보는 것이다. 노동은 하지 않아도 좋다. 대신 노동을 했다 치고 108만 원만 갖고 한 달을 지내보시라. 그 뒤에 모두 한자리에 모여 과연 '생활안정'이 되는지, 노동력의 '질적 향상'이 이뤄지는지 종합 평가한 뒤 그 다음 해 최저임금 심의에 들어가자. 가장 '현실적인' 대안은 바로 이런 게 아닐까?

한편 사용자 대표들은 중소영세 자영업자의 부담을 내세워 최저임금을 동결하자고 했다. 상황을 모르는 바는 아니나 언제까지 이런 논리로 접근해야 할까? 만약 기업의 '부담'만 강조한다면, 노동자 임금은 '0원'에 가까울수록 좋을 것이다. 한마디로, '노예 노동'이야말로 자본에겐 최적일 것이다. 그러나 지금이 어떤 시대인가? 자유, 민주, 평등, 공정 따위의 가치를 정말 소중히 여긴다면, '노사 윈윈'을 말로만 하지 말고 모든 사람들에게 '인간다운 생활'을 보장하자.

만약 사업가가 최저임금도 못 줄 형편이라면 사업 대신 다른 일을 해야 하지 않을까? 아니면 노동자를 고용하는 대신 혼자 일하거나 가족끼리라도 일해야 하지 않겠는가? 유치원이나 학교도 일정한 요건을 갖추지 못하면 운영하지 못하는데, 하물며 기업이 노동자에게 응당한 보수를 주지 못하는 형편이라면?

OECD는 전체 근로자 평균임금의 50퍼센트를 최저임금으로 권고하는데, 한국은 34퍼센트 수준이다. 한국 경제가 건전하게 업그레이드되기 위해서라도 최저임금 수준을 높여야 한다. 이 주장이 '터무니없는' 주장이 아닌 것은 이미 국제 사회가 증명한다. OECD 통계에 따르면, 2011년 한국은 상용직 평균임금 대비 최저임금 비율이 34퍼센트로 비교 가능한 26개 OECD 회원국 중 20위이며, 법정 최저임금의 절대 수준 비교에서도 24개 회원국 중 16위다. 많이 주면 더 발전한다는 것이다.

더불어 다른 제안도 하고 싶다. 중소영세 자영업자의 부담을 덜면서도 사회적 연대를 증진하는 방안이다. 말로만 '동반 성장'을 외치지 말고 대기업이 축적한 부의 일부를 '사회연대기금'에 내 지원하자. 최저임금이 시간당 1만 원인 경우, 60퍼센트 정도는 해당 사업체로부터, 나머지 40퍼센트는 연대기금에서 지원하면 될 것이다.

요컨대 최저임금위원회가 그 결정 메커니즘을 보다 전향적으로 혁신함으로써 다음부터는 더 이상 불필요한 사회적 낭비를 되풀이하지 않기를 빈다. 중요한 건 돈이 아니라 삶이고, 통계상의 경제성장이 아니라 사회 전체의 질적 향상이니까.

소금꽃나무가
소금꽃나무에게

'소금꽃나무'가 있다. 이 나무엔 잎사귀가 없다. 꽃은 하얀색이다. 소금꽃은 산이나 들에 피지 않는다. 공장에 핀다. 아침 조회 때나 파업 결의 때 운동장에 줄을 선 노동자들의 등짝에 피는 꽃이다.

18세 이후 노동자와 노조 대의원으로 해고와 수배, 옥살이를 거듭하면서도 '주체성'을 꼿꼿이 지켜온 김진숙 민주노총 지도위원의 《소금꽃나무》에 나온다. 20~30년 전 일이지만 현재 상황과 다르지 않다. 이 꽃은 맥락에 따라 색깔이 다르다.

"낯선 사람은 전부 그 사람들처럼 보였다. 시내버스 기사 아저씨까지. 온

불안과 분주함 사이에서 열심히 일한 죄

통 나를 감시하는 눈빛들. 문을 잠그고 방 안에 앉아 있으면 방 안 어딘가에 도청장치가 돼 있고, 어딘가에서 카메라 돌아가는 소리….”

노조 활동가를 북한 공작원으로 조작하려 정보기관에서 김진숙이란 소금꽃나무를 잡아다 폭력을 가한 뒤 생긴 ‘외상후증후군’이다. 한 세대 지난 지금 권력의 핵심부인 여당 국회의원과 그 부인조차 사찰당했다며 분노하는 지경이다. 돈과 권력은 충성을 맹세하지 않는 모든 존재를 감시, 배제해야 하나보다.

“최초로 시작한 저항은 도시락 거부 투쟁이었다. (…) 쥐들이 우글거리는 현장에서 새까만 꽁보리밥을 냄새 나는 공업용수에 말아서 후루룩 삼키는” 현실을 바꾸기 위해 “우리는 개밥을 먹을 수 없다!”며 일어선 소금꽃나무들이 있다.

“누군가 과장 앞에 도시락을 탁, 놓더니 ‘집에 개 키아요? 개 주소’ 하고 나가니 그 앞에는 순식간에 도시락산이 용두산이 되더란다.” 임금노예가 아닌 주체성의 몸부림이었다. 최초의 경험이었다. ‘거북선도 노동자가 만들었다’는 깨침. 소금꽃나무는 비로소 자유의 소중함을 느꼈고 주체로 우뚝 섰다. 사는 것 같이 사는 느낌.

“야야, 그런 소리 하지 마라. 여 현장에 있는 젊은 머스마들, 다 공고 나온 아이들 아이가. 공고 나와 보이 저래 고생하는 거, 내 눈으로 다 봄시러, 우째 우리 아헌테껴정 먼 베슬자리라꼬 대를 물리 가메 이 욕을 비이겄노. 내 몸이야 기왕지사 고달픈 거 지한테는 지름밥 안 묵게 해야제.”

1980년대 잔업과 철야를 죽도록 해 겨우 20만 원 받던 아줌마 소금꽃나무. 중노동으로 아들을 굳이 대학까지 보내는 이유다. 나보다는 자식이 좀 더 편히 살기를 바라는 마음. 그러나 이런 마음만으로는 세상이 바뀌지 않는다. 자칫 대학 나온 자식들이 나중엔 돈과 벼슬아치에 빌붙거나 '밑바닥' 사람을 누르기도 쉽다.

"자발적 굴신 혹은 굴종. 이들이 지금 간신히 비집고 들어간 집단에서 폐기처분되거나 폐인이 되지 않기 위한 길은 끊임없이 부정하는 것뿐이다. (…) 마침내 자신의 존재와 영혼에 대해서조차."

껍데기에 불과한 학번과 학벌, 학력을 중시하는 사회, 오직 돈과 권력이란 기득권을 향한 서글픈 경쟁만 있는 '팔꿈치 사회', 그 속에서 스스로 강자가 되지 못하면 강자 앞에 자발적으로 굴종해야 하는 사회.

그렇게 강자가 된 자들이 다시금 뭇 백성에게 폭력과 더불어 자발적 복종을 강요한다. 기륭전자 농성자를 강제로 끌어내고 이주노동자를 함부로 대하면서 천안함 사태를 발표대로 믿으라 하고 격조(?) 있게 슬퍼하라 한다. '통일은 대박'이라며 통일세 준비도 하라 한다. 북한이 남한을 집어삼키는 적화통일도 문제지만 남한이 북한을 집어삼키는 자본통일도 문제다.

그런데도 아무런 성찰 없이 그저 높은 분들의 명령만 따르면 '공정한 사회'가 될까? 벼슬아치들이 위장전입의 귀재라는 뉴스에 또다시 소금꽃나무들은 상처만 깊어간다.

"내 걸 나눌 수 있을 때 진정한 연대가 가능하고 그래서 연대는 용기다. (…) 변절을 합리화하기 위한, 참새보다 얇은 혓바닥에 노하기보다는 최저 임금에도 못 미치거나 겨우 미칠 급식 노동자들의 형편에 분노할 일이다."

갈수록 불안해지는 정규직, 갈수록 많아지는 비정규직, 이것이 현실이라면 앞으로는 '평등한 연대'만이 소금꽃나무의 희망이다. 그래야 사람 사는 세상을 앞당겨 "봄이 오면 원피스 입고 딸기밭에" 갈 수도 있다. 소금꽃나무가 소금꽃나무에게 진심어린 마음으로 건네는 말이다.

스트레스와
우울증의
나라

대한민국은 '우울증 공화국'인가? 보건복지부의 2011년 정신질환 실태보고서에 따르면 한국에서 평생 우울증을 앓은 적이 있는 성인은 271만 명으로, 10년 전인 2001년의 166만 명에 비해 63퍼센트 늘었다.

인구 10만 명당 자살자 수도 2000년의 13.6명에서 2010년 31.2명으로 급증했다. 하루 평균 30명 이상이 자살한다. 교육도 훈련도 싫어하는 근로의욕 상실자가 200만 명이라 한다. 과연 여기가 사람이 살 곳인가?

이런 얘기는 이미 2011년 여름, 미국 《뉴욕타임스》에도 나왔다. "과도한 업무와 스트레스, 불안에 시달리는 한국은 때때로 국가적인 신경쇠약이라는 벼랑 끝에 내몰려 있는 것 같다. 이혼율은 증가하고, 학생들은 과도한 학업에 짓눌린다. 한국은 세계 최고 수준의 자살률을 기록하며, 마초적인 기업 문화는 여전히 필름이 끊길 때까지 술을 마시는 회식 문화를 장려한다."

정말 이상하다. 모두들 연말이나 연초가 되면 '새해 복 많이' 받으라고 인사하고, 콜 센터 직원까지 '행복하시라'고 하는데, 왜 우리는 날마다 불안과 스트레스, 우울증에 시달릴까?

그 비밀은 날마다 경험하는 삶의 실상에 있다. 그것은 한편으로 무한경쟁에 내몰린 현실, 다른 편으로 진솔한 느낌을 억압하는 풍토와 연관된다. 그러니 제대로 된 해결책은 나오지 않고 겉치레에 불과한 임기응변만 온갖 눈부신 포장을 한 채 시장상품으로 나온다.

2009년 구조조정 파업투쟁 이래 스물네 번째 사망자가 나온 쌍용자동차 공장을 보라. 회사가 좀 나아지면 다시 취업할 것이란 '희망'을 안고 기꺼이 '희망퇴직'을 한 노동자들, 1000일이 지나면서 그건 '환상'임이 드러났다. 그래서 추운 겨울날에도 노동자들은 '희망텐트촌'을 꾸리고 농성을 계속했다. 국회의원 후보자 사무실 앞에서도 농성했다. 지푸라기라도 잡고 '복직'을, '노동'을 외치고 싶었던 것이다. 해고나 실업은 삶과 죽음의 갈림길이다.

그런데 이게 어디 쌍용자동차뿐이랴? 현대자동차에서는 불법파견을 인정하고 정규직으로 일괄 전환해 달라고 7년 이상 싸우는 노동자들이 있고, 법원에서 '잘못된 것을 시정하라'고 해도 회사는 엉뚱한 소리만 하며 대법원 판결도 지연시킨다. 그 사이 강화된 노동 통제에 저항하던 노동자는 분신자살을 시도했고 안타깝게도 8일 만에 숨졌다.

2012년 충남 서산의 한 공장에서는 실직자가 엽총을 난사해 한 명 사망, 두 명 중상, 자신은 농약으로 자살하는 일이 발생했다. 그는 기아자동차 이름을 단 '모닝'과 '레이'를 생산하는 정규직 제로 공장인 동희오토의 하청사 대원산업, 그 회사가 만든 '세진'이란 공장에서 3년 전 3개월간 수습사원으로 일하다 '부적응'으로 잘린 이였다.

최근 한 연구는, 한국의 대기업 비정규직은 차별받아 서럽긴 하지만 그 와중에도 중소기업 정규직보다는 대우가 좋다고 한다. 한편 직장인 열 명 중 여덟 명은 하루 평균 세 시간씩, 그리고 일주일에 나흘은 '야근'을 한다고 한다.

요컨대 한국 사회는 일을 해도 스트레스요, 일을 못 해도 스트레스다. 그놈의 생계 때문에 모두들 취업과 고용안정에 목숨 걸지만, 열심히 일하다 목숨을 예사로 잃으니, 이래도 큰일 저래도 큰일이다. 돌파구는 없는 것일까?

돈벌이 경제가 범지구적으로 우리 삶을 옥죄는 이 시대에 결코 '손쉬운' 해결책은 없다. '목숨' 걸 각오로 바꿔야 한다. 그래서 침묵을 깨고 말하기 시작해야 하고 느낌을 공유해야 한다. "더 이상 이렇게 살 수 없다!"고 말해야 한다.

그러면 어떻게? 경제의 원리를 바꾸고 사회를 바꾸고 교육을 바꿔야 한다. 돈벌이가 아니라 살림살이가 중심인 경제, 경쟁과 출세가 아니라 협동과 나눔이 중심인 사회, 100점과 1등을 위한 교육이 아니라 자신만의 꿈과 공동체를 위한 교육, 이런 근본적인 변화가 필요하다.

이런 변화를 앞당기려면 가장 먼저 풀뿌리가 대동단결해야 한다. 성별, 직업별, 지역별, 학력별 차이를 넘어야 한다. 또 풀뿌리와 진심으로 함께하는 철학과 소신이 있는 일꾼도 필요하다. 그러므로 4년마다 돌아오는 국회의원 선거와 대통령 선거는 물론 각종 지자체 선거에서 우리는 정신을 바짝 차려야 한다. 물론 선거만으론 불충분하다. 아무리 훌륭한 자를 높은 자리에 뽑아준다 하더라도 그가 기득권층의 저항이나 포섭 시도를 물리치면서도 진정한 대안을 펼칠 힘이 없다면 '죽 쑤어 개 주는 꼴'이 되기 때문이다.

그렇다면 이 힘은 어디서 나올까? 결국은 풀뿌리 민초들이 대거 깨어나서 두 눈 크게 뜨고 온라인과 오프라인에서 '광장의 정치'를 펴는 수밖에 없다. 희망버스나 촛불광장이 그 생생한 사례이자 '사회적 힐링'의 과정이다.

안 그러면 또다시 (설사 배는 부를지 모르지만) 우울한 노예가 되리니!

반복되는
노동자들의
자살

2013년 11월 29일, 또 한 명의 노동자 김씨가 자살했다. 한동 안 정리해고 문제와 사상 최장기 고공농성으로 문제가 됐던 한진중공업이 다. 4년 동안 무려 24명의 생명을 앗아간 쌍용자동차 사례에 비할 바는 아니 지만, 한진중공업에서 다섯 번째 사망자가 나온 셈이다. 그는 아내와 딸, 아 들을 둔 가장으로 53세였다. 무엇이 그를 죽음으로 몰았는가?

김씨는 1980년 10월 한진중공업에 처음 입사한 뒤 금속노조 한진중공업 지회 조합원으로 활동했다. 그러다 2011년에 정리해고를 당했으며, 김진숙 씨의 307일 고공농성 뒤 복직 합의가 된 이후에도 현장에 복귀하지 못한 채

휴직자 생활을 해왔다. 기다리고 기다리던 복직이 이뤄지지 않자 마침내 그는 우울증에 빠졌다. 2012년 최강서 금속노조 조직차장도 복직 이후 회사 측의 무기한 휴업으로 생활고에 시달리던 중, 회사가 노조에 제기한 158억의 손배가압류와 노조 탄압 등 엄청난 압박에 못 이겨 자살로 항거한 바 있다. 김씨는 그때도 무척 힘들어했다고 한다. 10년 전인 2003년에도 정리해고 문제로 노사간 극심한 갈등을 겪던 도중 김주익과 곽재규 등 노조 간부 두 명이 크레인에서 자살로 항거했는데, 그때 역시 김씨의 심적 고통이 컸다고 한다. 더 멀리 1991년에는 민주노조를 처음 일으켜 세운 박창수 열사가 사망하는 사건도 발생했다.

특히 김씨는 2003년 김주익 열사가 크레인 농성 이후 사망했을 당시 극심한 우울증에 시달렸다. 그러다가 2년 전 정리해고를 당한 뒤 정리해고 철회 투쟁에 적극 참여했다. 심신이 모두 소진되는 경험이었다. 정리해고 투쟁이 끝난 뒤에도 손배가압류 등 노조 탄압 국면에서 정신과 치료를 받아야 할 정도였다.

한편 회사는 2011년 11월에 힘겹게 맺어진 노사 합의를 성실히 이행하지도 않으면서 민주노총 소속인 금속노조 한진중지부를 배제하고 탄압한 반면 어용적인 기업노조가 새로 들어서자 이를 적극 지원했다. 이런 변화들도 김씨에겐 고통이었다. 설상가상으로 다시 같은 부서에 있었던 최강서 열사가 사망했고, 이에 대한 충격도 컸다. 그 뒤로도 100여 명의 노동자가 2013년 거의 1년간 장기 휴업자 상태로 지내면서 심리적으로 견디기 어려운 불안과 공포를 경험했다. 대부분의 휴업자들은 지방으로 뿔뿔이 흩어져 아르

바이트로 생활을 이어간다고 한다. 결국 노사간 합의사항을 이행하지 않은 자본이 김씨를 배신한 셈이다.

2009년부터 2012년까지 무려 24명의 생명을 앗아간 쌍용자동차의 경우 역시 한진중공업과 본질에서는 동일하다. 2646명에 대한 정리해고 계획이 발표되기도 전인 2009년 4월 초, 엄청난 '실직의 공포'가 한 비정규 노동자의 부인으로 하여금 유산을 하게 만들었고 이에 절망한 남편이 자살한 사건은 큰 충격이었다. 24명 중 8명은 해고자 명단에는 포함되지 않았지만 회사 측의 압박과 극도의 스트레스로 뇌출혈이나 심근경색으로 사망했다. 나머지 16명의 노동자나 가족들은 사실상 강제된 희망퇴직 또는 무급휴직 뒤 경제적 · 심리적 고통을 극도로 느끼던 도중 자살해 버리거나 돌연사했다. 24명 중 자살자는 14명, 스트레스성 사망자는 10명이었다. 한편 자살자 중 3명은 노동자의 부인이었는데, 사측의 협박이나 남편의 실업 후 생계난으로 스트레스와 우울증에 시달리다가 자살했다.

여기서 우리가 얻을 수 있는 교훈이 있을까?

첫째, 사회보장제도 등 사회안전망이 빈약한 한국 사회에서 실직 또는 실직의 공포는 그 자체만으로도 노동자의 건강과 생명을 위협할 수 있다. 따라서 근로기준법에 따른 정리해고의 요건, 즉 긴박한 경영상의 필요, 해고 회피 노력, 공정한 기준, 성실한 협의 등 핵심 4요건을 엄격하게 지키지 않은 해고는 철저히 막아야 한다. 동시에 사회보장제도를 확충하려는 사회적 노력이 필요하다. 물론 노동시간 단축을 통한 일자리 나누기는 경제의 선진화, 경영의 고차원화, 삶의 질 향상, 정당한 성과 배분, 실업 축소 및 사회 통합 증진 등 여러 차원에서 강력히 추진되어야 한다.

둘째, 회사의 경영난이 극심해 기존 경영진이 책임을 질 수 없는 경우에는 차라리 인천의 키친아트나 청주의 우진교통처럼 노동자자주관리 회사로 전환하는 것도 검토할 만하다. 물론 필요시 정부의 공적자금을 투입해 일정 지분은 공공으로 남기고 나머지는 노동자 지분으로 하여 경영민주화를 촉진할 필요가 있다. 키친아트나 우진교통은 협동조합에 유사한 노동자자주관리 기업의 성공 사례를 보여주는데, 노동자가 주인의식과 신뢰감을 갖고 경영과 노동에 참여할 때 만족도와 효율성이 동시에 높아짐을 알 수 있다. 발상을 전환하면 상처 주는 회사가 아니라 행복 넘치는 회사를 만들 수 있다.

셋째, 노동자 스스로도 회사 또는 일자리와의 일체감을 너무 강하게 갖지 않도록 약간의 거리감을 두어야 한다. 일과 자신을 지나치게 동일시하다 보니 실직 또는 퇴직 이후 극심한 상실감으로 인한 고통을 참기 어려운 것이 사실이다. 심하면 삶의 의미조차 잃기 쉽다. 따라서 직장과 가정, 일과 삶 사이의 균형을 회복하는 것이 매우 중요하다. 마치 부모와 자녀가 '같이 또 따로, 따로 또 같이' 살아야 하듯, 노동자의 일과 삶도 '같이 또 따로, 따로 또 같이' 가야 한다. 일하기 위해 사는 것이 아니라 살기 위해 일하는 것이 아니던가?

"주여, 우리에게 은혜를 내려주소서. 그리하여 변화시킬 수 없는 일에 대해서는 그것을 받아들이는 평온과, 바뀌어야 할 것에 대해서는 과감히 바꿀 수 있는 용기를, 그리고 이 두 가지를 분별하는 지혜를 주소서."

라인홀드 니버(Reinhold Niebuhr)의 〈평온을 비는 기도〉다. 니버는 독일 선교사의 아들로 미국에서 태어나 아버지처럼 선교사가 되었다. 그러나 보통 종교인과 달랐다. 자동차 산업의 메카가 된 디트로이트에서 활약하며 노동자 운동을 지지했다. 당시 인종차별주의 식 폭력을 행사하던 KKK(Ku Klux Klan)단을 비판하며 대립하기도 했다. 요컨대 피터 모린이나 도로시 데이와 마찬가지로, 스스로 가장 낮은 곳에서 사는 삶을 선택했던 것이다. 그의 기도문에서 우리는 평온과 용기, 분별의 가치를 배운다.

변화시킬 수 없는 일에 대해서는 마침내 받아들이는 평온의 마음, 이것을 오늘날 우리의 삶에 적용하면 어떨까? 대개 우리는 자본주의 구조나 부단한 노동, 돈벌이 경제, 치열한 경쟁 같은 부분에 대해 변화시킬 수 없는 것이라 본다. 처음부터 거대한 힘에 압도되어 그럴 수도 있고 변화를 위해 노력하고 저항해 보았지만 끝내 좌절하고 포기했기 때문에 그럴 수도 있고, 아니면 아예 두려움 때문에 겁이 나서 그렇게 자기 방어를 하기도 한다.

그러나 역사는 말한다. 어느 것도 영원한 것이 없다고. 따지고 보면 노예제와 봉건제, 자본제 시대를 역사적으로 볼 때 자본제 역시 일정한 역사적 결과물이 아니던가. 그런 면에서 자본제 역시 또 다른 시스템으로 변할 수 있고 변해야 한다. 부단한 변화, 무상함이 역사의 본질인지 모른다. 다만 우리가 의식 있는 인간으로서 해야 할 일은 '더 나은 세상'을 향해 부단한 발걸음을 떼는 것이다.

그렇다면 과연 우리는 '변화시킬 수 없는 일'을 받아들이는 평온의 마음이 언제 필요한 것일까? 내가 보기에 그것은 크게 두 가지다. 하나는 '이미 엎질러진 물'처럼 과거의 일 또는 현재 코앞에 있는 일 자체를 없는 것처럼 볼 수 없다는 것, 있는 것을 있는 그대로 받아들여야 한다는 것이다. 그 무엇이 옳아서 받아들이는 것이 아니라 있기에 받아들이는 것이다. 중요한 것은 그에 대한 적극적이고 창의적인 대응이다. 잘못해서 물이 엎질러졌다면 당연히 걸레나 행주 따위로 닦아야 한다.

두 번째는 생명의 원리 또는 자연의 법칙, 인간성의 원칙과 관련된다. 이러한 원리, 원칙, 법칙은 변화시킬 수 없기에 받아들여야 한다. 이미 수많은 선각자들의 말씀처럼, 생명의 원리 또는 자연의 법칙은 다양성과 순환성, 가변성으로 정리된다. 또 인간성의 원칙은 생명의 원리를 바탕으로 한 위에 공존

공생, 상부상조, 과유불급, 역지사지 등으로 요약될 수 있다. 이런 원리나 원칙은 '변화시킬 수 없는 것'으로 모두가 받아들여야 한다. 그래야 나와 세상이 모두 평온해진다.

다음으로, '바꿔야 할 것'에 대해선 과감히 바꿀 수 있는 '용기'가 필요하다고 했다. 과연 '바꿔야 할 것'은 무엇일까? 사실 이 문제는 앞의 '바꾸지 못할 것'과 연관해서 보면 된다.

이런 면에서 우리 삶의 현실을 보면, 이미 코앞에서 엎질러진 물 정도는 우리가 잽싸게 닦아내지만 잘못된 사회구조에 대해서는 속수무책인 경우가 많다. 너무나 추상적이고 거대하며 위력적이기 때문이다. 그러나 생명의 원리나 인간성의 원칙에서 보면 잘못된 사회구조, 따라서 시급히 바꾸어야 할 구조가 너무나 많다. 일례로, 획일성을 강요하는 교육, 순환의 원리를 훼손하는 경제활동, 유연하지 못하고 고정관념에 사로잡힌 사고방식이나 생활문화, 불평등한 사회경제, 지배와 억압, 착취와 파괴, 일중독 및 쇼핑중독, 경쟁과 분열의 현실, 특권층을 위한 법과 제도, 무한 이윤을 추구하는 정치경제, 폭력과 공포의 정치 등이 모두 잘못된 사회구조에 속한다.

그런데 따지고 보면 이러한 사회구조조차 결국은 사람이 만드는 것이고 무수한 보통 사람들의 무비판적 협력과 동참 속에 큰 변동 없이 잘 굴러간다.

바로 이 지점에서 우리가 반드시 할 일이 있으며, 여기에 용기가 필요하다. 철혈정치, 즉 철학과 혈기에 기초한 행위가 중요한 이유다. 우리가 할 일은, 더 이상 잘못된 사회구조를 지탱하는 일(무관심, 묵인, 동의, 동조, 찬성, 참여,

협력)을 그만두는 것, 그리고 동시에 잘못된 사회구조를 이끄는 자들에 대해 다양한 방식으로 저항하는 것이다. 일례로, 피터 모린과 함께 '환대의 집'에서 살았던 도로시 데이는 1936년 스페인에서 우파 프랑코가 반란을 일으켜 내전이 시작되자 그에 맞서 용감하게 저항했다. 제2차 세계대전 당시에도 도로시 데이는 절친한 친구들과 협력자들의 완강한 반대에도 무릅쓰고 일관되게 평화주의를 부르짖었다.

여기서 중요한 점은, 비록 한 번의 시도로 성공하지 못했다고, 나아가 여러 번 시도해도 실패했다고 결코 굴복하거나 포기해서는 안 된다는 것이다. 결과의 승패와 무관하게 중요한 것은 올바른 일을 '하는' 것이다. 결과보다 과정이 더 중요하다. 한 번에 안 되면 여러 번 하면 되고, 여러 번 해도 안 되면 더 많이 해 나가면 된다. 우리 당대에 이루지 못한다면 대를 이어 해 나가면 된다. 이것이 역사의 발걸음이다.

자본은 속도와 힘을 중시한다. 그러나 사람의 역사는 과정과 느낌이 중요하다. 조급하게 서두를 필요가 없는 까닭이다. 그저 옳기에, 그저 좋기에 '할' 뿐이다.

우리의 현실로 돌아와, 한편에서는 실업의 고통이 다른 편에서는 노동의 고통이 우리를 짓누르는 면을 들여다보자. 이것은 확실히 '바꾸어야 하는' 현실이다. 자본의 입장에서는 실업의 공포가 노동을 효과적으로 규율하는 채찍질 역할로 보일 것이다. 하지만 사람의 입장에서는 노동을 나누고 노동 시간을 나누는 것이 양쪽의 고통을 동시에 줄이는 지름길이다. 나아가 이것이 생명의 원리를 따르려면, 노동의 내용이나 방법이 생태적으로 바뀌어야 한다.

나부터 세상을 바꿀 순 없을까?

자연을 더 이상 훼손하지 않는 방식으로 원료를 채취하고 사람의 건강과 인격을 망치지 않는 방식으로 노동 과정을 재편해야 한다. 그 과정에서 모든 사회 구성원들에게 '기본소득'을 일정하게 보장한다면 사람들은 더욱 의미 있는 일을 하려고 노력할 것이다. 이런 식으로 우리는 고정불변으로 보이던 사회구조를 하나씩이라도 변화시킬 수 있다.

끝으로, 바꿀 수 없는 것과 바꿀 수 있는 것을 분별할 수 있는 지혜에 대해 생각해 보자. 사실 우리가 뭔가를 배운다고 할 때 크게 세 가지를 꼽을 수 있다. 첫째로 그것은 지식이나 정보의 차원일 것이다. 둘째로 그것은 기술이나 기능의 차원이다. 셋째로 그것은 지혜와 통찰의 차원이다.

여기서 중요한 것은, 제 아무리 많은 지식과 정보, 기술과 기능을 익혔다 하더라도 그것이 사람이나 세상에 어떤 의미를 띠는지 꿰뚫어보는 눈이 없다면, 즉 철학이나 생각이 없다면 '말짱 도루묵'이 되기 쉽다는 점이다. 이것이 지혜와 통찰, 즉 분별력이 중요해지는 까닭이다.

이반 일리치 선생도 '철학 없는 전문가'를 '전문가 백치'라 하지 않았던가. 우리의 경우에도 4대강 사업이나 원자력 발전소, 밀양 송전탑, 쌍용자동차 회계조작 사례 등에서 잘 나타나듯이 '전문가 백치'들이 우글거리는 경우 얼마나 많은 사람들이 부당하게 고통을 겪어야 하는지, 얼마나 많은 사회적 비용이 발생하는지 잘 알 수 있다. 이런 점에서 바꿀 수 있는 것과 없는 것 사이의 분별 또한 지혜와 통찰의 중요한 측면이라 할 수 있다.

그렇다면 우리가 '바꿀 수 없는' 것은 어떤 것인가? 앞서 말한 바와 같이,

그것은 이미 지나간 과거나 현재 있는 것 그 자체, 그리고 우리의 삶을 구성하는 근원적 원리, 즉 생명의 원리나 자연의 법칙, 나아가 인간성의 원칙 등이다. 우리는 이것을 겸허하게 인정하고 수용하며 잘 대처하거나 보존해야 한다.

그러나 과거나 현재 시점에 있는 것조차 생명의 원리나 자연의 법칙, 인간성의 원칙 등에 어긋난다면 우리는 이런 것들을 한사코 '바꾸어내야' 한다. 왜냐하면 그런 것들은 장기적으로 모두에게 위험하기 때문이다. 물론 그 과정에 여러 가지 희생이 따를 수 있지만, 그런 것조차 무릅쓰고 과감히 돌파할 용기가 필요하다.

이제 보다 분명하게 된 것 같다. 생명의 다양성과 순환성 원리에 어긋나거나 더불어 행복하게 살고자 하는 인간성의 원리에 어긋나는 것은 바꾸어야하며 바꿀 수 있는 것들이다. 우리의 삶이 잘못되는 데도 잘못이라 하지 않는다면 우리는 점차 공멸의 길로 빠져든다. 특히 오늘의 사회경제 현실은, 한편에서 실업의 고통이 다른 편에서 노동의 고통이 우리를 짓누르는 꼴이다. 이렇게 개인적 · 사회적 고통이 커가는 데도 우리는 근본적 해결책을 일관되게 토론하기는커녕 사회적 고통 자체도 제대로 들여다보지 않는다. 뭔가 시도하는 척하지만 그야말로 '하는 척' 시늉만 할 뿐이다. 늑대가 양떼를 노리는 현실 속에서 우리는 '양치기 소년'과 같이 자꾸 거짓말을 해서도 안 되겠지만, 진짜 늑대가 나타났는데 아무도 달려가지 않는 '어리석은 어른들'이 되어선 곤란하다. 이런 점을 잘 보는 것이 분별력이자 지혜가 아닐까?

6장

참된
인간성을
찾아서

늑대의
눈으로 본
돼지 삼형제

영국의 전래 이야기를 핼리웰(James. O. Halliwell)이 글로 정리한 《아기돼지 삼형제》라는 동화가 있다. 아기돼지 삼형제가 집을 떠나 살게 되어 엄마 돼지가 말한다. "무슨 일이든 최선을 다해라. 그것이 잘사는 방법이다." 그렇게 삼형제는 엄마 품을 떠났고, 각자 나름의 집을 짓기 시작했다.

첫째 돼지는 짚으로 집을 지었다. 상당히 엉성했다. 둘째 돼지는 나뭇가지로 집을 지었다. 짚보다야 튼튼한 재료였다. 셋째 돼지는 벽돌로 집을 지었다. 아주 튼튼했다. 그렇게 삼형제는 그럭저럭 살고 있었다. 그러던 어느 날 나쁜 늑대가 굶주린 채 나타났다. 첫째 돼지 집에 다가갔다.

"이리 온, 네 집을 날려주마."

늑대는 센 입김을 불어 집을 날려버리고 아기돼지를 잡아먹었다. 그리곤 둘째 집으로 갔다. 또 말했다.

"이리 온, 아가야, 네 집을 날려주마."

또 늑대는 입김을 세차게 불어 집을 날려 보냈다. 울고 있는 아기 돼지를 냉큼 삼켰다. 끝으로 벽돌집에 다가갔다. 아, 그런데 이 집은 너무 튼튼해 입김으로 날려 보낼 수 없었다. 게걸스런 늑대는 벽돌집 지붕에 올라 굴뚝을 타고 들어가려 했다. 그러나 영리한 셋째 돼지는 굴뚝이 있는 아궁이에 불을 지펴 큰 솥에다 물을 펄펄 끓이기 시작했다. 마침내 늑대가 끓는 물에 빠졌고 아가 돼지는 무사했다. 다음 날 엄마 돼지를 초대했다. 엄마는 "아가야, 너는 내 말대로 최선을 다하는 것이 잘사는 법인 걸 옳게 배웠구나"라고 하며 자랑스러워했다. 이런 얘기다.

그런데 이제 존 셰스카(Jon Scieszka)라는 작가는 《늑대가 들려주는 아기돼지 삼형제 이야기》를 한다. 같은 이야기를 늑대의 눈으로 새롭게 본다. 늑대가 말한다. "실은 아기돼지 삼형제 이야기가 모두 거짓말이란다." 늑대의 입장에서는 할머니 생신 케이크를 만들어드리려는데 설탕 한 컵이 없어 그걸 구하려다 뜻밖에 나온 재채기 바람에 벌어진 일들이었다. 그래서 말한다. "사실은, 재채기와 설탕이 문제였단다."

늑대의 설명은 이렇다. 설탕을 좀 얻으려고 첫째 집에 갔다. 짚으로 만든 아기 돼지 집이었다. "누구 있어요?"라고 묻는데 느닷없이 재채기가 나왔

나부터 세상을 바꿀 순 없을까?

다. 짚으로 된 집이 무너져버렸고 아기 돼지가 그 밑에 깔려 죽었다. 안됐지만 음식을 버릴 수 없어서 그냥 먹었다. 다음으로 두 번째 돼지 집에 갔다. 나뭇가지로 된 집이었다. 여기서도 늑대는 재채기를 하고 그 바람에 집이 무너진다. 아기 돼지가 깔려 죽었다. 마찬가지로 늑대는 본의 아니게 두 번째 돼지도 해치운다. 이제 벽돌집에 간다. 아무리 불러도 돼지는 나오지 않는다. 재채기를 해도 집은 무너지지 않았고, 실랑이를 하던 도중 경찰이 와서 돼지 두 마리를 죽인 죄로 잡아간다. 늑대 입장에서는 설탕과 재채기 때문에 타살 누명을 쓴 것이다.

《장미의 이름》이나 《라쇼몽》과 같은 작품처럼, 이 늑대 이야기도 결국 모든 존재가 어떤 입장에서 어떤 눈으로 바라보는가에 따라 동일한 현실도 다르게 보인다는 이야기를 한다. 만일 우리가 이런 점을 염두에 둔다면 나와 다른 생각을 하는 타자의 입장을 보다 넓게 헤아릴 수 있을 것이다. 특히 늑대에 대한 부당한 편견이나 선입견을 깨는 것은 매우 중요하다. 하지만 그렇다고 진실을 호도해서도 안 된다.

최근 우리 사회에 문제가 된 대선 국면의 국정원 개입, 국방부 개입, 보훈처 개입, 십알단 개입 등과 같은 사건들도 이런 점에서 다양한 해석이 가능하다. 국민들 몰래 사이버 공간에서 온갖 댓글을 달며 여당 후보를 옹호하고 야당 후보를 비방한 국정원, 국방부, 보훈처, 십알단 등은 말한다. "단순히 개인이 한 일일 뿐 조직적 개입은 없었다." 또는 "댓글 몇 가지 때문에 대선 결과가 바뀐 건 아니다." 이런 식이다. 맞다. 그들의 입장에서는. 그러나 수많은 시민들이나 야당에서는 "조직적 개입이 맞다" 또는 "명백히 부정선거다"

라고 한다. 이 시점에서 제3자가 말할 수도 있다. "공정하고 객관적인 수사를 방해하지 않는다면 좀 더 확실한 진실이 나올 것이다." 그나마 권은희, 채동욱, 윤석렬 등 양심적인 사람들이 있었기에 어느 정도 진실이 밝혀지고 있다. 아직 법정 공방은 있으나 사람들은 이미 진실을 안다. 고마운 일이다.

이제 우리 사회도 죽어간 아기 돼지들처럼 순박하고 연약한 집단, 또 사악하면서도 머리가 잘 돌아가는 늑대 집단, 그리고, 벽돌집을 지은 돼지 같이 영리한 집단으로 나뉘고 있다. 부디 세 번째의 영리한 집단이 무수히 나오길 빈다. 그래야 '최선을 다해' 늑대에 맞서 싸우고 마침내 평화롭고 행복한 삶을 살 수 있지 않을까?

윤리와 정의가
거의 없는
'황금의 제국'

브라질 작가 파울로 코엘료(Paulo Coelho)의 소설에 나오는 '연금술'이란 게 있다. 고대 이집트에서 시작해 아라비아를 거쳐 중세 유럽으로 퍼진 화학적 기술로, 대개는 납이나 흑연 등 비금속을 이용해 귀금속 또는 황금을 만들어내는 기술이다. 상징적으로는 불로장생약이나 만병통치약을 만드는 기술까지도 의미한다.

그 뒤 1800년대 초 미국 콜로라도 주의 협곡들에서 금광맥 발견으로 시작된 '골드러시' 현상도 연금술의 연장선에 서 있다. 이제 오늘날 '부의 연금술'이라 하면 결국 천문학적인 돈을 벌어들이는 기술을 말한다. 그것은 단순히 '돈벼락 로또'처럼 순전한 우연이나 확률 게임에 의존하는 게 아니라 도시 재개발, 아파트 단지 건설, 부동산 투기, 주가 조작이나 파생상품과 같은 금융 투기, 대형 토목사업 등 의도적이고 계획적이며 조직적인 돈벌이 사업을 뜻한다.

2013년 인기 드라마 중 하나인 〈황금의 제국〉 역시 이러한 현대판 부의 연금술을 적나라하게 보여준다. 그 핵심엔 S그룹이 있다.

S그룹 회장은 시멘트 공장에서 시작해 대규모 기업 집단을 형성했다. 비록 월급은 안 받지만 주식 배당금만 매일 억대를 번다. 그보다 더 중요한 것은 "수백, 수천 명을 고개 숙이게 만들 수 있는" 그 제왕적 힘이다. "민주주의는 공장 문 앞에서 멈춘다"는 말은 결코 우연이 아니다. 최근 (논란은 많지만) 선거로 뽑은 대통령조차 회장님들 앞에서 경제민주화를 사실상 포기하는 분위기를 연출한 일을 떠올려보면, 과연 제왕적 회장님의 파워가 어떤지 알 수 있다.

〈황금의 제국〉이 우리에게 보여주는 것은 그러한 힘의 '제국'만이 아니다. 그 제국을 지탱하는 다양한 국가 기구와 그 제국의 핵심 가문 사람들, 그리고 무엇보다 그들 사이의 관계가 보여주는 역동성(dynamics)까지 적나라하게 드러난다.

첫째, '황금의 제국'은 검찰, 청와대, 국회의원 등 국가 기구가 없이는 지탱되기 어렵다. 뇌물과 선물이 구분되지 않고 협박과 부탁이 구분되지 않는 세계가 황금의 제국을 떠받친다. "내 손은 안 닿아도 내 돈은 닿는다"는 말처럼 권력자를 매수하는 일은 기본이다.

조금 더 자세히 들여다보면 황금의 제국은 용역 깡패나 총회꾼들, 스파이와 밀고자 등이 없으면 돌아가지 못한다. "설득은 말이 아니라 힘으로 해야 한다"는 말처럼, '어둠의 경제'가 황금의 제국 뒷마당에 숨어 있다. 실제로 우리는 고위 공직자 인사 청문회에서 수많은 엘리트들이 부정부패나 탈법 행위로 낙마하는 과정을 지켜보았다. "좋은 사람이 되지 말고 남들이 두려워하는 사람이 되라"는 선친 회장의 조언과 "돈 벌고 싶으면 땀을 흘리지 말고 다른 사람의 땀을 훔쳐야 한다"는 식의 철칙에 따르다 보니 '황금의 제국'에서 윤리와 정의는 거의 없다.

둘째, 제국의 핵심에 자리한 가문 사람들은 과연 행복한가? 찢어지게 가난했던 동성과 동진 형제, "고구마 한번 배부르게 먹어보자"며 시작한 시멘트 회사에서 점차 제철, 자동차, 중공업, 전자, 통신, 백화점, 골프장 등 돈 되는 사업이면 주저 없이 빨대를 갖다 댄다.

그렇게 이룬 '황금의 제국', 하지만 정작 꿈을 이룬 황제는 병실에서 고독하게 죽었고, 전 남편의 억울한 죽음에 대한 복수심으로 무장한 채 황제 곁으로 잠입한 황후는 '그 날'만 기다리며 27년간 이중인격자로 살며 자신을 억눌렀다. 자녀들과 그 배우자들 또한 황제의 자리를 차지하기 위한 싸움에 직·간접적으로 가담한다.

함께 웃으며 사랑의 대화를 나눠야 할 아침 식탁은 뼈 있는 말과 질투, 힘겨루기가 오가는 공간이다. 돈과 권력의 논리는 사랑과 우애의 논리와 전혀 다른 차원임을, 참된 인간 행복에 장애물임을 '황금의 제국'은 잘 보여준다.

셋째, 무엇보다 '황금의 제국'은 각 등장인물들이 어느 누구도 일관되게 선하거나 일관되게 악하지 않음을 보여준다. 믿을 만하다가도 배신하고 배신하다가도 인간미를 약간씩 보인다. 기만과 배신의 행위가 주인공의 의지로 이뤄지는 경우도 있고 상황의 강제로 이뤄지는 경우도 있다.

사람들만 기만과 배신의 행위를 하는 것도 아니다. 검찰이나 경찰, 국회, 정부, 언론과 같은 온갖 사회제도들도 바르게 가다가도 엉터리로 가고, 엉터리로 가다가도 바른 길로 간다. 이런 점에서 역동성이 강하게 드러난다.

하지만 우리는 결론적으로 '끝까지' 믿을 것은 하나도 없다는 현실을 알게 된다. 최소한 '황금의 제국'에서는 그렇다. 사실 인간 삶의 본질은 개별 인간이나 개별 조직 그 자체가 아니라 각 사람이나 조직, 그리고 상황들이 맺는 복합적 관계들 속에 있지 않던가. 매순간 정신을 바짝 차리고 다층적이고 복합적인 관계의 망들을 제대로 만들어나가는 것이 해결책이다. 나 홀로 그 길을 가기보다 더불어 가게 된다면 오류는 훨씬 줄어들 것이다.

〈황금의 제국〉을 쓴 시나리오 작가는 존경스러울 정도로 구체적이다. 마치 자신이 그 제국 속에 오랫동안 있으면서 직접 체험한 것처럼 디테일을 엮어나간다. 물론 드라마이기에 얼토당토 않는 비약이나 불가능한 것을 가능하게 하는 판타지까지 수두룩하다. 하지만 이것은 현실의 단면을 잘 보여주는 고발성 다큐이기도 하다.

그런데 여기서 내가 진실로 걱정하는 것은, 우리 '보통 사람들'조차 〈황금의 제국〉이 보여주는 모순과 문제들을 적극 타파하려는 의지와 용기보다 그 제국이 관장하는 세계를 기정사실화한 채 그 안에서나마 '한자리' 차지해 보려는 욕망과 야심에 젖어 있지나 않나 하는 점이다. 철거 반대 투쟁에서 처참하게 패배한 뒤 돌아가신 아버지가 "너는 꼭 한 번 이겨 봐라"고 한 말을 기억하며 '황금의 제국'과 맞장 뜨려던 장태주가 "세상은 이해하는 게 아니라 적응하는 것"이라며 '황금의 제국' 안에서 최고 자리를 차지하려고 발버둥치는 모습, 과연 이것이 우리 자신이나 주변의 모습과 얼마나 다를까?

이상한 생각?
이상적인 삶!

《날개》(1936년)라는 소설과 〈오감도〉(1934년) 같은 시로 유명한 이상(李箱)은 본명이 김해경이다. 그는 1910년에 태어나 아쉽게도 만 27세도 못 된 1937년에 타계했다. 1931년, 〈이상한 가역반응〉이라는 시로 등단했는데, 보통 사람이 읽기엔 정말 '이상한' 작품들을 썼다. 그런데 그가 죽기 40여 일 전에 남긴 유일한 동화가 있는데 바로 《황소와 도깨비》다.

이 동화의 큰 줄거리는 이렇다. 산골 마을에 가난한 돌쇠가 황소와 함께 산다. 별로 일도 열심히 않고 빈둥거리며 시간을 보내기 일쑤다. 그러다 먹을 것이 떨어지면 황소를 데리고 산에 올라 땔감 같은 것을 읍내에 내다 팔아 생계를 잇는다. 어느 날 장에 가는데 느닷없이 도깨비 한 마리가 나타났다. 꼬리가 잘려 재주를 넘을 수 없어 생명이 위험하다며 불쌍한 얼굴을 하고 있었다. 도깨비가 말했다.

"제 꼬리가 다시 자랄 때까지 저를 황소 뱃속에 두 달만 넣어주시면 황소의 힘을 열 배나 세게 해드릴게요."

돌쇠는 유일한 재산인 황소를 죽일 수도 있는 이 상황을 어찌해야 하나 황소에게 물었다. "황소야, 어떻게 하면 좋겠니?"

황소가 고개를 끄덕였다. 뱃속 도깨비는 안전하게 보호도 받고 양분도 잘 섭취했다. 황소 배가 너무 불러지자 돌쇠는 걱정이 되었지만 약속을 지키기로 했다. 마침내 두 달이 되었는데, 큰일이 생겼다. 도깨비가 너무 커져 밖으로 나올 수가 없게 된 것이다.

"저를 빼주시면 황소 힘을 백 배나 더 크게 해드릴게요."

도깨비가 안에서 또 말했다.

"황소가 하품을 하게 하세요."

돌쇠가 이런저런 방법을 다 써보았지만 황소는 하품을 하지 않았다. 그러다가 너무 피곤했던 돌쇠가 자기도 모르게 하품을 했는데, 그걸 보고 황소가 따라서 하품을 했다. 그 순간 도깨비가 톡 튀어나왔다. 황소는 정말 힘이 엄청 세져 일을 더욱 많이 하게 되었고 돌쇠는 부자가 되었다. 돌쇠가 끝에 말한다. "아무리 도깨비라도 불쌍하면 도와줘야지."

이 동화는 결국 측은지심을 갖고 '선행을 베풀면 복을 받는다'라는 가르침을 준다. 그런데 이상의 이 이야기는 어떤 면에서는 참 이상하기도 하고 어떤 면에서는 참 이상적이기도 하다.

엽기적일 정도로 이상한 부분은 이런 것들이다. 첫째, 꼬리 잘린 도깨비가 황소 뱃속에 들어가겠다는 장면이다. 물론 안전하기도 하고 배고픔을 걱정하지 않아도 되는 곳이라 그랬을 것이다. 따지고 보면 황소 뱃속은 아가가 자라는 엄마의 뱃속을 상징한다.

둘째로, 원래 귀신같은 존재인 도깨비가 돌쇠와 소통을 하거나 모종의 계약까지 맺는 일, 게다가 꼬리가 잘리고 없는데도 황소의 힘을 열 배나 세게 해주는 요술 따위도 참 이상한 일이다.

셋째로, 황소 배를 산처럼 크게 만든 도깨비가 과연 황소가 하품을 한다고 톡 튀어나올 수 있을까? 아무리 동화라지만 좀 엽기적인 면이 있다. 하기야 상상력을 자극하는 동화이니 이 모든 일들이 가능하다. 그럼에도 이상이란 작가는 참 이상한 생각을 많이 한 것 같다.

그런데 한편으론 그가 이상적인 생각을 많이 한 것 같기도 하다.

첫째, 돌쇠는 아무도 없는 산골에서 별로 하는 일도 없이 빈둥거리다가 먹을 게 없으면 그때서야 비로소 황소를 데리고 나가 일을 한다.

오늘날 우리는 하루 종일 공부해도 취업이 어렵거니와 하루 종일 일해도 생계유지가 버겁다. 아이들은 공부 스트레스에 힘들고, 어른들은 고용 불안과 노동 스트레스에 힘들다. 오늘날 우리들은 집 한 채 장만하고자, 자동차 한 대 굴리며 살고자, 자식 교육 잘 시켜보고자 이래저래 힘들게 산다. 겨우 집 한 채 장만해 편히 살고자 하면 덜커덩 '암'에 걸리기도 한다. 그에 비해 돌쇠는 얼마나 유유자적하며 이상적인 삶을 사는가?

둘째, 돌쇠와 황소는 단순히 주인과 일꾼의 관계가 아니다. 그들은 이상적인 친구 관계처럼 대화하고 서로가 서로를 잘 보살핀다. 돌쇠는 황소 뱃속에 도깨비가 들어가면 해가 되지 않을지 걱정스러워 괴로워하고, 황소는 그 마음을 알아주고 돌쇠에게 고개를 끄덕인다. 사람과 동물이 공감, 소통, 배려하는 것은 참으로 이상적이다. 그 정도로 교감이 잘 되는 관계이니 돌쇠가 하품을 하자 황소도 하품을 하게 되어 도깨비를 살릴 수 있었다.

셋째, 돌쇠와 황소가 동시에 만난 도깨비, 이 도깨비는 원래 귀신의 일종이다. 때로는 멍청하기도 하고 때로는 요물처럼 약삭빠르다. 또 무섭기도 하지만 선행을 베푸는 존재기도 하다. 돌쇠나 황소는 이런 도깨비와 서로 도움을 주고받는 '호혜의 관계'를 맺는데, 이것이야말로 정말 이상적인 관계다. 모든 존재가 호혜의 관계 속에 서로를 살리는 일, 이것이야말로 오늘날 우리가 경험하는 경쟁과 분열, 지배와 억압의 정치경제를 돌파할 지혜의 길이 아닐까?

끝으로 나도 하나 '엉뚱한' 생각을 보태고 싶다.

《모모》라는 명소설의 작가 미하엘 엔데(Michael Ende)가 작고하기 전 남긴 인터뷰 내용을 중심으로 한 책 《엔데의 유언》에는 은행의 기원에 관한 이야기가 나온다.

화폐를 상품으로 공급하는 기관인 은행(bank)의 어원은 옛 게르만어인 'banki'인데, 이는 게르만족이 그 주거지 주변에 쳐둔 방루를 뜻했다. 주민들의 '안녕'을 보장해 주는 장치가 'banki'였던 것이다. 이것이 '안락의자'라는 뜻을 가진 'bank'가 되었고 오늘날 은행이 되었다. 즉 은행은 결국 사람들이 안락의자에 앉아 있는 것처럼 편안하게 자기 돈을 보유하게 하는 곳, 또 돈을 가진 사람은 안락의자에 앉은 것처럼 언제까지든 기다리기만 하면 이자까지 합쳐 더 많은 돈을 갖고 가게 되는 곳이다.

원래《모모》에는 이 은행이 '시간도둑'의 소굴임이 드러난다. 바로 여기에 내가 주목하고 싶은 부분이 나온다.《황소와 도깨비》에서 꼬리 잘린 도깨비는 안전한 안락의자와 같은 황소 뱃속으로 들어가는 대신 황소의 힘을 열 배 내지 백 배나 세지도록 요술을 부린다.

이것은 마치 은행이 신기하게도 시간만 흐르면 돈을 많이 불려주는 것과 같다. 이런 점에서 돌쇠가 복을 받았다고 우리가 무조건 좋아할 일만은 아니지 않을까? 그것은 은행이 결국 끝없는 경제성장을 통해 수익률을 높인 결과, 즉《모모》에 나오듯 무수한 사람들로부터 시간을 도둑질한 결과 일정한 이자를 붙여주듯, 돌쇠는 도깨비 덕에 열 배씩 힘이 세진 황소를 통해 큰돈을 벌었기 때문이다.

이렇게 오늘날 은행이란 결국은 '도깨비' 같은 존재다. 물론 작가는 원래 '선을 베풀면 복을 받는다'는 말을 하고 싶었겠지만, 나는 이런 이상한 생각도 해보았다.

대개 우리는 아이들이나 어른들이나 한시도 쉬지 않고 뭔가 '생산적인' 일을 해야지만 시간을 보람 있게 쓰는 것이라고 생각한다. 여기서 '생산적'이란 뭔가 돋보이는 업적을 내거나 돈을 더 버는 것을 뜻한다.

결국 우리는 정도의 차이는 있지만 대체로 '일중독'의 늪에 빠져 산다. 그러나《황소와 도깨비》는 우리에게 은근히 말한다. "굶지 않고 소박하게 살되, 서로 마음을 나눈다면 세상은 풍요로워진다."

　그렇다. 우리는 '부자 되기 경쟁'을 하느라 얼마나 심신이 피곤해졌으며, 그 사이 참된 인간관계는 얼마나 훼손되었는가? 짧고 굵게 살다 떠난 청년 작가 이상은 이미 80년 전에 이런 사태를 미리 내다본 게 아니었을까?

애벌레의
모험과
'충분함'의
미학

독일 작가 이름가르트 루흐트(Irmgard Lucht)의《애벌레의 모험》은 산호랑나비의 일생을 여행 형식으로 보여준다. 나비나 나방, 풍뎅이 등 대부분의 곤충이나 벌레는 알에서 시작해 애벌레가 되고 시간이 지나면서 번데기로 모양이 바뀐(변태) 뒤 또 일정한 시간이 지나면 번데기 껍질을 깨고 어른벌레(성충), 즉 나비나 풍뎅이가 된다.

《애벌레의 모험》역시 그런 과정을 자상하게 보여준다. 흥미로운 점은 날개도 없고 다리도 없는 애벌레가 온 몸으로 기어서 위험한 도로를 건너 자기가 좋아하는 야생 당근을 찾아가는 과정에서 자연의 세계와 인공의 세계 사이엔 엄청난 차이가 있다는 걸 일깨워주는 점이다.

첫째, 인공의 세계는 갈수록 '빨리빨리' 달린다. 속도 전쟁이다. 그런데 자연의 세계는 예나 지금이나 '기다림'을 요구한다. 여름에 온 힘을 다해 우는 매미도 단 일 주일을 살기 위해 7년 동안 땅속에서 기다리지 않는가?

파울로 코엘료의 《알레프》에 나오는 어느 중국 대나무 이야기도 놀랍다. 새 싹을 심어도 처음 4년간은 하나도 자라지 않다가 5년째가 되면서 불과 6주 만에 25미터나 자란다는 얘기다. 심하면 하루에 90센티미터나 자라기도 한다. 병아리도 마찬가지다. 어미 닭이 달걀을 품은 지 20일 동안은 아무 변화가 없는 듯하다가 마침내 21일째가 되면 연약한 병아리가 알을 깨고 나온다.

그런데 인간 세상은 이상하게도 유치원 아이들에게 초등 수준을 가르치려 하고, 초등 아이들에게 중등 수준을 가르치려 한다. 자연의 심성을 잃어버릴수록 희망보다 절망이 우리를 기다리는데도 말이다. 어리석은 일이다.

둘째, 애벌레가 힘겹게 건너야 하는 '길'도 많은 생각을 하게 한다. 인공의 세계에서는 자동차 도로건 사람이 다니는 길이건 매끈하게 포장이 될수록 좋다. 그래야 자동차도 재빨리 달릴 수 있다. 나아가 길은 우리를 목적지로 잘 이끌어 누군가 만나거나 볼 일을 보게 하고 만족감을 준다.

그런데 애벌레에게 이 길은 공포와 혼란의 원천이다. 자동차가 쌔앵 지나가는 순간 풀잎이 흔들리고 바람이 일며 어디가 어딘지 분간이 되지 않는다. 자칫 바퀴에 깔려 죽기 십상이다. 애벌레에겐 오히려 들판의 하얀 꽃이 길을 찾는 이정표다.

따지고 보면 인간의 편리를 위해 고속도로를 닦고 터널을 뚫는 바람에 얼마나 많은 동물들이 원래의 길을 잃어버렸는가? 그리하여 오늘날 우리는 길 위에서 얼마나 많은 야생동물의 죽음('로드킬')을 보게 되는가. 인공의 세계에서 훌륭한 길이 자연의 세계에서는 끔찍한 '킬(kill)'이 되기도 한다.

셋째, 알에서 갓 나온 애벌레의 긴 여행 과정은 멀고도 험하다. 산도 넘어야 하고 말벌도 피해야 하며 뜨겁고 위험한 아스팔트길도 건너야 한다. 개미도, 지빠귀나 뻐꾸기 같은 새로부터도 자신을 잘 지켜내야 한다. 더 이상 엄마나 아빠가 도와주지 않는다. 홀로 서는 과정은 힘겹다. 하지만 마침내 애벌레는 야생 당근을 찾아 먹을 만큼 먹고서는 조용한 곳을 찾아 비단 실을 뽑아내 고치를 만들고 그 속에 들어가 번데기가 된다. 지금까지와는 다른 완전히 새로운 생명이 되기 위한 과정이다.

그러고선 여러 날이 지나자 마침내 기적 같은 일이 일어난다. 번데기로부터 나비가 어렵사리 나오기 시작하는 것이다. 처음엔 날개가 젖었지만 이내 날개가 마르자 나비는 하늘을 훨훨 자유롭게 난다. 드디어 애벌레의 긴 여행이 마무리되고 이제 산호랑나비의 새 삶이 시작된 것이다!

여기서 우리는 모두 박수를 짝짝짝 보낸다. "고생 끝에 낙이 온다"는 속담은 인공의 세계나 자연의 세계나 동일한 모양이다.

하지만 애벌레는 어린아이와 달리 '혼자서도' 잘 헤쳐 나간다. 사람은 20년이 지나도록 엄마 품을 상당히 필요로 하지만, 애벌레는 알에서 나오자마자 주체적으로 살아간다.

지빠귀 같은 위험한 새가 잡아먹으려 들자 애벌레는 머리의 빨간 뿔을 곤추 세우고 냄새를 풍겨 적으로부터 스스로를 보호한다. 물론 애벌레와 어린아이를 수평적으로 비교할 순 없다. 평균수명부터 다르기 때문이다.

그러나 엄마가 아이를 '과잉보호'하면 할수록 아이는 부모로부터 독립하는 시기가 더 늦어지지 않을까? 번데기로부터 나비가 나올 적에도 스스로 껍질을 깨고 나온 나비는 그 과정에서 힘이 생겨 금방 날아갈 수 있지만, 누군가 밖에서 껍질을 깨준 것은 힘이 생기지 않아 스스로 날 수 없다지 않던가? 차라리 애벌레처럼 자기 삶의 주체가 되도록 아이의 자립심을 서서히 길러주는 것이 아이나 부모 모두를 위해 바람직한 일이 아닐까?

끝으로 나는 애벌레가 야생 당근을 충분히 먹은 뒤에는 더 이상 먹지 않는 모습에서 "바로 이것이야!"라고 느낀다. 자연의 세계는 '충분함'을 알지만, 인간의 세계는 '충분함'을 잘 모른다. 특히 자본의 세계를 보라. '무한 경쟁'과 '무한 이윤'을 추구하지 않는가? 자본만이 아니라 노동조차 맹목적으로 그 경향성을 따라간다. 미워하면서도 닮아가는 꼴이다.

'충분함'을 아는 것은 이 세상의 모든 삶을 지속가능하게 한다. 반대로 '충분함'을 모르면 무한 탐욕에 빠져 결국은 모두를 공멸의 길로 이끈다. 마하트마 간디 선생도 "인간적 필요를 위해서는 지구 하나도 충분하지만, 인간의 탐욕을 위해서는 지구가 서너 개 있어도 모자란다"고 하지 않았던가. 오죽하면 로버트 스키델스키(Robert Skidelsky)가 아들 에드워드와 함께 《얼마나 있어야 충분한가》라는 책까지 썼을까?

이 책을 읽은 다음날 나는 우연히 텃밭에서 정말 신기하게도 산호랑나비 애벌레를 만났다. 그래서 "안녕!" 하고 인사를 했다. '충분함'의 미학을 다시 한 번 일깨워준 산호랑나비 애벌레야, 정말 고마워!

다양한 똥,
다양한 삶

독일 작가 베르너 홀츠바르트(Werner Holzwarth)의 《누가 내 머리에 똥 쌌어?》는 느닷없이 똥 벼락을 맞은 두더지 이야기를 통해 온갖 동물들의 똥이 어떻게 생겼는지 아이들에게 재미있게 알려준다. 원래는 두더지가 자기 머리에 똥을 싼 녀석이 누구인지를 찾아가는 애타는 과정이 나오는 이야기지만, 사실은 그 과정에서 만나는 모든 동물들의 똥 모양이 어떤지 하나씩 자세히 알려준다.

이런 면에서 작가의 아이디어가 기발하게 느껴진다. 한편으론 아이들의 호기심을 실컷 자극하면서도 다른 편으로는 아이들에게 친숙한 동물들의 똥 모양을 하나씩 가르쳐주는 것이다. 그러다 보면 어느새 우리는 똥과도 친해진다. 보통은 우리가 '더럽다'고 인식해온 똥이 마치 오래된 친구처럼 여겨지도록 자상하게 안내하는 것, 이것이 작가의 원래 의도 아니었을까?

눈이 나쁜 두더지의 머리 위로 똥이 뚝 떨어진다. "에그, 이게 뭐야? 누가 내 머리에 똥 쌌어?" 비둘기가 지나가자 비둘기에게 묻는다. "네가 내 머리에 똥 쌌니?" 비둘기는 자기 똥은 이렇게 생겼노라며 하얀 물똥을 떨어뜨린다.

말이 지나가자 말에게도 묻는다. 역시 아니다. 쿠다탕 떨어지는 말똥은 굵고 둥글다. 토끼에게도 묻는다. 아니다. 타타타 떨어진 토끼 똥은 작은 검정콩처럼 생겼다.

염소 똥은? 까만 새알 초콜릿 같다. 돼지는? 묽으면서도 냄새가 아주 고약한 똥을 싼다. 이윽고 파리에게 묻는다. 코가 예민한 파리는 두더지 머리 위로 날아가 똥 냄새를 맡는다. "아, 이건 강아지가 한 짓이야."

마침내 두더지는 범인이 정육점 아저씨네 뚱뚱이 개 한스임을 알아차린다. 두더지가 낮잠을 즐기는 한스에게 몰래 다가가 그 머리 위에 곶감 씨처럼 생긴 똥을 하나 톡 떨어뜨리고 달아난다. 그 참 고소하다!

어린이 뮤지컬로도 만들어져 인기 높은 이 이야기에 아마도 아이들은 깔깔거리고 웃으며 자연스레 여러 동물들의 똥과도 친해질 것이다. 아이들은 똥을 더러워하면서도 똥이나 방귀 얘기만 나오면 재미있어 하며 까르르 웃는다.

만일 어른들이 똥 얘기를 금기시하거나 똥과 관련해 자연스레 반응하지 않고 혼을 내킨다면 아마도 아이들은 똥을 자연스런 것으로 받아들이지 못하고 강박적으로 매달리거나 지나치게 혐오할지 모른다. 그래서 똥을 더럽긴 하지만 친숙한 것으로, 또 사람이나 동물의 몸에서 나오는 자연스런 것으로 받아들일 필요가 있다. 따지고 보면 '밥이 똥이고, 똥이 곧 밥'이지 않은가!

두더지 머리 위로 개똥이 떨어진 것은 제3자인 구경꾼들에게는 까르르 웃음을 자아낸다. 그러나 두더지 자신에게는 대단히 화나는 일이다. 그래서 마지막에 두더지는 뚱뚱이 개 한스에게 복수를 하고 만다. 한스의 입장에서는 (고의로 그런 것은 아니지만) 이웃에게 피해를 준 데 대해 그에 걸맞은 벌을 받는 것이 마땅하다.

작가는 아이들에게 이런 식으로 '사회 정의'의 초보적 형태를 가르쳐주고자 하지 않았을까? 물론 '코에는 코, 귀에는 귀, 똥에는 똥' 같은 식의 처벌은 정의롭지 않을 수 있다.

그래서인가? 같은 이름의 어린이 뮤지컬에서는 마지막에 한스와 두더지가 화해를 하는 장면이 나온다.

"네가 땅 위로 올라오는 줄도 모르고 똥을 싸 미안해!"

한스가 이렇게 말하자 두더지는 조금 망설이다가 "괜찮아, 모르고 그랬다니. 나도 미안해, 자고 있는 널 깨웠으니"라고 말한다.

한스도 다시 "정말 미안해. 다음부턴 땅 위를 잘 보고 다닐게" 한다.

이에 두더지가 "그래, 우리 모두 잘 지내자"라고 하며 악수를 한다.

용서와 화해. 참 좋은 말이다. 더구나 개와 두더지 사이엔 '논리적 용서'

를 넘어 '정서적 용서'까지 이뤄진다. 대개 우리는 상대방의 상황이나 입장을 이해하고 나서 논리적 용서는 할 수 있지만, 정서적 용서는 하기가 정말 어렵다고 느낄 때가 많다.

그런데 이 정서적 용서가 없이는 참된 화해나 평화가 이뤄지지 않는다. 정서적 용서가 되지 않아 예전에 좋았던 인간관계가 돌이키기 어려울 정도로 꼬이는 경우가 많다. 같이 힘을 합쳐도 부족한데 이런 식으로 관계가 뒤틀리고 분열되면, 아무리 작은 것이라도 함께 이뤄내기 힘들다.

그렇다면, 정서적 용서가 가능하기 위해서는 어떤 조건이 필요할까? 죄를 지은 이가 진심으로 사죄하는 일일까, 아니면 피해를 입은 이가 진정으로 자아(기득권이나 이해관계)를 버리면 되는 것일까?

한편 이 이야기 속에 나오는 파리는 작고 하찮은 존재지만 두더지가 애타게 찾는 범인을 바로 알아맞힐 정도로 영리하다. 우리가 흔히 '에프(F)킬러'라는 살충제나 파리채로 그 목숨을 쉽게 앗아가는 파리, 행여 작가는 우리들에게 파리를 결코 '함부로' 대해서는 안 됨을 알려주려 했던 건 아닐까?

이 부분에서 조안 엘리자베스 록(Joanne Elizabeth Lauck)의《세상에 나쁜 벌레는 없다》란 책이 생각난다. 파리, 모기, 바퀴벌레, 개미, 사마귀 등 우리가 아는 대부분의 곤충이나 벌레는 그냥 더럽거나 무서운 것으로 인식된다. 하지만 록은 말한다. "우리 내면에 감춰 둔 결점이나 어두운 부분을 벌레에게 투사한 것일 뿐"이라고. 오히려 벌레들은 우리가 뭔가 감추고 있음을 알려주는 작은 신이 아닐까 하고 반문한다.

《누가 내 머리에 똥 쌌어?》를 쓴 홀츠바르트도 파리가 가진 독특한 재주를 돋보이게 함으로써 파리가 '더럽다'는 편견을 벗겨주려 한 것 아닐까?

그러고 보니 동물의 똥만 다양한 게 아니라 모든 존재가 다양하다.

흔히 혼동하는 '다른 것'과 '틀린 것'은 차이가 있다. 다르다고 해서 틀린 건 아니다. 동물이나 곤충을 함부로 대할 수 없는 까닭이다. 사람이라고 '고 등' 동물로 분류하고 '만물의 영장'이라며 '최고'임을 자랑하는 것, 사람의 편의와 안락함을 위해 자연 생태계를 훼손하는 것은 결국 이러한 오만과 편견의 소산이 아닐까?

슬픔 속에도
희망을
놓지 않는
까닭

이소선 여사는 아름다운 청년 전태일의 어머니만이 아니었다. 1970년 11월, 청년 전태일이 "우리는 기계가 아니다!"라며 힘없는 노동자도 인간답게 사는 사회를 외치며 스스로 몸을 불살랐을 때조차 어머니는 권력이나 돈에 흔들리지 않고 오히려 자기 가슴에 불을 지폈다. 자식 사랑이 전체 노동자에 대한 사랑으로 승화되는 순간이었다.

어머니 나이 마흔이었다. 그때부터 어머니는 한국 노동운동의 일부가 되었다. 아니, 중요한 일부였다. 청계피복노조와 노동자 교실, 민주화유가족협의회가 그 역사적 자취다. 그것은 전태일이 "어머니, 내가 못다 이룬 일,

꼭 이뤄주세요"라고 한 유언의 실천이었다. 그 활동은 청계천을 넘어 온 나라를 적셨다. 그렇게 또 40년이 흐른 2011년 9월 3일, 우리는 큰어머니를 잃었다. 그러나 마치 우리 자신의 어머니를 영원히 기억하듯, 노동자의 어머니 이소선 여사 또한 아름답게 기억한다.

기억 하나. 저임금과 장시간 노동, 노동인권 부재를 기초로 진행된 서슬 퍼런 개발독재 시절, 1970년 11월의 전태일 분신 항거는 온 사회에 충격을 주었다. 대학생과 지식인 집단이 들썩거렸다. 양심 있는 이라면 모른 척할 수 없었다. 사태가 심각해질 것을 두려워한 공안 당국이 큰돈을 들고 와 전태일 가족을 무마하려 했다. 어머니가 자식들을 불러놓고 상황을 설명하자 당시 열여섯 순진한 딸 전순옥(제19대 국회의원)조차 "그 돈 없어도 산다. 더러운 돈 받지 말자. 그게 오빠의 영혼"이라 했다. 이 말에 어머니는 "그게 바로 내 마음"이라며 서로 안고 또 울었다. 아들의 유언인 "어떤 유혹에도 넘어가지 말라"던 정신, 그 자체였다.

기억 둘. 군사 독재로 많은 민주화 인사들이 탄압받을 때 어머니는 자기 자식처럼 보살폈다. 일례로, 수배 중이던 조영래 변호사를 만나 유인물을 전달하려다 경찰에 걸렸을 때 연인 행세를 해 위기를 면했다. 또 민청학련 사건으로 장기표 씨가 재판을 받자 엉터리 같은 공안 논리를 펴던 검사에게 '겁도 없이' 호통을 치는 등 법정 소란죄로 1년간 옥살이를 했다. 여러 번의 옥살이에도 결코 두려움에 떨거나 굴복하지 않았다. 아들에게 "내 몸이 가루가 되어도 네가 원하는 거 끝까지 할 거다"라고 했던 약속의 실천이다. 이 불굴의 주체성은 "우리 태일인 사람을 많이 사랑했어. 그래서 사랑하는 사람들을 위해 그렇게 간 거야"처럼 진짜 사람을 사랑해야 가능하다.

기억 셋. 이소선 열사와의 친밀한 대화록 《지겹도록 고마운 사람들아》를 펴낸 오도엽 작가에 따르면, 2009년 11월 13일 전태일 동지 39주년 추모식에서 어머니는 노동운동에도 호통을 친다. 민주노총과 한국노총을 향해 "40년을 기다려도 노동자가 하나가 안 되어 속상하고 미워졌다"고 했다. "40년간 1년에 한 번씩 말해도 마흔 번인데, 그렇게 하나가 되라고 해도" 못했다는 것이다. 특히 "정규직, 비정규직 그거는 따로 생긴 사람들"로 보면 안 된다고, "너는 비정규직이니까 고생 좀 해봐라"고 해선 안 된다고 아파했다. 남성 노동자 전태일이 여성 노동자의 고통을 함께 나누며 하나가 되었듯, 정규직이 비정규직의 고통을 헤아려 하나로 뭉치라는 것이다. 노동자의 경쟁과 분열이 곧 자본의 무한 지배와 축적의 토대임을 꿰뚫은 통찰 아닌가.

온갖 두려움과 유혹을 이겨내고 지극한 사랑에 기초한 연대를 실천하느라 한평생 바친 노동자의 어머니, 자기 자식의 일류대 입학이 평생 소원인 대부분의 부모와는 너무나 다른 아름다운 어머니, 이런 큰어머니를 잊지 않고 그 정신을 잇는 것, 그것이 곧 사람 된 도리이자 시대정신 아닐까.

그렇게 우리의 큰어머니는 광장에 모인 끝없는 촛불 속에, 쌍용자동차 노동자의 77회 연속 일인시위 행렬에, 한진중공업 해고 철회 운동의 상징 김진숙 동지의 생동하는 목소리 속에, '희망버스' 등 모든 풀뿌리 운동 속에 살아계신다. 돈과 권력에 눈먼 어리석은 자들에겐 '정신 똑바로 차리라'고 꾸짖으면서… 어머니 잃은 슬픔 속에도 희망을 놓지 않는 까닭이다.

브레이비크,
한국 사회를
조롱하다

북유럽 노르웨이와 동북아 대한민국 사이에는 단지 일곱 시
간의 시차만 있는 게 아니다. 2011년 여름, 순식간에 70여 인명을 앗아간 오
슬로 테러의 주범이자 극우 정당 당원 안데르스 베링 브레이비크(Anders
Behring Breivik)는 흥미롭게도 "정치 체제에 관해서라면 나는 특히 일본, 한
국, 대만의 방식을 선호한다"고 했다.

반면 한국의 보수 세력을 제외한 웬만한 자유주의자나 진보 세력은 복
지국가의 여러 모순점에도 불구하고 은근히 북유럽 복지 체제를 선망해 왔
다. 섬뜩하다. 평범한 이들로부터 존경의 대상이라 칭송받으면 기분이 좋지

만, 가까이하기엔 너무나 무서운 이로부터 추앙받다니.

하지만 곰곰이 따져보면 한국 사회는 바로 그런 수구 꼴통들에게 매력적인 요소가 꽤 많다. 이 점에서 브레이비크는 한국 사회를 냉철히 비추는 거울이다. 그의 눈에 비친 한국은 어떤 사회인가?

그에 따르면 우선 한국 등 세 나라는 "다문화주의를 완전 차단하고 단일문화 체제를 유지하는 데 초점"을 맞춘다. 한국을 잘 모를 것 같은 그가 지난 10년 이상 계속된 한국의 '다문화사회' 정책들의 허구성을 통찰하고 "다문화주의를 완전 차단"함으로써 "단일문화 체제를 잘 유지"했다고 평가한다. 놀랍다. 수시로 '불법' 이주노동자들을 비인간적으로 사냥해온 대한민국 법무부에 이는 칭찬으로 들릴지 모른다.

'단일문화 체제'라는 것도 웃긴다. 나는 '민족'이나 '단일'과 같은 개념이 '상상적 허구'라는 데 동의한다. 한국도 노르웨이도 이미 온갖 사람들이 '섞여' 살고 있지 않나?

중요한 건 부모, 형제, 친구, 이웃 등 구체적 관계를 소통과 공존으로 잇는 것이다. 국적, 인종, 지역, 학벌 등에 이름을 붙여 내부로 똘똘 뭉치되 외부로 배타성을 보이는 것이야말로 파시즘의 뿌리다. 브레이비크의 무자비한 공격성도 바로 이와 연관 있다.

그는 또 "한국 등 세 나라는 구미 각국에서 교육, 과학, 기술, 경제 등 각종 이로운 것들을 도입하되 문화적 마르크스주의를 잘 차단했다"고 강조했다. 이러한 입장은 이미 오슬로 대 박노자 교수도 강조한 바 1880년대 일본의 후쿠자와 유키치(福澤諭吉)의 '탈아입구론(脫亞入歐論)'과도 통한다. 또

미세한 차이는 있어도 조선의 김홍집 등 '동도서기론(東道西器論)'이나 김옥균 등 '변법자강론(變法自疆論)'과도 통한다.

그런데 이 모두는 '강자 동일시' 심리구조에 다름 아니다. 주어진 사다리 질서에서 높은 자리를 차지하기 위해 혼신을 다하되 '내부의 적'을 섬멸하는 것이다. 필시 이것은 민주주의와 다양성, 참된 행복을 해친다. 세계 최고 자살률과 스트레스를 자랑하는 한국, 일본이 바로 그 증거다.

다음으로 그는 "여전히 개선점은 있지만 그들은 세계에 잘 적응했다"고 했다. 맞는 말이다. 하지만 이것도 실은 수출 지향적 산업화를 통해 세계 시장에서 성공을 거두었다는 뜻에서 그렇다.

그런데 이미 일본이나 한국에서 보듯, 경제적 성공과 일반 시민의 행복은 완전 다르지 않던가? 나라가 부자라고 모든 개인이 부자인 건 아니며, 부자라고 꼭 행복한 것도 아니다. 치열한 경쟁에 직면한 농산물 자본가, 브레이비크의 눈에 세계 시장에서의 성공은 부러움의 대상이고 자국 정부에 귀감의 대상인지 모르나, 그건 엄청난 희생과 대가를 치른다.

노동자의 과로와 산재, 이주민 억압, 여성과 비정규직 차별과 억압 등이 바로 그것이다. 브레이비크 같은 '예수 천당, 불신 지옥' 식 흑백논리자에게 노동권, 여성권, 이주권, 환경권, 사회권 등 다차원적 사회정의는 '내부의 적'일 뿐이다. 그러니 수십 명을 조준해 학살하고도 수치심이 없다. 문제는 이런 철학의 소유자가 '극우 정당'에 대거 몰려 있고 상당한 시민들이 이들을 지지한다는 점이다.

그는 또한 '만나고 싶은 인물'로 푸틴 전 러시아 대통령 외에 아소 다로

(麻生太郎) 전 일본 총리, 그리고 이명박 전 대통령을 들었다. MB도 놀랐을 것이다. 그러나 이건 개인적 회비 문제가 아니다.

독일의 홀거 하이데(Holger Heide) 교수도 강조한 바, 브레이비크 테러는 "자본의 이윤 시스템이 내재적으로 가진 모순이 사회적으로나 개인적으로 은폐됐다가 마침내 폭발한 사건"이기에 전 사회적 구조 변화 없이는 결코 희망이 없다. 모순투성이 한국 사회를 성찰하게 한 브레이비크의 7·22 테러, 절대 잊어선 안 된다.

나부터 세상을 바꿀 순 없을까?

노예로
살 것인가
주인으로
살 것인가

2010년 3월 10일이었다. 고려대 김예슬 학생이 대자보를 붙였다. 제목은 "오늘 나는 대학을 그만둔다, 아니 거부한다!"였다.

"오늘 나는 대학을 그만둔다. G세대로 '빛나거나' 88만원 세대로 '빛내거나', 그 양극화의 틈새에서 불안한 줄타기를 하는 20대. 무언가 잘못된 것 같지만 어쩔 수 없다는 불안에 앞만 보고 달려야 하는 20대.(…)"

이른바 '일류대' 경영학과 3학년 학생이 "대학을 거부"해서 "그만둔다"는 것은 이 치열한 학벌주의 경쟁 사회에서 마치 '마른 하늘의 날벼락' 같은 일이었다. 아마도 그 부모님은 처음엔 적잖은 충격을 받았을 것이다. 하지만 김예슬의 고백은 대단히 정직한 것이었다.

"친구들을 넘어뜨린 것을 기뻐하면서, 앞질러 가는 친구들에 불안해하면서" 25년 세월 동안 긴 트랙을 질주해 왔으나, 이 질주는 끝이 없다. 대학에 입학하면 뭔가 인생이 달라질 것 같았지만 고등학교의 연속이었고 시험의 연속이며 미래에 대한 불안감에 짓눌리기는 매한가지다. 그리하여 이제는 "더 거

249
참된 인간성을 찾아서

세게 채찍질해 봐도 다리 힘이 빠지고 심장이 뛰지 않는다."

이제 대학이란 관문을 지나면 취업이라는 관문이 기다린다. 또 달려야 한다. 그래서 김예슬은 외친다.

"이제야 나는 알아차렸다. 내가 달리고 있는 곳이 끝이 없는 트랙임을."

"자격증 장사 브로커"가 되어버린 대학을 떠나는 것은 어쩌면 '진실'을 알아버린 자의 지극히 자연스런 선택인지도 모른다. 세상과 진리를 향해 커다란 배움을 얻어야 할 대학이 오로지 돈벌이와 취업의 도구로 전락한 현실을 그저 편하게 수용할 수만은 없다. 진리, 정의, 자유를 마치 명품 브랜드마냥 대학 선전에만 써먹지 진실한 마음으로 교과 과정이나 학사 행정, 대학 문화에 반영하고 있지 못한 것이 솔직한 현실이다. 오히려 학생들의 불안과 두려움을 인질 삼아 졸업장과 자격증을 팔아먹고 있는지 모른다. 그래서 그는 떠난다. "쓸모 있는 상품으로 '간택'되기"를 거부하고 "인간의 길을 '선택'하기 위해" 탈주하고 저항한다.

김예슬의 멋진 점은 자신의 삶에 대한 주체성과 책임감으로 굳건히 섰다는 것이다. 그것은 그저 세상이 하라는 질주를 더 이상 않겠노라 결심하고 주어진 사회구조에 아무 생각 없이 적응하기를 한사코 거부하며 "생각한 대로 말하고, 말한 대로 행동하고, 행동한 대로 살아내겠다는 용기"를 가졌기에 가능한 일이었다. 그렇다. 이런 기백과 패기야말로 20대 청년들로 하여금 푸르고 싱싱한 '청년'이라 부르는 근거가 아니겠는가?

그리고 2013년 12월 10일, 또다시 고려대 경영학과 4학년 주현우 학생이 시대가 강요하는 우울을 박차고 일어나 "안녕들 하십니까?"라는 대자보를 내걸었다.

"불과 하루만의 파업으로 수천 명의 노동자가 일자리를 잃었습니다. 다른 요구도 아닌 철도 민영화에 반대한 이유만으로 4213명이 직위해제된 것입니다."

그 전 날 '수서발 KTX 자회사 설립'이 상징하는 철도 민영화 시도에 완강히 저항하는 노동자 파업이 시작되었다. 최연혜 코레일 사장은 "어머니의 마음으로 사태를 수습하겠다"고 해놓고 하루 만에 파업 노동자 수천 명을 직위해제했다.

이 불의한 현실에 주현우는 모른 척하고 있을 수 없었다. 어느 책 제목처럼 '외면하지 않을 권리'를 외친 셈이다. 사실 외면하지 않을 현실은 그 외도 너무나 많다. "수차례 불거진 부정선거 의혹, 국가기관의 선거개입이란 초유의 사태" 그리고 "(밀양 등) 시골 마을에 고압 송전탑이 들어서 주민이 음독자살"을 해야 했고, 쌍용자동차의 경우 "자본과 경영진의 '먹튀'에 저항한 죄로 해고 노동자는 수십 억의 벌금과 징역"을 감수해야 한다. 이토록 "하수상한 시절에 어찌 모두들 안녕하신지 모르겠습니다!"라며 그는 우리 모두가 사회적 주체로 거듭나기를 촉구했다.

주현우는 짧은 글에서도 깊이 있게 생각한다. '88만 원 세대'로 살아야 하는 이 신세대를 사람들은 "풍족한 세대" 또는 "세상물정도 모르는 세대"라 하지만, "IMF 이후 영문도 모른 채 (부모님 모두 돈 벌러 나간 사이에) 빈 집을 지키고, 매 수능을 전후하여 자살하는 적잖은 학생들에 대해 침묵하길, 무관심하길 강요받은 것이 우리 세대"였다고 '불편한 진실'을 토로한다. 그렇다. "우리는 정치와 경제에 무관심한 것도, 모르는 것도 아닙니다. 단지 단 한 번이라도 그것들에 대해 스스로 고민하고 목소리 내길 종용받지도, 허락받지도 않았"을 뿐이다. 그래서 세상일에 대해 무관심과 침묵, 외면으로 살아도 "별 탈 없으리라 믿어온 것뿐"이다. 그러나 청년이 된 지금, 독립 준비를 해야 하는 지금, "앞서 말한 그 세상이 내가 사는 곳"이기에 더 이상 모른 척 할 수 없다. 정면으로 응시하고 돌파해야 한다. 그래서 가장 먼저 필요한 질문이 "안녕하시냐" "별 탈 없이 살고계시냐" 하는 것이다. 그리하여 "만일 안녕하지 못하다면 (안녕하지 못하다고) 소리쳐 외치"는 것이 사람됨의 도리가 아니겠느냐고 묻는다.

김예슬의 '대학 거부 선언'도 일정한 사회적 반향을 불러일으켰지만, 그에 비해 주현우의 '안녕들 하십니까'는 절망을 강요하는 사회적 상황과도 맞물려 그 파급 효과가 상당했다. 심지어 고등학생들조차 대자보 운동에 동참했다. 김예슬이 대학과 취업에 대한 허상을 깨는 데 초점을 두고 스스로 탈주한 경우라면, 주현우는 정치경제적 현실에 대한 허상을 깨기 위해서라도 스스로 무감각의 껍질을 깨고 나오기를 촉구한 경우다. 둘 다 대단한 용기와 사회적 감수성을 보여주었다. 이런 것들이 곧 청년의 모습이 아닌가.

물론 청년들의 참된 모습은 다양한 형태로 드러날 수 있다. 마치 영화 〈피치 퍼펙트〉에 나오는 아카펠라 음악 동아리 멤버들처럼 넘치는 음악적 열정을 불태우면서도 사랑의 로맨스에 빠질 수도 있고, 영화 〈변호인〉에 나오는 1980년대의 대학생들처럼 사회적 불의와 정치적 독재에 맞서 저항의 아름다움을 연출할 수도 있다. 어쩌면 이러한 낭만과 패기, 열정과 혈기의 결합이야말로 청춘이 가진 본연의 에너지를 보여주는 것이 아닐까?

그렇다면 과연 김예슬이나 주현우, 영화 〈피치 퍼펙트〉나 〈변호인〉에 나오는 대학생들을 모두 관통하는 공통점은 무엇일까? 여러 모로 답할 수 있겠지만, 나는 그것이 '미래의 두려움'에 제압당하지 않은 것이라 본다. 달리 말하면, 이들은 보통 사람들처럼 불확실한 미래에 대비해 경쟁력을 갖추자는 식의 소극적 태도가 아니라, 현재의 삶에 최선을 다함으로써 미래를 창조하겠다는 적극적 태도를 보여준다.

현실의 불안과 미래의 두려움에 사로잡히면 우리는 더 이상 자유인이 될 수 없다. 노예제 사회에서는 눈에 보이는 족쇄가 사람을 구속했지만, 지금의 자본제 사회에서는 눈에 보이지 않는 족쇄가 사람을 옭아맨다. 그 대표적인 것이 미래에 대한 불안감 또는 두려움이다. 이것은 탈락과 배제에 대한 공포, 실수나 실패에 대한 공포, 낙오와 뒤처짐에 대한 공포이기도 하다.

한때 어느 금발의 이주민 미녀가 방송에 나와 '루저' 발언을 잘못하는 바람에 큰 낭패를 겪은 까닭도, 우리 대다수가 무의식중에 루저가 되는 것에 대한 공포를 안고 살기 때문이다. 어쩌면 자본과 권력은 사람들이 이러한 공포에 절어 지낼수록 통치하기가 훨씬 쉬워진다. 그들이 '경쟁'을 '지배'의 도구로 삼는 것도 바로 이런 배경 때문이다. 경쟁을 시키면 아무도 눈치 채지 못하는 사이에 1등부터 꼴찌까지 모두 효과적으로 통제할 수 있다. 바로 이것이 팔꿈치로 옆 사람을 밀쳐야만 나의 생존이 보장되는 무한 경쟁 사회, 즉 '팔꿈치 사회'의 근본 원리다.

이런 관점에서 보면, 오늘날 대학가를 지배하는 '스펙 경쟁'이란 본질적으로 스스로 노예 되기 경쟁에 불과하다. 원래 스펙(specification)이란 상품의 특성을 상세히 나타낸 것이다. 학생들이 자기 삶의 주인공으로 살고자 고뇌하기보다 오로지 자본에게 쓸모 있는 노동력 상품이 되고자 서로 살벌하게 경쟁하는 모습, 이것이 스펙 경쟁의 핵심이 아니던가. 그렇게 대부분의 청년들이 스펙 경쟁에 돌입할수록 스펙 경쟁의 시기는 더욱 앞당겨질 것이며 그 사이에 대학과 사회는 모두 건강성을 잃고 만다는 것이 사태의 심각성이다. 물론 이러한 경향은 자본과 권력에게 더없이 '평화로운' 시절을 안겨다준다.

반면 앞서 나온 대학생들은 바로 이 눈에 보이지 않는 족쇄를 이미 '알아채버린' 이들이며, 따라서 미래의 두려움이나 탈락의 공포에 더 이상 압도당하지 않겠다는 '주체성 선언'을 한 셈이다. 불안과 공포 대신 낭만과 열정으로 혁명을 꿈꾸는 것이다! 혁명이 별 것 있는가? 사람과 사람, 사람과 자연이 더불어 살기 위해 잘못된 것을 똑바로 고치자는 것이다. 그런 혁명을 나 홀로 꿈꾸기보다 여럿이 함께 꿈꾸는 것, 오늘로 끝내지 않고 매일 꿈꾸는 것, 바로 이것이 좌절과 낙담을 넘어 미래의 창조와 희망을 만드는 길이다.

이런 면에서 영화 〈억셉티드〉는 주인공 바틀비의 창조적 주체성을 잘 보여준다. 웬만한 대학에 모두 낙방한 바틀비는 비슷한 처지의 친구들과 함께 정신병원을 개조해 가짜 대학(SHIT: South Harmon Institute of Technology)을 설립한다. 뜻밖에 많은 지원자들이 몰렸고 재정도 든든해졌다. 사회적 공인에 신경 쓰지 않는 이 대학은 '학생이 곧 교수'인 시스템을 만든다. 요리, 록 음악, 초능력 등 다양한 재주를 가진 학생들이 강의를 개설하고 자신의 재능을 나누면서 더욱 성장한다.

마침내 올 것이 온다. "당신의 교과 과정은 장난에 불과하고 당신은 범죄자야!" 당국이 제동을 걸자 바틀비는 말한다. "아니, 당신이 범죄자죠. 당신이 이 학생들의 창의력과 열정을 빼앗아갔으니까요. 그게 진정한 범죄죠!"

이들은 부모나 당국이 원하는 '안전한' 길보다 안에서 우러나오는 본심을 따랐다. "당신들이 우리를 인정하건 않건 그건 아무 상관없어요. 저희는 계속 배울 것이고 계속 자랄 것이고, 그럼에도 영원히 SHIT 학생이라는 건 변치 않을 것입니다. 계속 하세요!"

바로 이런 것이 창조적 집단 주체성 아닐까?

결국 우리 청년들이 자신의 삶과 관련해 한시 바삐 결단해야 하는 문제는 노예로 살 것인가, 주인으로 살 것인가 하는 것이다. 이미 500년 전에 영국의 대문호 셰익스피어는 《햄릿》에서 "사느냐 죽느냐, 그것이 문제로다"라 했다. 오늘날 우리는 이렇게 말해야 한다. 노예냐 주인이냐, 바로 이것이 문제로다.

7장

우울한 노예가 아닌
행복한 주인으로
거듭나기

누구를
위한
민영화인가

　　"경제민주화와 복지국가를 통해 국민행복 시대를 열어나가 겠습니다." 얼핏 들으면 민주당, 아니 노동당이나 정의당의 구호처럼 들린다. 그런데 놀랍게도 이것은 보수 새누리당의 박근혜 후보가 2012년 대선 당시 내건 슬로건이었다. 그러나 이제 우리는 안다. 우리가 '낚인' 것을.

　　사실 우리가 속았음을 깨닫는 데는 1년이 아니라 한 달도 채 걸리지 않았다. 박 대통령의 당선 직후 행보를 하나씩 살펴보면 '아' 다르고 '어' 다른 가운데 약속의 이행 의지가 퇴색해 왔음을 알 수 있다. (선거 직전 국정원 여직원이 숱한 악성 댓글로 야당 후보를 공격하다가 현장이 발각되자 오히려 "감금

당했다"면서 적반하장의 모습을 보였던 건 제쳐두고라도 말이다.) 권력이나 자리를 위해서라면 이렇게 거짓말을 밥 먹듯이 해도 되는 것인가? 그렇게 거짓말을 하면서도 전혀 거짓말이 아니라고 우기는 모습, 그렇게 우기면서도 얼굴빛 하나 변하지 않는 모습, 과연 이것이 정치가고 사람인가?

여기서는 요즘 논란이 되는 민영화 문제를 보다 자세히 살펴본다. 우선 최근 박근혜 정부의 태도를 몇 가지만 추려보자. 2013년 12월 11일엔 '공공기관 정상화 대책'이 나왔는데, 그 내용은 토지주택공사, 수자원공사, 철도공사, 도로공사, 전력공사 등 부채가 급등한 공공기관 12곳(부채 412조 원)을 집중 관리, 220퍼센트인 부채 비율을 2017년까지 200퍼센트 수준으로 낮춘다는 것이다. 그 집중 관리 속에는 직원 임금 동결과 복지 삭감, 공공요금 인상 등이 포함된다.

또 바로 그 직후인 12월 13일의 '제4차 투자 활성화 대책'은 어떤가? 철도 민영화 반대 파업이 5일째 이어지던 그 날, 투자 활성화를 위해 병원의 영리 추구를 가능하게 하는 의료 민영화나 교육 민영화를 추진하겠다는 구상을 발표했다. 의료 민영화의 핵심은 두 가지다. 하나는 의료법인이 영리 자회사를 만들 수 있게 하는 것이고, 다른 하나는 의료기관의 인수·합병을 허용하는 것이다. 교육 민영화는 국내 학교법인이 외국 학교법인과 더불어 국제 학교를 설립하게 하거나 기업형 학교를 만들 수 있게 한다는 것이다. 노동자와 시민들이 사력을 다해 철도와 같은 공공재의 민영화는 안 된다고 외치던 그 시간에, 정부가 앞서 투자 활성화라는 이름 아래 교육과 의료의 상업화를 촉진한 것이다.

한편 12월 12일 국회 산업통상자원위원회 법안심사 소위는 '도시가스 사업법 개정안' 중 민영화 관련 조항들을 삭제한 뒤 통과시켰다. 이것은 2013년 4월부터의 가스 민영화 저지 투쟁(주로 공공운수노조의 가스공사지부와 시민사회단체의 연대투쟁)의 작은 성과였다. 아마도 철도 민영화 반대 투쟁이 거세게 이는 시점에서 굳이 무리수를 두지 않겠다는 속셈이었는지 모른다. 그러나 가스 민영화 의제가 박근혜 정부의 구상에서 아예 사라진 건 아니다. 언제든 다른 얼굴을 가진 법안으로 재공격을 할 가능성이 있다.

사실 2013년 7월 4일에도 나는 세종참여연대 공동대표로서 대전, 충남, 충북 참여연대 대표들과 함께 충북도청에서 청주공항 민영화 중단을 촉구하는 기자회견을 가졌다. 청주공항 민영화는 예전에도 시민의 저항으로 무산된 적이 있는데, 이번에도 또 민영화를 위한 컨설팅이 '구렁이 담 넘어가듯' 추진되었다.

이런 식으로, 박근혜 정부는 말로는 '국민행복 시대'를 말하지만 실제로는 철도, 가스, 공항, 의료, 교육 등 기존의 공공부문을 철저히 이윤 논리 아래 종속시키는 민영화 또는 사유화 구상을 밀어붙이고자 한다. 참 갑갑하다.

바로 여기서 우리는 민영화 문제를 어떻게 볼 것인가 하는 근본적인 질문을 던질 필요가 있다.

첫째, 입법, 사법, 행정과 마찬가지로 교통, 에너지, 의료, 교육, 농업, 토지 등은 일종의 공공재다. 공공재란 모든 시민들이 그 혜택을 예외 없이 누릴 권리를 가진 공동의 재산이다. 일례로, 산골에 사는 노인의 집에도 전기는 들어가야 옳고, 하루에 몇 명 타지 않는 시골 간이역에도 기차는 서야 한다.

이런 식으로 공공재에 대한 관리와 운영은 공공성의 원칙에 따라야 한다. 물론 효율성도 중요하지만 이것은 공공성에 비해 부차적이다. 우리가 세금을 내는 것도 이들 공공부문을 잘 지키고 운영하라고 믿고 맡긴 것 아닌가. 미국의 헨리 데이비드 소로(Henry David Thoreau)가 만 30세 무렵 옥살이도 불사하고 세금 내기를 거부했던 것도 정부가 노예제를 존속시키고 멕시코와 전쟁을 벌이는 현실에 대해 국가가 공공성을 저버렸다고 판단했기 때문이었다. 결국 공공성을 추구해야 할 공공부문을 수익성을 추구하는 민간 자본에 맡기는 것은 마치 친일파가 나라를 통째로 팔아먹고 사익을 추구한 행위와 다를 바 없다.

둘째, 물론 그렇다고 해서 공공부문이 공공성이란 이름 아래 비능률을 온존시켜도 좋다는 뜻은 아니다. 공공성과 효율성의 조화가 필요하다는 뜻이다. 하지만 이를 위해 민영화를 해야만 하는 건 아니다. 사실상 사유화에 불과하기 때문이다. 그렇다면 공공성을 유지하면서 효율성을 높이는 방법은 무엇인가? 그것은 직원들의 수를 타당한 근거 없이 줄이거나 월급 및 복리후생을 삭감하는 형태로, 또는 공공요금을 합리적 근거 없이 올리는 형태로 가서는 안 된다. 그것은 우선 낙하산 인사를 그만두고 최고 경영진 이하 임원들의 연봉을 낮추는 데서 출발해야 한다. 나아가 부정부패의 요소, 관료주의의 요소, 낭비과잉의 요소 등을 과감히 타파하는 것이 참된 효율 향상이다. 물론 그 과정에 전 직원들이 개방적이고 민주적으로 참여해야 한다. 이런 식으로 공공성을 지키면서도 효율성을 높일 때라야만 전 시민들로부터 신뢰받는 공공부문이 될 수 있다.

셋째, 그럼에도 불구하고 작금의 민영화를 억지로라도 추진하려는 경향을 어떻게 볼 것인가? 이것은 우선 수익성 위기에 내몰린 민간 자본이 새로운 이윤의 원천을 찾아 자본 증식을 지속시키려는 운동이라고 봐야 한다. 이것이 사태를 올바로 읽는 눈이다. 즉, 자본은 이윤을 위해서라면 지옥이라도 쫓아간다. 이것이 자본의 본성이다. 지금까지 자본은 대체로 일반적인 상품들(소비재, 사치재, 군수재 등)을 생산하고 팔아서 이윤을 추구했다. 경쟁이 격화하고 시장이 포화되자 마침내 공공부문과 자연생태 분야가 새로운 이윤 공간으로 포착된다. 그래서 공공부문을 민영화해서 민간 자본이 사유화하고자 한다. 그래서 철도, 가스, 항공, 의료, 교육 등 여러 분야에 눈독을 들인다. 물론 이 분야들도 이미 부분적으로는 사유화했다. 하지만 이제 보다 전면적으로 민간 자본의 수익성 논리를 적용하려는 것이 최근 민영화 논란의 본질이다.

사실 따지고 보면 농업이나 주거 분야도 그 속성상 개별 자본의 수익성에 맡겨서는 안 된다. 왜냐하면 식량 자급이나 주거 안정은 한 나라를 이루는 구성원들의 기본 인권이나 행복추구권과 직결되는 문제이기 때문이다. 노인들의 노후 문제도 마찬가지다. 따라서 농업, 주거, 철도, 가스, 전기, 항공, 의료, 교육, 노후 등 삶의 여러 부분을 공공화해야 옳다. 이것을 민영화, 사유화하는 것은 자본에게만, 그것도 대자본에게만 유리할 뿐이다. 적어도 국민을 위한 정부라면 이런 시각을 지녀야 한다. 거짓말쟁이나 사기꾼이 되지 않으려면 반드시 견지해야 할 철학이다.

부정과 회피가
아닌
포용과 저항의 미학

지인 중에 말기 암 환자가 생겼다는 소식을 들으면 우리는 대체로 충격을 받는다. 그리곤 곧장 이렇게 반응한다. "설마, 그이가?" "그럴 리가!" "여태껏 아주 건강하시던 분이?" 이런 식으로 우리는 현실을 인정하기를 주저한다.

이어 우리는 곧잘 화가 치밀어오름도 느낀다. "왜 하필이면 그에게 이런 일이?" "그렇다면 평소에 하던 건강검진은 무슨 소용인가?" 원망과 분노가 함께 솟는다. 갑자기 삶이 허망해지기도 한다.

수십 년간 불치병이나 말기 암 환자를 직접 보살핀 E. 퀴블러 로스

(Elisabeth Kübler-Ross) 박사는《죽음과 죽어감》이란 책에서 죽음을 앞둔 환자들이 대체로 5단계 정서를 체험한다고 했다. 부정, 분노, 협상, 우울, 수용이 그것이다.

처음엔 부정과 분노로 일관하다가 나중엔 운명과 협상을 하기도 하지만 절망과 우울을 거쳐 마침내 어쩔 수 없이 수용하고 만다는 것이다. 이 이론의 핵심 메시지는 질병이나 죽음을 부정하지 말고 정직하게 대면하라는 것이다.

최근 우리 사회를 보면 불현듯 이 '퀴블러 로스 모델'이 떠오른다. 한국 사회가 마치 말기 암 환자 같다. 물론 나는 다른 모두와 마찬가지로 이 사회가 건강하기를 바란다. 안타깝게도 현실은 이 간절한 바람과 달리 정반대로 흐른다. 간단히 세 가지만 살피자.

첫째, 일본 후쿠시마 원전사고 이후 방사능 오염이 일본은 물론 한국 등 인접국으로 퍼지는데도 정부는 사태를 직시하지 않는다. 2013년 7월 24일 도쿄전력과 일본 정부는 후쿠시마 사고 원전에서 하루 300톤의 방사능 오염수가 유출 중이라고 했다. 다음날엔 이곳에서 시간당 2170미리시버트(mSv)의 고농도 방사성 수증기가 유출됨이 확인됐다.

2011년 당초 사고 직후와 비슷한 농도의 방사능 오염이 줄곧 진행된 셈이다. 이 정도면 바다, 공기 등 생태계 전반에 악영향이 가고, 특히 일본산 쌀이나 수산물 등의 피폭 소지가 높다. 이에 정부는 경보를 발령하고 20개 이상의 부처가 발 빠르게 움직여야 함에도 오히려 '방사능 괴담' 유포자 처벌 등 대단히 무책임한 모습을 보인다. 언제까지 부인만 할 것인가?

우울한 노예가 아닌 행복한 주인으로 거듭나기

둘째, 2012년 대선 국면에서 국정원의 불법 선거 개입이 검찰 조사 결과 명백히 밝혀졌음에도 철저한 국정조사나 책임자 처벌, 대통령의 진술한 사과 등이 없다. 주말마다 서울광장 등 전국 각지에서 '10만 촛불'이 모여 국정원장 퇴진과 국정원 개혁을 외쳤다.

마침내 2013년 6월 26일, 검찰은 그간의 수사 결과 범죄 혐의가 있는 국정원 심리전단 요원들의 게시 글 1977건과 찬반 클릭 행위 1711건이 수록된 2120페이지에 이르는 '범죄 일람표'를 발표했다. 실상이 이런데도 국정원이나 청와대는 부동이다. 오히려 NLL 관련 비밀 문건을 불법 열람하고 실체적 진실을 호도해 여론을 조작하려 했다.

셋째, 현대자동차의 최병승, 천의봉 비정규직 노동자 두 명이 불법 파견 노동자의 전원 정규직화를 외치며 무려 296일째 철탑 농성을 했음에도 현대자동차나 정부는 사태를 바로잡을 생각은 않고 오히려 '희망버스' 참여자들을 범법자로 몰았다.

이미 2010년 7월과 2012년 2월, 사법상 최고 심급인 대법원이 현대자동차 불법파견을 인정하며 "2년 이상이면 파견법 제6조 3항에 의거, 고용의제 조항의 법력에 따라 이미 정규직으로 보아야 한다"고 했다. 위헌이 아니면 대법원 판결은 바로 집행돼야 한다.

그런데도 기업과 정부 측은 무반응으로 일관했다. 오죽하면 당사자 두 명이 극심한 추위와 더위를 견디며 약 10개월간 철탑 농성을 감행했을까?

위 세 사례만 봐도 한국 사회는 말기 암 환자처럼 사태의 진상을 인정하고 정직하게 돌파하기는커녕 부정과 회피로 일관함을 알 수 있다. 여기서 나는 두 가지 선택이 있다고 본다.

하나, 정말 우리가 말기 암 상태라면 차라리 암을 인정하고 마지막 삶의 시간까지 최선을 다하는 것이다. 최근에 나는 아내와 대화하던 중 "사람이 60세 넘어 암이 발견되면 그냥 사는 데까지 살다 가는 게 낫지 않을까?" 했는데, 아내도 공감했다. 물론 개인도 하기 힘든데 한 사회가 그렇게 하기는 더 어렵다. 게다가 우리 사회는 '아직' 마감할 때도 아니며 그래서도 안 된다.

그래서 다른 대안이 있다. 그것은 진짜 '말기'로 치닫기 전에 초기 암세포를 철저히 걷어 내거나 온 사회의 저항력을 체계적으로 길러 암세포를 이기는 것이다. 이것이 우리의 건강한 선택이 되어야 한다. 그렇다면 어떻게 해야 이 사회의 암세포를 철저히 제거하거나 이겨낼 수 있을까? 그 속에서 나는 무엇을 해야 할까?

우울한 노예가 아닌 행복한 주인으로 거듭나기

'개성 있는 평등화'를 위한 5개년 계획

2013년 8월, 박근혜 대통령이 '인문·문화계 인사들'을 초청해 오찬을 했다. 대통령은 이 자리에서 '인문학'의 중요성을 강조하고 "인문학 전반에 활력을 불어 넣겠다"는 의지도 밝혔다고 한다.

인문학에 관심이 많다는 대통령은 "창조경제도 인문학적인 상상력이 중요하다"고 강조했다. 대통령이 인문학에 관심을 갖고 활력을 불어넣겠다는 약속까지 할 정도니, 대한민국이 참 좋아졌다는 인상이다.

하지만 그러한 인문학 부흥의 의지가 진실하고 일관된 것이라면, 현재 갈수록 척박해지는 인문학 배척의 풍토, 즉 돈벌이 중심의 출세 욕망이 온

나부터 세상을 바꿀 순 없을까?

사회를 뒤덮은 현실을 직시하고 그에 대한 대응책을 차곡차곡 세워야 한다.

인문학 부흥이란 그러한 사회경제적 혁신 노력의 자연스런 결과여야 한다. 단순히 유명 인사들을 고급 호텔에 모셔 '인문학 부흥의 중요성'을 강조하고는 '용비어천가'를 부르게 하는 식으로 해결될 문제가 아니다. 만일 돈벌이 중심의 경제, 경쟁력 중심의 패러다임이 살림살이 중심의 경제나 삶의 질 중심의 패러다임으로 바뀌기만 한다면, 굳이 '인문학 부흥회' 같은 모임을 않더라도 사람들은 '삶의 결(人紋)'을 생각하며 진지하고도 행복하게 살 것이다.

이런 맥락에서 나는 크게 세 가지 변화를 강조하고 싶다. 이것은 인문이나 문화를 증진시키기 위해서만이 아니라 사람이 사람답게 살 수 있도록, 아이들이 꿈을 키우며 살 수 있도록, 그리하여 모든 사람이 진정 행복하게 살도록 하기 위해서라도 필요하다.

첫째, 내용이 애매모호한 '창조경제론'을 버리고 '살림살이 경제'를 구축해야 한다. 여태껏 알려진 창조경제론은 MB 정부 시절의 '신성장 동력론'과 크게 다르지 않다. 상표만 바꾸었을 뿐 내용은 결국 무한한 경제성장을 위해 새로운 것을 만들어보자는 얘기다.

그러나 하늘 아래 진정 새로운 것이 어디 있으랴? 결국 사람과 자연을 어떻게 활용해 살림살이 문제를 제대로 해결하는가 하는 점이 근본이다. 그런데 신성장 동력론이나 창조경제론은 모두 무한 성장, 무한 돈벌이를 추구하는 것으로, 사람과 자연의 유한성을 인정하지 않고 무한 갈취하려 한다.

그 와중에 지난 50년간 삼천리금수강산은 오염강산으로 변했고 수천만 국민들은 해피니스보다 스트레스를 온몸으로 느낀다. 내가 기존 패러다임을 '죽임'의 패러다임이라 부르는 이유다.

이제부터라도 '살림'의 패러다임이 필요하다. 사람을 살리고 자연을 살리며 우리 내면을 살리자는 것이다. 그에 도움 되는 것은 살리되 해로운 것은 과감히 청산해야 한다. 인문학이란 것도 바로 이 죽어가는 우리의 내면을 살려내는 일이다. 따라서 살림의 경제가 전 사회적으로 구현되면 인문학은 저절로 살아난다. '나부터' 이런 점을 먼저 깨우치고 하나씩 실천하면서 사회적 변화를 같이 꿈꾸어야 한다.

둘째, 갈수록 심화하는 사회경제 양극화를 해소하기 위해 '격차 해소 5개년 계획'을 세우는 것이 바람직하다. 제1차 5개년으로 되지 않으면 다른 대통령이 오더라도 제2차 5개년 계획, 제3차 5개년 계획 식으로 이어가면 된다. 될 때까지 하면 안 되는 게 없다.

최근 《한겨레》 분석자료에 따르면, 삼성전자 등기이사의 평균 보수가 연간 52억 원이다. 이는 일반 직원 월급의 평균보다 무려 75배다. 재벌급 회사의 보수 격차는 적어도 20배, 많으면 50배를 넘기 일쑤다.

나아가 직업간 격차도 심각하다. 대기업 임원, 금융인, 의사, 판·검사나 변호사 등 법률가, 세무사나 회계사, 변리사, 교수 등 전문직과 기술직 사이, 또 기술직과 생산직 사이의 격차, 대기업과 중소영세 기업 사이의 격차는 젊은 청소년이나 학생들로 하여금 자신의 꿈을 찾아가지 못하게 막는 사회적 장애물이다. 차별이 없으면 사람들은 높은 곳을 향하기보다 꿈을 찾는다.

그런데 이런 나의 맥락과는 달리 정부는 '경제혁신 3개년 계획'을 내세웠다. 이름만 바꾼 성장논리다.

셋째, '일류 대학'의 특권을 없애고 '개성 있는 대학 평등화'를 구현해야한다. 박근혜 대통령이 후보 시절에 약속했던 대로 취업 원서에 출신 대학을적지 않는 것도 한 방법이다. 특정한 일자리에 필요한 건 그 일을 수행할 수있는 능력이지 일류 대학 졸업장 자체는 아니지 않은가.

이런 식으로 노동 시장이 변하면 청소년이나 대학생들은 자신의 꿈과개성에 따라 진로를 선택할 것이고, 그 과정에서 인문학은 저절로 활성화한다. 독일이나 프랑스, 스웨덴이나 핀란드 등 유럽 여러 나라에서 인문학이널리 퍼진 것도 다 이런 이유 때문이다.

개탄스럽게도 2014년 1월 말, 삼성그룹은 '대학총장 추천할당제'로 신입사원을 뽑겠다고 했다가 여론의 뭇매를 맞고 철회했다. 원안에 따르면 삼성은 성균관대 115명, 서울대와 한양대 110명, 연·고대 100명, 부산대 90명, 중대와 영남대 45명, 이대 30명, 숙대 20명, 성신여대 15명, 덕성여대 10명, 성공회대 4명 등으로 배치했다. 대학들이 학문 공동체로서의 본질을 상실하고 마침내 자본 공동체로 변신하자 이제 자본 중의 자본이 대학들을 새로줄 세운 것이다. 이런 자본에 의한 대학 서열화도 가증스럽지만, 정말 한심한 것은 "지잡대(지방의 잡스러운 대학) 찌질이도 삼성에 입성할 수 있는 기회를 준 것인데 뭔 개소리?" 식의 반응들이었다. 아, '지잡대 찌질이'… 바로이 말 속에 우리의 사회문화가 응축되어 있다. 자본이 노동을, 온 세상을 쪼개고 경쟁시킨 결과 우리는 개별화, 파편화, 고립화, 속물화, 상품화했다. 바로 이 모습이 드러난 한 시선이 '지잡대 찌질이'다. 이제 자본의 논리를 내면화한 상태에서 상대적 강자가 상대적 약자를 공격한다. 이 사회적 시선의 폭력, 바로 이것을 정면으로 타파하고 대동 세상, 자유 세상, 평등 세상을 여는 것이 우리가 할 일이다.

요컨대 5000만 국민이 진정 '행복한 사회'를 만들고자 한다면, 청소년부터 어른들까지 모두 인문학 공부를 생활화하려면, 그냥 '인문학이 중요하다'고 강조할 일이 아니라, 사회경제적 여건을 적절하게 바꾸는 것이 올바르다. 대학 차별화와 직업 차별화를 넘어 '개성 있는 평등화'를 위한 '5개년 계획'을 꾸준히 실시해야 하는 까닭이다. 경제 개발도 그렇게 했는데 평등 사회를 못할 리 있겠는가? 철학과 혈기로 무장한 '철혈정치'가 절실하다.

민주주의를
위한
대행진

　　천재적인 작가 조지 오웰(George Orwell)이 1948년부터 1949년까지 써내려간 소설《1984》는 섬뜩할 정도로 현재의 한국 사회, 아니 1948년부터 지금까지의 한국 사회를 그대로 묘사하고 있는 듯하다. 주인공 윈스턴 스미스가 사는 오세아니아는 허구의 인물인 '빅 브라더'가 지배한다. 절대 권력을 지닌 정당의 대표 당원 오브라이언은 이렇게 말한다.

　　"과거 권력들이 무너진 이유는 자신의 권력을 타인 또는 사회를 위해 쓰려고 한다는 착각을 했기 때문이다. 우리는 우리를 위해 권력을 갖고 있고 지킬 것이다."

이제 지배자 당은 오늘날의 도청이나 CCTV와 다름없는 텔레스크린, 마이크로폰, 사상경찰 등을 통해 당원들의 사생활은 물론 머릿속의 생각까지 감시한다. 당에 해로운 생각을 하는 당원은 국정원 비슷한 '진리부'에 의해 쥐도 새도 모르게 체포, 처형된다. 심지어 남녀 관계도 통제를 당하는데, 당원끼리 연애를 하다가 발각되면 처형당한다. 윈스턴도 같은 당원인 줄리아와 사랑에 빠지지만 그만 발각되어 고문을 당한다. 그 과정에서 내면까지 세뇌되어 무기력한 인간으로 전락하고 허구의 인물인 '빅 브라더'를 사랑한다고 강제 자백하며 처형된다.

몇년 전 이병박 정권 때 정치권력이 전 방위적 감시와 사찰을 했다는 증거들이 쏙쏙 드러나면서 정계는 물론 온 사회가 패닉 상태에 빠졌다. "도덕적으로 아무 결함이 없는" 정권 아래 이런 일이 일어난 것은 모순의 극치다. 그러나 오웰의《1984》는 이미 오래전에 "절대 권력은 절대 부패한다"는 가르침을 준다.

차이는 있겠지만 '민주화' 정권도 크게 다르지 않았다. 물론 감시의 목적이나 대상이 좀 다를 순 있다. 하지만 헌법에 나오는 사생활 보호 및 양심의 자유라는 차원에서 보면 모두 잘못이다. 그렇다고 현재의 잘못을 과거로 떠넘기는 건 또 다른 기만이다.

오웰의《1984》는 몇 가지 점에서 깊은 교훈을 준다. 첫째, 그가 풍자한 것은 당시 소련 사회로 상징되는 공산주의 사회다. 그러나 지금 우리가 사는 대한민국 자본주의 사회조차 그의 비판을 비껴가기 어렵다. 무슨 주의건 권력자들은 민초를 상대로 감시나 사찰을 예사로 할 수밖에 없을까? 그렇다면 민초와 멀리 떨어진 곳에 권력이 존재해선 안 되지 않을까? 민초들이 주권, 즉 권력을 스스로 행사하면서도 소외되지 않는 방법은 없을까? 진정한 풀뿌리 자치, 즉 직접 민주주의를 구현하려면 어떻게 해야 할까? 이런 질문들이 사회적으로 왕성하게 나와야 한다.

둘째, 이 소설의 뒷부분에는 오브라이언이 윈스턴에게 이런 말을 하는 장면이 나온다. "우리는 억지로 하는 복종이나 노예 같은 굴복에 만족하지 않는다. 너 자신이 자유의지로 항복하는 것이 중요하기 때문이다. (…) 우리는 이단자도 우리 편으로 만든다. 단순히 겉으로만 복종하게 만들진 않는다. 진심으로, 마음과 영혼까지 복종하게 만든다."

그렇다. 강제적 지배는 반드시 한계가 있기 마련이다. 완벽한 지배는 지배를 당하는 자들이 당하는 줄도 모르게, 즉 자발적으로 복종하되 그게 복종인 줄도 모르게 하는 것이다.

셋째, 이런 면에서 우리는 '나부터' 성찰하여 우리 스스로 노예적인 사고와 행동을 하는 건 아닌지, 진정으로 내 내면이 느끼는 것이 무엇인지 등을 물어야 한다. 나아가 민초들이 스스로 권력을 되찾고 참된 자유와 평화를 누리기 위해서는 '민주주의를 위한 대행진'을 시작해야 한다.

독일 나치의 강제노동수용소에 3년간 갇혔다가 간신히 살아남아 '로고테라피(의미 치료)'를 창시한 빅토르 프랑클(Viktor Emil Frankl)은 말한다. "나는 분명히 기억한다. 언제 죽을지 모르는 처참한 상황 속에서도 곁에 있는 사람들을 격려하던 사람들을. 또한 마지막 남은 빵 한 조각이라도 나눠 먹으려던 이들을. 그들은 소수였지만, 어느 누구도 사람이 가질 수 있는 최후의 자유인 정신적 자유를 뺏을 수 없음을 증명하는 데는 충분했다. 즉, 사람은 아무리 극한 상황에 처해도 어떤 태도를 취할지 나름 내면의 자유를 행사할 수 있다." 아무리 절망적인 조건 속에서도 우리가 본연의 인간성을 간직한 채 삶의 의미나 가치를 발견할 수 있다면, 우리는 끝내 살아남을 힘이나 근거를 갖게 된다.

그렇다. 오웰 식의 《1984》와 같은 전 방위 감시 사회, 또는 나치 식의 전체주의 폭력 사회를 종식시키기 위해서는 풀뿌리 민초들이 냉소와 무관심을 딛고 주체적이고 능동적으로 일어나 민주주의를 바로 세워야 한다. 현재 우리 상황이 아무리 열악해도 일제 치하나 나치 치하, 군사 독재 시절보다야 낫지 않은가!

선거는 그런 의미에서 매우 중요한 과정일 수 있다. 하지만 단순히 선거에서 누가 다수당이 되느냐 하는 것에 그쳐선 안 된다. 중요한 것은 꾸준히 더 나은 민주주의를 향한 행진을 계속해야 한다는 점이다. 그래서 말한다. "친구야, 문제는 민주주의야!"

탈정치화와
소비주의에
빠진
언론의 현실

'땡- 전-' 뉴스로 유명하던 1980년대 초 군사독재 시절, 대학 선배들로부터 들은 이야기 중 하나는 "요즘 신문이나 방송에 나오는 내용을 거꾸로 해석하면 진실이 된다"는 것이었다.

"좌경, 폭력 대학생이 문제"라는 뉴스에 대해서는 "대학생이 사회정의와 민주주의를 위해 순수한 투쟁을 하는 중"이라 해석하면 되고, "정부가 조국 통일을 위해 노력"한다고 보도되면 그것은 "정부는 진심으로 통일을 원하는 것이 아니"라는 말이나 다름없다는 식이었다.

그 뒤 30년이 지난 지금도 나는, 그때 그런 역설적 해석이 별로 틀리지

우울한 노예가 아닌 행복한 주인으로 거듭나기

않았다고 느낀다. 최소한 군사독재 시절에는 그랬다. 그런데 이른바 문민정부 이후에는 1988년 5월의 한겨레신문 창간, 1990년대 초의 KBS와 MBC 파업 등 언론 민주화 운동에 힘입어 상당한 변화가 있었다. 물론 아직도 그 '반대 해석'이 맞는 경우도 있지만 말이다.

한편 2012년에는 MBC와 KBS, 그리고 YTN과 연합뉴스 등 주요 공영 언론 기관에서 파업 투쟁의 열기가 높았다. 핵심 이슈는 낙하산 사장 퇴진과 공정 방송 쟁취였다.

MBC 파업은 무려 170일을 넘겼고, KBS 파업도 94일에 이르러 획기적 성과 없이 종료됐다. 《부산일보》나 《국민일보》도 이미 2011년부터 사주 권력으로부터 독립된 언론을 쟁취하고자 싸웠지만 결국은 역부족이었다. 자본과 권력이 한 몸으로 언론을 장악했기 때문이다. 그리고 바로 이 쓰라린 패배의 결과가 오늘날 '언론의 죽음'이라는 현실로 나타난다.

물론 일부 프로그램들이 '뼈 있는' 내용을 다루거나 사회의 다양화를 위해 노력하기도 한다. 하지만 대체로 탈정치화와 소비주의를 부채질하는 상업주의나 이미지 정치, 광고의 횡포가 전면화하고 만 것이 오늘날 우리 언론의 현실이다.

한편 1970~1980년대의 군사 독재 시절과 마찬가지로 변하지 않은 부분도 있다. 이른바 '낙하산 사장' 문제나 그에 연결된 '방송의 공정성' 문제가 바로 그것이다. 특히 국정원 댓글 개입이 확실히 드러난 2012년 말의 대선 과정이나 결과, 그리고 그 이후 지금까지 종편(종합편성채널)을 비롯한 언론의 모습을 보면 "더 이상 방송이나 뉴스는 보고 싶지 않다"는 생각만 들

뿐이다. 이것이 비단 나만의 느낌일까?

물론 JTBC의 손석희의 〈뉴스9〉만큼은 좀 다르다는 인상을 준다. 때로는 저녁 9시가 기다려지기도 한다. 하지만 그 프로그램 하나가 다른 모든 부분을 상쇄할 순 없다. 게다가 이미 〈뉴스9〉의 손석희 씨는 물론 CBS 라디오 〈뉴스쇼〉의 김현정 씨도 방송통신심의위원회로부터 징계를 받게 된 지경이 아닌가. 이런 점에서 최근 사회·정치적 상황을 '파쇼화'가 진행되는 것이 아닌가 하고 우려하는 이들도 있다.

이미 언론이 제4의 권력인 이상, 대부분의 정치가들은 언론이 자신의 권력을 유지하고 확장하는 데 도움이 되기를 바란다. 풀뿌리 민초들의 각성과 비판을 싫어하고, 비교적 공정한 방송 프로그램을 탄압하는 까닭이다.

그래서 저들은 공정하고 독립적인 인사 정책이 아니라 '최측근 인사'를 실시한다. 대부분의 경영학이나 행정학에서 '합리적' 인사 정책을 누구이 강조함에도 불구하고 현실은 '불합리' 투성이로 흐르는 배경이기도 하다.

게다가 보도와 프로그램의 공공성과 공정성을 감독하는 독립적인 기구가 거의 존재하지 않는다. 각 언론 기관의 이사회나 방송문화진흥회 이사회는 독일 ARD의 방송평의회, 영국 BBC의 트러스트, 일본 NHK의 경영위원회 등과 달리 여당 정치가들이나 대통령의 입김이 지나치게 작용해서 방송의 공정성을 담보하기 어렵다. 방송통신심의위원회 역시 마찬가지다.

그리하여 방송이나 뉴스를 아무리 눈이 빠지게 보고 들어도 우리가 알고 싶은 내용들, 예컨대 MB와 연관된 'BBK 사건'이나 이미 몇 해째 계속되는 제주 강정마을 사태, 해군의 천안함 침몰 사태, 진보당 이석기 사태, 국정원 선거 개입 사태 등과 관련해 '삶의 진실'을 찾는 우리의 목마름을 풀어줄 진실한 보도가 나오지 않는 것은 바로 이런 구조적 문제가 있기 때문이다.

그래서 이제는 단순히 뉴스를 '거꾸로 해석'한다고 진실이 파악되지 않는다. 자본과 권력의 진실 왜곡 수법이 매우 고도화됐기 때문이다.

사실 '권력 욕망'이란 좌우를 막론하고 거세게 작동한다. 또 온갖 부정부패로 만신창이가 되어 종종 언론을 장식하는 권력자들은 스스로 부패했으면서도 스스로 깨끗하다고 말한다. 이런 권력과 부패에 대한 한 대응책은, "방송사 수장은 외압에 맞서 방송의 독립과 공정성을 지키고 국민의 신뢰를 얻는 데 최우선의 가치를 두어야 한다"는 전 BBC 사장 그렉 다이크(Greg Dyke)의 말처럼 공정성과 독립성을 달성하기 위한 내부 감시 장치다. 이 내부 감시 장치야말로 언론 민주화를 위한 중대한 첫걸음이다. 낙하산 인사 퇴진과 공정 방송 쟁취 투쟁에 나도 힘을 보태고 싶은 까닭이다.

하지만 언론 민주화의 최종 단계는 역시 우리 자신의 '진실 투쟁'이다. 세상이 강요하는 상업주의나 개인주의 물결에 맞서 진실하고 민주적인 공동체를 위한 운동, 삶의 진실을 향한 투쟁을 계속해야 한다.

내가 주변에서 보고 듣고 체험하는 문제와 모순을 온·오프라인에서 널리 알리고 비리나 부정을 고발하며 진실을 찾는 운동이 절실하다. 다만 그 과정에서 자본과 권력과 싸우다 자기도 모르게 그들을 닮아가는 우는 범하지 않았으면 좋겠다. 체 게바라처럼 "사랑으로 충만한 진정한 혁명가" 자체가 되긴 어렵다 할지라도 그의 삶을 성실히 닮고자 하는 사람들이 수없이 많이 생겼으면 좋겠다.

쥐의
탈을 쓴
고양이는
뽑지 말자

나는 선거철만 되면 "모든 국민은 투표하는 순간에만 주인이지 투표가 끝나자마자 다시 노예가 된다"는 루소의 명언을 되새긴다. 또, 이와 더불어 소박한 독립 영화 하나를 떠올린다. 꽤 오래 전 서울의 한 독립 영화제에서 본 것인데, 그 제목은 〈마우스콘신〉이다.

쥐들의 마을에 선거가 있다. 이런저런 공약이 난무하고 마침내 대표를 뽑는다. 우습게도 고양이가 선출된다. 쥐들은 4년 내지 5년 동안 이리 시달리고 저리 시달린다. 심지어 꼬리가 잘리거나 통째로 잡아먹히기도 한다.

그렇게 몇 년이 지나 또 선거를 한다. 어이없게도 지난번엔 검은 고양이,

우울한 노예가 아닌 행복한 주인으로 거듭나기

이번엔 흰 고양이가 뽑힌다. 설마, 했는데 역시다. 또 쥐들은 고양이에게 시달린다. 겉으로는 좀 나은 듯 하지만 실상에서는 더 가혹하다. 고양이들이 쥐를 지배하는 노하우가 쌓인 까닭이다.

그리고 고통의 수년이 지나 다시 선거철이 온다. 아이쿠, 이번엔 얼룩 고양이가 뽑힌다. 처음엔 쥐들의 목소리를 듣는 척하더니 갈수록 목을 더 죈다. 이리 뜯기고 저리 뜯긴다. 그리고 또 고통의 시간이 한참 흐른 뒤 새 선거철이 온다.

놀랍게도 이제는 쥐 한 마리가 용감하게 일어난다. "쥐 여러분, 이제는 절대 고양이를 우리 대표로 뽑지 말고 우리 스스로가 나섭시다!" 이 외침에 수많은 쥐들이 환호성을 지르며 영화는 쥐 죽은 듯 조용히 끝난다. 짧지만 큰 울림을 주는 감동적인 영화였다.

지금 또다시 이 영화를 떠올리는 까닭은 우리가 바로 〈마우스콘신〉의 쥐처럼 살아온 게 아닌가 하기 때문이다. 이제는 달라져야 한다. 고양이가 아닌 쥐, 풀뿌리 민초가 스스로 삶의 주인으로 나서야 한다. 모두가 주인이 되는 풀뿌리 민주주의가 당장 불가능하다면 최소한 고양이가 아닌 쥐를 대표로 뽑아야 한다.

이런 점에서 과연 풀뿌리 민주주의를 가능하게 할 참된 쥐는 있는가? 하고 묻고 싶다. 너도 나도 그런 쥐라고 나선다면 어떤 기준으로 가려내야 할까? 행여 '쥐의 탈을 쓴 고양이'는 없을까? 나의 삶은 물론 우리 아이들의 삶을 좀 더 행복하게 만들 일꾼은 진정 어떤 쥐일까?

내가 생각하는 기준은 이렇다. 첫째, 국가보안법을 철폐해 헌법에 보장된 사상의 자유를 실현할 쥐다. 둘째, 미국 등 강대국의 눈치를 보지 않는 쥐다. 셋째, 원자력이나 핵을 당장 폐기할 의지를 가진 쥐다. 넷째, 유기농 농민을 우대하고 노동

3권을 보장하며 노동시간 단축을 통한 일자리 나누기를 하겠다는 쥐다. 다섯째, 남녀아이들이 평등하고 행복한 교육을 받은 뒤 정말 하고픈 일을 하면서도 생계 걱정 않게 만들 쥐다. 여섯째, 부동산 투기, 금융 투기, 반민중적 철거나 국토 파괴를 금지하고 경제와 경영을 보다 인간적이고 생태적인 방향으로 혁신하겠다는 쥐다. 일곱째, 온 마을 사람들이 주체가 되어 자율적인 공동체를 만들도록 적극 지원함으로써 장기적으로는 더 이상 중앙 권력체가 필요 없는 세상을 만들겠다는 쥐다. 요컨대 '돈의 경영'이 아닌 '삶의 경영'을 할 쥐라면 주저 없이 그 쥐를 뽑겠다.

그러나 눈앞의 현실은 참 척박하다. 민주진보 진영조차 돈과 권력에 눈이 어두워 근본적인 변화를 만들어내는 데 힘을 모으지 못하는 형국이다. 각자 자신이 최고이자 최선이라 믿기에 잘 뭉치지 못한다.

그러나 〈마우스콘신〉의 어리석음을 반복하지 않으려면 반드시 '대동단결'해야 한다. 꼭 하나의 조직 속에 통합이 되지 않더라도 우선 '쥐의 탈을 쓴 고양이'는 막아내도록 힘을 합쳐야 한다. 느슨한 연대, 유연한 연대면 어떠랴? 그런 다음 겸손한 자세로 역할 분담을 하면 된다. 각 조직의 한계를 인정하고 그 한계 너머를 담당할 다른 조직에 마음을 열자. 빨리 가려면 혼자서 가고, 멀리 가려면 더불어 가라는 말도 있지 않은가.

더 나은 세상을 만드는 데 최대 장애물은 민주 진영 내부의 분열, 모래알처럼 흩어진 사람들의 무관심과 냉소, 총체적 사회 변화에 대한 포기와 절망이다.

민초들이여, 짓밟혀도 또 일어서는 풀처럼 다시 일어나자. 우리 행복을 위해, 고양이, 특히 '쥐의 탈을 쓴 고양이'는 절대 뽑지 말자. 선거 뒤에도 우울한 노예가 아닌 행복한 주인으로 신나는 축제를 벌일 수 있도록 말이다.

자아 배신의
투표 행위,
무엇 때문인가

한때 노무현 전 대통령이 남긴 기록이나 말이 여럿 공개된 적이 있다. 그 중에 "제왕적 대통령제는 청산해야 할 유신 잔재"라는 표현이 유난히 눈에 띈다. "대통령이 당을 장악하고 의회 의원들의 투표행위까지 장악하는 게 문제"란 것이다.

요지는 대통령의 권력 집중을 민주적으로 분산해야 옳다는 말이다. 물론 국회나 다른 정당들, 나아가 온 사회가 그런 민주의식을 공유하지 않은 상태에서 혼자만 너무 앞서 나가다 보니 결국은 부메랑이 된 칼에 당하고 말았던 점은 몹시 안타깝다.

나는 민주주의라면 당연히 그렇게 권력이 분산되어야 한다고 본다. 헌법에 나온 대로 "모든 권력은 국민으로부터 나오"기에 그것을 대변한다고 하면서도 실은 밀실에 모여 제왕적 권력자에 집중해서는 안 된다. 늘 국민의 편에 서야 한다. 그것이 민주주의다.

그리고 이런 원리는 대통령만이 아니라 각 장관, 대법원장, 검찰총장, 경찰서장, 도지사, 시장, 군수, 나아가 각 재벌 회장, 각 회사의 사장, 심지어 대학 총장이나 학장 등 최고위층으로 분류되는 모든 자리에 다 적용되어야 한다. 심지어 초 · 중 · 고등 각 학교의 교장, 교감은 물론 각 교실의 담임 선생님, 교수조차 일종의 '작은 왕'으로 군림하는 경우가 많지 않은가. 그래서는 안 된다. 입헌군주제 시대가 아니라 민주공화국 시대이기 때문이다.

그런데 다른 한편으로 나는 위 표현, "제왕적 대통령제는 청산해야 할 유신 잔재"란 말을 좀 다른 각도에서 보고 싶다. 그것은 제왕이 된 대통령도 문제지만, 대통령을 제왕으로 모시는 주변 사람들도 문제라는 생각 때문이다. 즉, 우리 사회의 일반 의식이, 누군가 높은 사람만 되면 한 권력하는 것이니, 내가 바로 그 자리에 오르지 않더라도 그 주변에만 잘 붙으면 나도 한 가닥 해먹을 수 있다는 생각에 머물러 있기 때문이다. "한국 사회는 줄을 잘 서야 된다"는 말도 비단 군대만이 아니라 온 사회에서 제왕적 권력을 휘두르는 자의 주변에 붙어야 생존이 보장된다는 말이 아닌가.

오죽하면 초등학교 동문이 사법고시에 합격만 해도 "○○학교 제○회 졸업생 사법고시 합격"이라는 현수막이 온 동네에 자랑스럽게 붙겠는가. 그이가 판검사가 되면 나도 언젠가는 덕을 볼 것이라는 막연한 생각이 깔려 있는 것이다.

정당 정치를 한다지만 이념과 철학에 따라 자유롭게 모이는 풍토가 아니다. 오로지 한 권력 잡을 수 있는가 하는 점을 기준 삼아 제왕적 권력을 가진 사람 주변에 모였다 흩어졌다 하는 철새들이 너무도 많다.

기업도 마찬가지다. 정리해고 당하지 않으려면 칼자루를 쥔 사람 주변에서 아부를 잘해야 한다. 정치건 경제건 온 사회에서 그렇게 권력자 주변에 줄을 잘 서는 것이 생존을 결정하는 문제처럼 되어버렸다. 이게 우리의 솔직한 현실이다.

나는 이런 풍토가 2012년 말의 제18대 대선 결과를 읽는 하나의 열쇠라고 본다. 말하자면 이렇다. 부자들은 확실히 부자다운 계급의식을 가졌다. 부자들의 공통된 이익을 지키기 위해 그들은 부자 옹호 정당에 거침없이 투표한다. 이른바 '계급 투표'를 하는 셈이다.

그런데 부자가 아닌 이들은 어떤가? 이들은 부자가 아닌 중산층이나 노동계급을 지지하는 정당에 투표를 하는가? 아니면 이들도 대부분 부자 정당에 투표하는가?

그렇다. 결과를 보더라도 중산층이나 노동계급에 속하는 (또는 속할) 사람들도 대부분 부자 정당에 표를 던졌다. 한마디로 "계급 배반적인" 투표 행위를 한 것이다. 그리고 이 부분은 '새 정치'를 한다고 잘 바뀌지 않을 것이다.

예를 들면, 5060세대 중 대부분은 "경제가 어려워지고 안보가 불안해지면 안 된다. 대기업을 불안하게 하는 민주주의나 복지 위주로 가선 안 된다"

는 생각으로 부자 정당에 표를 던졌다.

그렇다면 2040세대는 어떤가? 이들 역시 크게 보면 "일자리와 민생을 걱정하는 정당, 힘 있는 정당"이라는 논리에 넘어갔다. 나이나 지역에 무관하게 '민주주의가 밥 먹여 주나?'라는 생각이 컸던 셈이다.

그런데 언론인 고종석 씨가 지적한 바 있듯, 투표 직후의 출구조사 결과와 실제 개표 결과가 달랐던 이유 중 하나가 "박근혜를 찍은 이들도 양심은 있어서 (박근혜를 찍었다고 하면) 욕을 먹을까봐 문재인을 찍었다고 거짓말을 한" 탓도 있을 것이다.

그렇다. 우리는 양심을 속인다. 진정한 우리의 느낌을 속인다. 그래야 생존할 것 같으니까. 그렇게 양심을 속이면서 우리가 하는 것은 '강자와의 동일시'다. 돈과 권력을 가진 강자 편에 붙으면 뭔가 살아남을 확률이 높아질 것 같다는 착각 탓이다.

이른바 '안철수 현상'조차 결국은 새로운 강자를 찾으려는 몸부림이 아닐까? 그 과정에서 우리의 정서는 참된 자신의 느낌과 감정, 생각을 잃고 강자로부터 주입된 것을 마치 자기 것처럼 수용한다. 나는 이것을 '정서적 프롤레타리아화' 또는 '정서적 사막화' 현상이라 부른다. 그리고 바로 이것이 계급 배반적인 투표 행위의 근본 뿌리가 아닐까 한다.

앞으로 새로운 정치를 하고자 하는 사람들, 새롭게 운동을 하려는 사람들, 참된 변화를 일구고자 하는 이들은 바로 이 문제를 제대로 극복할 방법을 대중적으로 찾아내야 한다. 이것이 우리 미래를 희망으로 이끄느냐, 아니면 계속 절망으로 내모느냐 하는 데 있어 일종의 시금석이 될 것이다.

우울한 노예가 아닌 행복한 주인으로 거듭나기

친구야,
문제는
민주주의야!

인터넷 농담 중에 이런 것이 있다.

아버지가 아들에게 말한다. "넌 내가 말해 주는 여자랑 결혼하거라." 아들이 대답한다. "싫어요." 아버지가 말한다. "그 여자는 빌 게이츠의 딸이란다." 그러자 아들이 답한다. "그럼 좋아요."

바로 그 아버지가 빌 게이츠를 찾아가 말한다. "당신 딸과 내 아들을 결혼시킵시다." 빌 게이츠가 말한다. "안 돼요!" 이에 아버지가 말한다. "내 아들은 월드뱅크의 CEO요!" 그러자 빌 게이츠가 답한다. "그럼 좋아요!"

이제 아버지는 월드뱅크 회장을 찾아가 말한다. "내 아들을 월드뱅크 CEO로 임명해주오." 황당하게 여긴 회장이 말한다. "그럴 순 없지요!" 이에 아버지가 말한다. "내 아들은 빌 게이츠의 사위요!" 이에 회장이 반색하며 답한다. "그럼, 좋지요!"

이런 내용이 이른바 '발상의 전환'이란 이름 아래 세상에 통용되는 모양이다. 물론 이런 게 발상의 전환이긴 하다. 얼핏 보면 말도 안 되는 소리를 과감한 발상의 전환을 통해 이뤄내는 기발함! 이것이 세상을 바꿀 수 있다고 말하는 듯하다.

하지만 이를 좀 다른 각도에서 보면 두 가지 문제가 있다.

첫째는, 이런 발상의 전환조차 결국은 돈과 권력을 향한 욕망을 좇고 있다는 점이다. 지난 수십 년 간 우리 자신이 직접 체험을 통해 느끼듯, 사람들이 오로지 돈과 권력을 향해 발상의 전환을 할수록 세상은 더 험악해진다. 사실 위 에피소드야 가상현실이긴 하지만 그와 엇비슷하게 성공하는 경우도 많다. 하지만 그런 성공에 이르는 자는 극소수에 불과하지 않던가? 게다가 그런 돈과 권력의 자리를 유지하기 위해 거짓과 사기로 얼마나 많은 타자를 괴롭혀야 하는가? 심지어 자신마저 괴롭혀야 한다. 진심이나 본심, 양심이나 본성을 부단히 속여야 하기 때문이다.

둘째는, 저런 발상의 전환이 사실은 속임수에 불과함에도 성공하는 까닭은 사람들이 모래알처럼 흩어져 있기 때문이다. 만약 아버지와 빌 게이츠, 월드뱅크 회장이 모여 있고 서로 소통이 잘 된다면 그런 거짓말이 통할 리 없다. 사람들이 불통의 상태에 있거나 고립되어 있을 때에만 저 사기가 통한다. 아버지는 자신의 의도를 관철시키기 위해 가짜 전제를 만들고 그 가짜 전제를 현실화하기 위해 또 다른 거짓말을 한다. 그것이 현실적으로 완성될 수 있었던 것은 빌 게이츠와 월드뱅크 회장, 심지어 아들마저 진실 여부의 확인과는 무관하게 돈과 권력을 향한 탐욕으로 충만해 있었기 때문이다. 더 심각한 것은 아들이 빌 게이츠의 딸과 만난 적도 없는데 오로지 빌 게이츠라는 이유 때

우울한 노예가 아닌 행복한 주인으로 거듭나기

문에 결혼을 하겠다고 하는 점이다. 한쪽에서 속는 당사자가 다른 편에서 타자를 속이는 원천이 된다는 점, 이것이 저런 '발상의 전환'을 성공으로 이끄는 비밀이다. 즉, 서로 속고 속이는 것이 가능할 때만 돈과 권력에 대한 탐욕이 실현된다. 요컨대 참된 민주주의 아래서는 사기나 거짓말이 불가능하다. 정직과 진실이 통하는 사회를 위해서라도 민주주의와 수평적 소통이 필수적임을 알 수 있다.

초등학생 반장 선거조차 부정이 있는 모양이다. 2013년 9월 말, 전라남도 선거관리위원회 주최의 '어린이 공명선거 연극 한마당'이란 행사가 열렸다. 참가팀 중 광양제철남초등학교 '꾸러기 팀'은 떡볶이로 친구들의 표를 사고, 상대 후보 측을 협박하고 폭행하는 등 선거에 이기기 위해 아주 잘못된 행동을 한 사례를 발표했다. 어른들의 모습을 정직하게 표현했다. 더욱 돋보인 점은 바로 그 잘못된 행동을 한 후보가 마침내 자신의 잘못을 깨닫고 뉘우쳐가는 과정까지 잘 표현해 낸 점이었다.

2013년 12월엔 한국기독교장로회가 주최한 시국기도회가 열렸는데, 이 자리에서 어느 목사는 "초등학교 반장 선거에서도 당선된 뒤 누군가 한 명이 '너 눈깔사탕 사주는 것 봤다'고 하면 반장 사퇴를 선언한다"고 말했다. 그렇다. 초등학생조차도 부정한 방식으로 당선된 것이 들키면 수치심을 느낀다.

그런데 만일 한 나라의 대통령 선거가 공권력이 체계적으로 개입했다면?

부끄러운 일이다. 이미 부당 선거 개입 사실이 세계 언론에 드러나는 바람에 이 나라 국민이라는 사실이 부끄럽고, 부정 선거가 있었음에도 '아니라'고 억지를 쓰며 부정하는 세력들이 있다는 사실 자체도 부끄럽다. 그런 소리를 듣고도 못 들은 척 하는 본인은 부끄럽지 않은가?

철학자 강신주 씨가 한 칼럼에서 노숙자들이 수치심을 모르는 것이 아니냐고 지적했다가 비판을 받기도 했는데, 대통령이 수치심을 모르면 진짜 큰일이 아닌가? 물론 개인의 문제가 아니라 그를 둘러싼 집단이 문제일 것이다.

아마도 2012년 말의 '대선 부정' 사태는 현 18대 대통령 임기가 끝나는 2018년 초까지 계속될지 모른다. 국정원이나 사이버사령부, 보훈처의 조직적 부정이 있었다는 사실 자체는 이미 검찰 조사에서 나왔다. 2012년 12월 선거 직전에 국정원 여직원이 부정행위를 하다가 발각되었을 당시부터 사태는 심상찮았다. 하지만 당국은 철저히 부정과 부인으로 일관했다. 부정행위 의혹이 있어 찾아간 사람들에게 문을 열어주지 않고서는 오히려 "감금당했다"고 거짓말을 했다. 감금이라면 문이 밖으로 잠겨야 하는데, 자기가 안에서 잠근 상태에서 감금당했다고 하니, 전형적인 '적반하장'이었다. 개인적 행동이 아니었다. 조직의 지시를 받은 행위였다. 그렇게 거짓말이 거짓말을 낳고 또 다른 거짓을 잉태하는 사태가 발생했다. 그러다가 어느 순간에 역공을 가한다. 빨갱이나 종북 세력의 음모라는 식이다. 특히 문제 제기를 강하게 한 야당 후보에게 "대권에 눈이 멀었다"거나 "반장선거에서 떨어져 불평하는 초등학생 같다. (…) 대한민국을 부정하고 북한을 찬양하는 종북 세력에 단호히 대처하는 것을 두고 '종북몰이 증오 정치'라고 폄하한다"며 역공을 가했다.

　　바로 이 지점에서 나는 2005년부터 2010년까지 내가 마을 이장으로서 직접 경험한 세종시 조치원 신안리 고층 아파트 문제를 떠올린다. 논과 밭, 과수원이던 땅을 행정수도 건설 바람을 타고 수도권 건설회사가 몰려들면서 토지용도 변경을 불법으로 한 사건이다. 토지용도를 고층 아파트 건설이 가능하도록 허위 민원서를 만든 것이 사태의 핵심이다. 당시 이장이 건설업자 및 공무원과의 모종의 협력 아래 주민들 도장 7개를 도용해 사문서 위조를 한 것이다. 그 가짜 서류를 당시 군청에서 내가 직접 찾아냈다. 그 허위 민원서를 만든 장본인은 검찰에 고발되었고 (솜방망이 처벌이지만) 벌금형을 받았다.

　　그렇다면 토지용도 변경이 불법임이 증명된 것이니 그에 토대한 아파트 건설 사업 자체가 불가한 것이 상식이다. 주민들은 3년 이상 군청과 도청을 오가며, 또 조치원 읍내를 시가행진하며 널리 사태의 심각성을 알리며 격렬히 저항했다. KBS, MBS, TJB 등 텔레비전 방송에서도 지대한 관심을 가져주었고 지역사회에 많이 알려졌다. 그런데도 행정당국과 사법당국은 허위 민원서는 허위 민원서이고 토지용도변경은 토지용도변경이라는 식으로 주장했고 관철했다. 물론 당시 도지사는 사태의 진실을 간파하고 담당 건설교통국장에게 "아파트촌이 아니라 대학촌으로 개발하는 것이 옳다는 공문을 군수에게 보내라"고 주민들 앞에서 직접 지시까지 했지만 그 이하 공무원들은 복지부동이었다.

　　그렇게 시간이 흘러 2006년 지자체 선거에서 다른 도지사가 등장하자마자 취임 1주일 만에 아파트 사업 승인을 내주고 말았다. 고층 아파트 건설이 허위 민원서와는 아무 상관없다는 뜻이었다. 상식과 진실이 쓰레기통 속으로 내동댕이쳐진 것이나 다름없었다. 기가 막힐 일이다. 하기야 검사가 건설회사의 법인카드를 자기 멋대로 쓰다가 걸리질 않나, 심지어 최고 권력자 중 일인인 국정원장마저 건설회사로부터 수차례에 걸쳐 뇌물을 받았을 정도이니 더이상 무엇을 말하랴?

이런 식으로 오늘날 한국 사회는 총체적 부정부패로 얼룩져 있다. 게다가 설사 그것이 들통 나더라도 저들은 진실을 부정하며 시민적 저항도 공권력으로 무시하거나 이상한 사건을 터뜨리거나 억지로 부각시켜 사람들의 관심을 돌리기도 한다. 마키아벨리 식의 권력 유지를 위해 조작과 억지가 일상화한다.

최근에 '비정상의 정상화'란 말이 최고 권력자의 입에서 자주 오르내리지만, 비정상적인 상태를 정상으로 고친다는 의미인지 아니면 비정상적인 상태를 마치 정상인 것처럼 우기겠다는 뜻인지 잘 알 수가 없을 지경이다. 지금까지의 내 경험과 판단에 따르면 권력자들은 비정상적인 상태를 건강하게 고쳐서 정상으로 만들기보다 비정상적인 상태를 억지로 우겨서 정상인 것처럼 받아들이게 만드는 일을 하는 경향이 있다. 요컨대 정상의 비정상화요, 비정상의 정상화가 사태의 본질이다. 진실이 거짓이 되고 거짓이 진실이 되는, 뭔가 전도된 현실인 셈이다.

바로 여기서 다시 한 번 '경세제민(經世濟民)'이란 말을 생각한다. 세상을 잘 다스려 백성을 구제한다. 경세제민의 줄임말이 경제(經濟)라고 하지만, 그 내용은 사실상 정치다. 결국 정치의 핵심은 백성들의 살림살이를 돌보는 것이다. 경제 민주주의를 구현하는 일이야말로 정치의 핵심이란 뜻이다. 이런 면에서 온 백성이 별 걱정 없이 살 수 있게 보살피는 일, 바로 이것이 바른 정치다.

최근에 사회적 관심이 부쩍 높아진 아이디어들, 예컨대 복지사회, 기본소득, 공동체 회복 등도 바로 이런 의미에서 그저 '립 서비스'로 넘어갈 일이 아니다. 지금부터라도 진지하고 왕성하게 토론을 하고 대화를 나누는 가운데 현실로 만들 궁리를 해야 한다는 말이다. 그런 의지와 역량이 없는 자는 국민이 위임한 정치권력의 자리로부터 조용히 내려와야 한다. "모든 권력은 국민으로부터 나온다"란 말은 "국민을 위한 정치를 하지 못하는 자는 즉각 권력을 내놓아야 한다"는 것과 바꾸어 쓸 수 있기 때문이다. 아직도 경제를 돈벌이라 보는 이들에게 말한다. "바보야, 경제는 결국 민주주의야!"

8장

자연도
공짜는
아니다

원전을
청와대 옆에
짓는다면?

　　"그냥 이대로만 살게 해다오"라고 외치는 밀양 등 시골 어른들의 아우성에도 불구하고, 전국에서 수많은 시민들이 비폭력 불복종 저항운동을 전개하고 있음에도 불구하고 한전은 경찰 폭력을 동반하면서까지 송전선 공사를 강행한다. 70~80대 노인들이 목숨을 걸어가면서까지 원하는 것은 "있는 그대로" 살게 해달라는 것이지 결코 토지 보상 몇푼 더 받겠다는 것이 아니다. 이 어르신들은 자본주의적으로 약아빠진 우리들과는 달리 돈보다 중요한 것이 땅임을 알고, 교환가치보다 중요한 것이 사용가치임을 몸으로 느낀다.

게다가 지금의 전력 공급 구조는 시골 해안 변에서 생산해 서울로, 수도권으로, 대도시로 공급하는 구조다. 지방과 지역의 희생 아래 서울 등 도시가 혜택을 보는 불평등 구조다. 또 원전에서 공사 노동을 담당하거나 원전 사고가 났을 때 투입되는 인력들은 죄다 비정규직 노동자들로, 그들은 자신의 건강과 목숨, 즉 생명을 돈 몇 푼과 맞바꾸고 있다. 이런 식으로 노예제나 봉건제가 오늘날 자본주의적으로 재현되고 있는 셈이다.

그래서 이런 상상을 해본다. 만약 원전을 청와대 옆이나 서울 강남 한가운데 짓는다면 어떻게 될까? 한수원이나 원자력재단이 매년 수억 원을 들여 홍보하듯 그렇게도 원전이 안전하고 깨끗하다면 아무 문제가 없지 않을까? 그러면 지금의 밀양 사태 같은 불미스런 일도 발생하지 않을 것이다. 설마 대통령이 기겁을 하며 뛰쳐나오고, 강남 주민들이 비명을 지르며 저항을 해도 과연 한전이나 한수원 측이 지금 밀양에서 벌어지고 있는 것처럼 막가파식 공사를 강행할까?

서글픈 소식은 또 있다. 지금 전개되고 있는 '원자력 공화국' 대한민국의 현실은 결국 '원자력 마피아'들이 만들어낸 괴물에 불과하다는 사실이다. 원전 1기 건설에 대략 10조 원 내외의 돈이 든다고 한다. 한 마디로 원전은 '돈 되는' 장사다. 재벌 건설사와 행정 당국, 공무원, 국회의원, 사법계, 그리고 이를 그럴듯한 이론이나 통계로 포장을 해주는 교수나 전문가들이 그 마피아 단원들이다. 이들에겐 결코 막스 베버 식의 '프로테스탄트 윤리'도 없다. 즉 이들은 절제와 성실로 착실히 부를 쌓아 신의 구원을 받으려는 자들이 아니라, 탐욕과 사기로 일확천금을 노리며 돈의 구원을 받으려는 자들이다.

그래서 미리 귀띔해 드린다. 원전 마피아들은 미래의 국민 소송에 대비해 철저히 증거를 만들어놓거나 아예 대한민국을 떠나는 것이 좋을지 모른다. 이미 '녹조 라떼'를 만들고 만 '4대강 사업'의 책임자들에 대해 무려 4만 명 가까운 시민들이 배임 및 직권남용 혐의로 고발장을 접수했지 않은가? 이제 다음 순서는 원전 마피아다. 그러니 미리들 알고 계시라. 만약 미래가 두렵거든 지금이라도 양심선언이나 내부고발을 통해 탐욕과 사기의 진실을 떳떳하게 밝히고 지금부터라도 두 다리 쭉 뻗고 마음 편히 주무시는 게 낫지 않을까?

2013년 10월 22일, 국민 3만 9775명이 '4대강사업국민고발인단'이란 이름으로 "단군 이래 최대의 대국민 사기"인 4대강 사업을 주도한 이명박 전 대통령 및 이만의 전 환경부 장관 등 관련 책임자들 58명을 검찰에 형사고발했다. 이들이 책임져야 할 부분은 22조 원이 넘는 불법적 예산지출로 인한 특정경제범죄가중처벌법상 배임, 건설산업기본법 위반 방조, 직권남용 등이다. 그런데 기가 막힌 일은 이렇게 단죄를 해도 모자랄 판에 이미 정부(행안부)가 4대강 사업과 관련해 무려 1000명 이상에 대해 포상 등 서훈을 했다는 사실이다. 기가 막힌다.

한편 2013년 9월 초엔, 4대강사업 설계업체인 '유신'으로부터 수천 만 원의 뇌물을 받은 혐의로 한국도로공사 장석효 사장이 구속되었고, 4대강사업 과정에서 입찰을 담합한 혐의로 구속영장을 청구받은 삼성물산, 현대건설, GS건설, SK건설 등 4개 대기업 전 · 현직 간부 여섯 명도 구속됐다. 이와 더불어 앞 4대 건설사를 포함한 15개 건설사들은 4대강사업 담합 비리 판정으로 짧게는 4개월, 길게는 15개월 동안 관급공사 입찰 참여가 금지된 바 있다. 그런데 서울행정법원은 10월 22일, GS건설, 대우건설, 코오롱글로벌, 삼환기업 등 4개 사에 대한 조달청 입찰 제한 효력을 일정 기간 집행정지하라는 결정을 내렸다. 이로써 이들 건설사들은 행정처분 취소소송이 마무리될 때까지 정부와 공기업이 발주하는 공사에 참여할 수 있게 됐다.

이것으로 우리는 대한민국 '건설 공화국'의 실체를 좀 더 알게 된다. 여론이 나빠지면 몇몇 희생양을 처단하는 것으로 여론을 잠재운 뒤, 무대 뒤에서 갖은 수단을 써서 건설 자본의 돈 잔치를 여전히 계속한다는 사실이다. 국가의 3대 주요 기관, 입법, 사법, 행정이 자본과 더불어 마피아 집단의 일원으로 남아 있는 한 정직하고 공정한 사회, 국민이 행복한 사회를 기대하긴 어렵다.

그래서 이런 '창조적인' 생각을 하게 된다. 이웃이나 후손들에게 제대로 된 본보기를 보여주기 위해서라도, (밀양 사태와 직접 연결된) 고리 원전을 청와대 옆으로 옮겨 짓고 한국의 원전을 완전히 허물어낼 때까지 전 국민이 '원전' 공화국, '부동산' 공화국, '건설' 공화국, '마피아' 공화국이라는 화두를 가지고 끝장 토론을 하는 가운데 제대로 된 '민주' 공화국을 아래로부터 새롭게 건설하자는 제안을 하면 어떨까?

나부터 세상을 바꿀 순 없을까?

'느림의 미학'이 숨 쉬는 안식처

　　전라남도 완도에서 배로 50분 정도 가면 청산도란 섬이 나온다. 2007년 슬로시티국제연맹이 아시아 최초의 '슬로시티'로 지정한 곳이다. 약 2500명이 오순도순 사는 아름다운 섬이다.

　　최근 슬로시티 축제가 열리면서 많은 사람들이 몰린다. 항구에서 마을 길을 거쳐 영화 촬영지를 지나 호젓한 바닷가 낭떠러지길에 이르기까지 형형색색 남녀노소의 발소리, 이야기 소리, 노랫소리가 가득 섬을 메운다. 사람 사는 것 같다.

　　게다가 샛노란 유채꽃, 새파란 보리밭, 꼬물꼬물 논 고동, 잔잔한 바다 물결, 꼬불꼬불 돌담길, 해맑은 꾀꼬리 소리, 이 모든 것이 축복이고 보배다. 모든 걸 서두르고 경쟁을 앞세우는 세태 속에서 스트레스에 지친 이들이 여기서 잠시라도 느긋이 삶과 세상을 성찰하면 치유가 좀 될 듯하다.

실로 우리네 세상살이는 안타깝다. 천안함 사태 뒤로 봉은사 사태나 한명숙 재판이 묻혔고, 건설사 대표가 검사들을 매수했음을 양심고백한 이후 정부는 건설자본을 살리려 5조 원짜리 대책을 발표했다.

수십 조 원이 들어간 새만금 방조제와 더불어 4대강의 신음소리도 들린다. 10대 청소년이 공부 스트레스로, 대학생들이 스펙 경쟁으로 좌절하며, 비정규직 교수들이 국회 앞에서 3년간 농성을 하는 사이 대학들은 급속히 기업화하고 있다.

친구들과 느긋한 발걸음으로 오른 청산도 언덕 위, 소박한 초가가 서 있다. 잠시 모든 걸 잊고 나지막한 돌담에 앉아 동행들과 민요와 가곡을 몇 곡 부른다. 〈서편제〉 주인공들이 남도 민요를 구성지게 부르던 바로 그곳, 우리도 북 장단에 맞춰 〈진도아리랑〉을 부르며 잠시 춤판을 벌인다. 시계를 볼 필요도 없고 다른 사람 눈치를 볼 일도 없다. 이렇게 사는 것이 원래 사람 사는 것이리라.

느린 걸음으로 걷다가 '초분(草墳)'을 본다. 설명인즉, 남해와 서해의 섬 지역에서 행해지던 장례 풍습이다. 누가 죽으면 시신을 바로 땅에 묻지 않고 이엉으로 덮었다가 몇년 뒤 뼈만 추려 묻는다. 초분을 재현한 움막 속엔 큼직한 목관이 놓여 있다.

분위기가 엄숙하고 슬프기도 했지만, 언젠가 우리도 저 속에 가야 한다는 생각에 마음이 차분해진다. 누구는 실제로 관 속에 들어가 '그 순간'의 느낌을 체험하기도 한다.

찰랑찰랑 앞바다가 차오르는 소리를 들으며 밤늦도록 우리는 '죽기 전에 꼭 하고 싶은 일' 몇 가지씩 나눈다. 낮에 보았던 그 초분 속 목관이 떠오른다. 양심껏 하고픈 일만 다 하고 살면 별 후회 없으리.

다시 완도로 나가는 배에서 청산도를 돌아본다. 자본주의 돈벌이와 효율성의 논리에 지친 사람들이 좀 쉬면서 자신을 성찰할 안식처, 느림의 미학이 있는 청산도가 영원하려면 뭔가 필요하다.

첫째, 슬로시티 행사 때만 금지한다는 자동차 유입을 1년 내내 막으면 좋겠다. 순환버스도 친환경적이면 좋겠다. 불편함과 건강함은 형제다.

둘째, 쓰레기 대책도 필요하다. 곳곳에 소각통이 있는데 냄새가 고약하다. 일회용품 사용을 금하는 것도 방법이다.

셋째, 관광객이 몰려 돈과 상품이 흘러넘치면 뜻하지 않게 고유한 풍속이나 인심이 급속도로 사라질지 모른다. 〈아마존의 눈물〉에서 보듯 편리한 교통 및 통신 수단 덕에 돈과 상품이 못 들어가는 공간이 없다. 밀물처럼 몰려드는 육지 손님을 맞이하면서도 지나친 상업화를 막을 방도는 없을지 고민해야 한다. 쉽지 않은 문제지만, 피해서 될 일도 아니다. 부디 아름다운 청산도가 느림의 미학으로 뭇사람들을 편안히 치유하는 영원한 샘이 되길 기도한다.

'완전한 잿더미'밖에
남길 것이
없는 사회

2008년 가을의 금융 대파국 이후 세계 경제는 일종의 '글로
벌 슬럼프'에 빠졌다. 간간이 정치가들이 선거시장의 소비자인 대중들을 향
해 경기가 회복된다고 과잉 선전하지만 곧 물거품이 된다.

반면에 갈수록 고갈되는 석유나 세계 농식품 자본에 의해 독점되는 곡
물 등, 생산과 생활의 필수품은 폭등한다. 요컨대 우리가 살고 있는 이 시스
템의 비용은 급증하되, 극소수 독점 대자본을 제외한 대다수 경제의 수익은
추락하는 경향이다. 한마디로, 갈수록 '늪'에 빠지는 기분이다.

따지고 보면 1929년의 세계 경제의 암세포, 대공황은 국가의 경제 개입

에 의한 소생 작전들에도 불구하고 마지막에 가서는 군수산업의 활성화와 세계 전쟁을 통한 '충격 요법'을 필요로 했다.

수백 만, 수천 만 명의 사람과 광대한 자연을 황폐화한 세계대전, 경제 부흥을 위해 사회는 물론 경제마저 영구 불능으로 빠뜨릴 뻔했던 세계대전, 바로 그 엄청난 전쟁을 종식시킨 것은 역설적으로 인류가 여태 아는 것 중 가장 파괴적인 '핵'이었다.

일찍이 폴 비릴리오(Paul Virilio)가《속도와 정치》라는 책에서 언급한 바, 속도를 둘러싼 전쟁은 최종적으로는 '완전한 평화'를 창조한다. 그것은 역설적으로 '완전 소진이라는 평화'다. 평화의 잿더미, 아무 생명의 소리도 들리지 않는 역설적 평화, 즉 완벽한 죽음이다.

비록 제2차 세계대전 이후 미국, 일본, 독일, 그리고 한국 같은 나라들이 경제 부흥을 이루면서 이제 우리는 더 이상 파국이 없을 것 같은 착각을 하고 있지만, 실은 그렇지 않다. 인종차별과 파시즘, 대량 학살, 강제 노동 수용소, 그리고 전쟁과 핵무기 등 자본주의 돈벌이 시스템과 그에 동조하는 사회 풍토가 궁극적으로 무엇을 만들어낼지 이미 역사가 다 보여주었다. 우리의 숙제는 그런 역사적 교훈을 잘 배워 진짜 인간다운 사회를 만드는 것이다.

이런 맥락에서 2011년 3월의 일본 후쿠시마 원전사태를 되새겨보면 그 모든 경제적 성과에도 불구하고 여태껏 사람들이 '헛살아 왔음'을 알 수 있다.《녹색평론》김종철 선생의 말대로, 도대체 핵으로 망했던 나라가 무슨 생각으로 50기가 넘는 원전을 만들어 "세계를 향한 테러"를 감행하는 것일까?

그러나 이건 일본에만 해당되는 게 아니다. 우리의 '위대한' 대한민국도 현재 원전이 21기나 되고 앞으로도 13기나 더 만들 계획이다. 게다가 이명박 전 대통령은 "일본 원전 사고가 생겼다고 해서 안 되겠다고 하는 것은 인류가 기술 면에서 후퇴하는 것"이라 보고, 국민적 두려움을 잠재우기 위해 "비행기가 사고율이 낮지만 치사율은 높다. 그렇다고 비행기를 타지 말아야 하는가?"라고 반문했다.

일본의 교훈을 통해 (원전 포기가 아니라) "더 안전한 원전"을 만드는 것이 대통령의 신념이었던 것이다. 하기야 후쿠시마 사태 이후 독일이 7개의 원전 가동을 중지시켰을 때, 한국 대통령은 용감하게도 아랍에미리트연합 원전 기공식에 참여할 정도였으니 이런 발언이 크게 놀랄 일은 아니다.

더욱 가관인 것은 최근 국제과학비즈니스벨트의 대전·충청권 선정과 관련해 온갖 지역주의 및 개발주의가 확대 재생산되는 가운데, 그 입지 선정에서 탈락한 다른 지역의 반발이 이어지면서 원자력 경영이 정치 저항의 수단이 된 점이다. 개인 사이의 경쟁도 모자라 지역 사이의 경쟁까지 치열하다.

일례로, 경상북도와 도의회는 항의 표시로 지역에 위치한 원자력발전소 가동 중단 및 방폐장 건설 중단을 요구키로 했다. 경북지사는 단식 투쟁에 들어갔다. 개발주의를 통한 지역 발전의 대가로 핵폐기물 처리장까지 감수하던 마당에 개발과 발전의 전망이 약해지자 핵 발전 여부를 무기로 삼는, 웃지 못할 일이 벌어진 것이다.

결국 이 모든 사태의 열쇠는 과연 우리가 인간답게 산다는 게 무엇인지 근본적으로 되묻고 중심을 회복하는 데 있다. 또 그를 위해 개인과 사회는 무얼 해야 하는지 진지하게 성찰해야 한다. 근본적 성찰이 없는 사회, 그 유산은 '완전한 잿더미'밖에 없다.

돈을 위해
삶을 희생시킨
또 하나의 오류

단군 이래 최대인 31조 원 규모의 사업, "황금알을 낳는 거위"로까지 불렸던 서울 용산 국제업무지구 개발사업, 그 무리한 철거 과정에서 다섯 명의 저항 주민("도시 게릴라")과 진압 경찰 한 명의 목숨까지 앗아간 용산참사의 트라우마를 가진 거대 재개발 프로젝트, 이것이 결국은 인공호흡기에 목숨을 연명해야 하는 지경이 되었다.

사업 시행자인 드림허브(PFV)가 초기 투자로 1조 원을 투입했으나 7년의 세월이 지난 뒤, 59억 원에 이르는 어음도 갚지 못해 디폴트(지불불능)를 선언한 것이다.

애당초 미군기지 이전 협상에서 시작한 용산 개발은, 이명박·오세훈 전 시장을 거치며 이른바 '한강 르네상스' 계획의 일환으로 확장되었다. 즉 미군기지, 용산역, 한강, 이촌동 등을 아우르는, 막대한 개발 이익을 노린 초대형 개발 프로젝트가 가동되었다.

용산 미군기지는 원래 1882년 임오군란 때 청나라 군대가 처음으로 주둔했고 일제 때는 일본군 사령부가 있던 곳이며, 해방 후엔 미군이 주둔한 곳이다. 서글픈 역사이긴 하지만 공공성이 강한 공간이었다. 바로 이 공유지에 천문학적 이윤을 노리는 자본이 권력과 결탁해 눈독을 들이기 시작하면서 거대한 사유화 프로젝트가 전개된 셈이다.

그러나 2008년 세계금융위기 이후 더욱 하강한 부동산 경기라는 변수, 특히 오세훈 시장 시절 무리하게 서부이촌동을 사업지구에 편입시킨 변수가 사업성 악화에 결정타를 날렸다.

사태가 이렇게 돌아가자 이 사업의 최대 주주이자 공기업인 코레일이 적극 나서서 2013년 3월 15일에 자구책을 발표했다. 정창영 코레일 사장이 용산 국제업무지구 29개 민간 출자사에 최후통첩을 한 내용은, 부도 사태를 극복하고 사업을 재개하려면 29개 민간 출자사가 경영권과 시공권 등을 포기하라는 것이었다.

한편 서부이촌동 통합 개발이 부도에 빠지자 피해를 입게 될 주민들은 2300여 가구에 이른다. 이를 추진했던 오세훈 전 시장은 일부 기자들에게 이메일로, "통합 개발은 주민 57.1퍼센트가 동의해 추진한 것"이라며 책임 회피성 발언을 해 여론의 원성을 샀다.

주민들은 6년 가까이 개발지구로 묶이면서 재산권 행사를 못했다. 서울시가 입주권을 노린 투기를 막기 위해 2007년 8월 이후 부동산 매매를 막았기 때문이다. 상당수 주민들은 차후의 개발 이익에 기대를 걸었다.

하지만 우편집중국, 철도기지창 등이 개발로 인해 떠나면서 점점 상권이 죽었고, 그나마 기대했던 개발 사업이 6년이란 시간만 끌다가 결국 파산절차에 들어간 것이다. 그리하여 역세권 개발 기대감에 집값이 오르자 거액의 대출을 받았던 사업지 주민들이 전형적인 '하우스푸어'로 전락했다. 주택경기 침체에다 사업이 지지부진해 집값이 꺾이자 대출금을 갚지 못해 경매로 내몰린 것이다.

실제로 용산사업이 발표된 후 서부이촌동 집값은 두 배 가까이 치솟았다. 2007년 사업 발표 전 4억 5000만 원에 거래되던 전용면적 85제곱미터 아파트는 사업 발표 후 8억 3000만 원에 거래될 정도였다. 그러나 현 주민 2300가구 가운데 1250가구가 평균 3억 4000만 원 빚을 져, 경매로 넘어가기 일쑤다. 가만히 앉아서 집을 빼앗기는 꼴이다.

이제 정리를 해보자. 경제민주화의 관점에서 도대체 무엇이 문제인가?

첫째, 이 모든 사태의 기초에는 '세상에 공짜는 없다'는 근본 원리를 무시하고 부동산 거품에 기대 시세차익을 노리던 우리의 탐욕이 놓여 있다. 경제민주화가 이뤄지려면 이러한 탐욕과 거품경제는 버려야 한다.

둘째, 서울이라는 거대 도시와 한강 및 미군기지라는 공유지를 자본의 이윤 추구를 위해 사유화하려던 잘못된 발상이 공멸을 초래했다. 별 다른 철학 없이 돈과 권력을 추구하는 리더와 그에 빌붙어 떡고물을 노리던 주변 세력들(사업자와 주민들)이 있는 한, 참된 경제민주화는 요원하다. 진실로 '공공의 행복'을 추구하는 경제 철학이 절실하다.

셋째, 영화 〈두 개의 문〉에도 잘 묘사된, 철거민들의 저항을 강제 진압하고 귀한 목숨을 희생시키면서까지 전개된 재개발 사업이란 것이, 그 성공 여부와는 무관하게 결국은 살림살이 논리가 아니라 돈벌이 논리 위에 작동한 것이 문제다. 경제민주화의 관점에서 보면, 돈이란 삶을 위해 필요한 수단에 불과한데, 용산 사태의 경우 돈을 위해 삶을 희생시킨 전형적인 오류의 한 예다. 제발 이런 잘못이 세종시나 다른 혁신 도시 사례들에도 되풀이되지는 말아야 한다.

생태계는
우리 삶의
근원적 토대다

약 25년 전 독일에서 공부할 때 한 교수님으로부터 '환경(Umwelt)'이라는 말과 '생태계(Ökologie)'라는 말의 차이를 들었을 때 신선한 충격을 받은 기억이 있다. 환경은, 나 또는 사람이라는 주체가 있고 그 주변(um)을 둘러싼 세계(welt)를 말한다. 반면에 생태계라는 말은, 사람과 자연을 모두 아울러 하나의 집(Öko), 하나의 생명이라고 보는 논리(logos)다. 달리 말하면, 환경이란 말 속에는 주체와 객체가 분리되어 있지만, 생태계란 말 속에는 주체와 객체가 통일되어 있다. 이보다 더 명쾌한 설명이 어디 있을까?

사실 "만물의 영장은 사람"이라고 하지만, 사람조차 큰 자연의 일부가 아니던가? 게다가 우리 내면의 본성 역시 자연이다. 자연이라는 네이처(nature)를 영어 사전에서 찾으면 우리가 아는 자연 이전에 본성이라는 뜻이 먼저 나온다. 즉, 인간의 본성은 가장 자연스런 마음의 상태다. 억지나 폭력, 강압이나 지배가 없는 평화와 공존, 나눔과 돌봄의 상태나 기운이 곧 인간의 본성이요 생명의 본성이다.

나부터 세상을 바꿀 순 없을까?

바로 이런 관점에서 우리가 오늘날의 이른바 '환경 문제'를 살펴보면 너무나 안타까운 일들이 많고 때로는 비관적인 느낌조차 든다. 피상적인 문제의식을 가진 언론은 '환경 위기'라고 하지만, 좀 심층적인 문제의식을 가졌다면 '생태계 위기'라 해야 마땅하다. 최근엔 일본발 방사능 문제, 중국발 미세먼지에 이어, 한국발 AI(고병원성 조류독감) 문제가 연거푸 터지면서 동북아 3국이 서로 경쟁하는 것 같기도 하다. 그러면 무엇이 오늘의 생태계 위기를 불렀나?

첫째로 꼽아야 할 것은 경제성장 논리다. 경제개발 또는 경제성장이란 곧 인간 외부의 자연을 대대적으로 훼손하고서라도 오직 인간만이 잘살아 보자는 논리가 아니던가? 물론 어느 정도까지는 불가피한 면이 있다. 생존 또는 삶의 필요라는 한계 안에서라면 말이다. 농업의 경우 소농 중심으로 먹거리의 자급자족이 이뤄지고 남는 것이 있을 때 마을 장터 같은 곳에서 조금씩 직거래하는 정도는 그나마 괜찮았다. 공업의 경우도 수공업 중심으로 장인들이 가구나 옷을 만들거나 마을 사람들이 돌아가며 집을 짓던 때는 별 문제가 없었다. 재료도 모두 자연 소재였고 규모도 작았기에 자연을 크게 훼손하지 않았다. 그러나 농업이나 공업에 자본주의 원리가 침투해 그 규모가 커지고 화학제품이 나오기 시작하면서 사태는 꼬이기 시작했다.

일례로 일본의 공업화 과정에서 문제가 되었던 미나마타병을 들 수 있다. 미나마타병은 1956년에 일본 구마모토 현 미나마타 시에서 메틸수은이 포함된 조개 및 어류를 먹은 주민들이 손발이 떨리고 언어장애가 나타나는 등 집단 발병하면서 큰 화제가 되었다. 사건의 핵심은 인근 화학 공장에서 수은이 무단 방류된 일이었다. 2001년까지 45년 동안 공식적으로 무려 2265명의 환자가 확인되었다. 무서운 일이다. 비슷한 일이 1965년에 니가타 현에서도 대규모로 발생해 큰 문제가 되었다 한다. 사실 한국에서도 1988년, 당시 만 15세이던 문송면 군이 온도계 공장에서 3개월간 수은과 유기용제를 다루며 일을 하다가 수은 중독으로 사망한 적도 있다.

또 다른 예로, 이타이이타이병이 있다. 원래 '이타이'란 일본말로 '아프다'라는 뜻이다. 인체가 중금속인 카드뮴에 중독되면 칼슘이 부족해지고 뼈가 물러지면서 통증이 심하다고 한다. 일본 기후 현 가미오카에 있는 미츠이 금속광업 가미오카 광산에서 아연을 제련할 때 광석에 포함된 카드뮴을 제거하지 않고 그대로 강에 버린 것이 원인이었다. 가미오카 광산은 오래전부터 납과 아연을 채굴한 곳으로, 초기인 1920년대에도 이타이이타이병 증상이 나타났지만 막연히 풍토병 정도로 알려져 있다가, 1960~1970년대에 들어 그 인과관계가 공식적으로 확인되었다.

이 두 사례에서도 잘 드러나듯 경제성장에 중독되어 돈벌이에 매진하는 이들은 사람과 자연의 건강을 생각하지 않는다. 미나마타병이나 이타이이타이병은 모두 사람의 고통이지만, 사실은 사람의 고통 이전에 자연의 고통이 있었다. 인간의 탐욕으로 인해 강이 병들고 바다가 병든 결과 결국 사람조차 병든 것이다.

최근에 문제가 되는 일본발 원자력발전소 붕괴로 인한 방사능 피폭도 근본적으로 효율성 위주의 경제성장 논리와 맞닿아 있다. 그리고 인명 피해 이전에 땅과 지하수, 바다, 물고기, 농작물, 공기가 먼저 병든다. 중국발 미세먼

지조차 경제성장이라는 미명 아래 생태계를 생각지 않고 진행되는 산업화, 공업화 과정의 산물이 아닌가? 한국발 AI 문제 또한 (단순히 '철새가 옮겼다'는 식의 무책임한 논리로 얼버무릴 일이 아니라) 경제성장과 동일한 대량 생산 대량 소비의 논리가 빚어낸 가축의 대규모 집단 사육에서 필연적으로 발생하는 일이라 하지 않는가?

물론 여기서도 잊지 말아야 할 것은, 생태계 위기가 발생하는 경우 자본가나 정치가들은 그렇게 돈을 벌고서는 자연환경이 좋은 곳으로 떠나버리면 그만인데 보통 사람들은 그 폐해를 고스란히 껴안고 살아야 한다는 사실이다. 일을 저지른 이는 가진 자들인데 그 피해를 보는 이는 없는 자들 또는 보통 사람들이다. 이런 불의를 막기 위해서라도 처음부터 생태 파괴적인 경제가 발을 붙이지 못하도록 '깨어 있는 시민들'이 뭉쳐야 하고 눈과 귀를 열어야 한다.

둘째로 꼽을 수 있는 것은 군사전략 문제다. 원래 군대란 "국민의 생명과 재산을 지키기 위해" 존재하는 것이다. 물론 가진 자의 재산을 지킨다는 의미에서 그 자체로 이미 불평등한 현실을 온존하는 효과를 지니긴 하지만, 그래도 생명과 재산을 지킨다는 것은 중요하다. 그런데 참 이상한 일은, 군대가 외국인보다 자국민을, 나아가 군인보다 민간인을 더 많이 죽인다는 점이다. 더글러스 러미스(C. Douglas Lummis) 선생이 《녹색평론》 134호(2014년 1~2월)에 쓴 〈적극적 평화〉라는 글에 따르면(원 출처는 R.J. 럼멜 [R.J. Rummel], 《정부에 의한 죽음》). 20세기 내내 국가에 의해 살해된 사람들은 2억 명이 좀 넘는데, 그중 외국인은 6850만 명 정도였고 자국민의 수는 1억 3500만 정도였다. 사망자를 따져보면, 외국인보다 자국민이 약 두 배이며, 자국민 중에서도 군인보다 민간인이 대부분이었다 한다.

전쟁에서 민간인이 보호되기보다 더 많이 희생당한다는 사실은 1950년에서 1953년까지 한반도에서 벌어진, 일종의 내전인 '한국전쟁'에서도 재확인된다. 자료마다 다르긴 한데, 한국학중앙연구원의 《한국민족대백과》에 따르면, 남한군의 사망자 및 실종자는 (정부에 가까운 연구자들의 자료인 《북한 30년사》에 근거할 때) 27만 8000여 명이었으나, 남한 민간인 사망자 및 실종자는 70만 4000여 명이었다. 한편 북한군은 52만여 명이 사망하고, 민간인 사망 및 실종자는 약 100만여 명으로 추정된다. 또한 《위키피디아》에 나오는 바에 따르면, 소련의 한 통계에서도 북한의 11.1퍼센트에 해당되는 113만 명이 전쟁으로 사망했고, 남한에서는 137만 명이 목숨을 잃었다고 한다. 흥미롭게도 두 자료 모두 전쟁으로 인해 남북한 양측에서 약 250만 명이 사망했다고 보고한다.

자료마다 수치는 다르지만, 남북한 모두 군인보다 민간인이 훨씬 더 많이 사망한 점은 확실하다. 다시 말해, 군대가 국민의 생명과 재산을 보호한다는 말은, 막상 전쟁이 터졌을 때는 아무 근거도 갖지 못함을 알 수 있다.

특히 한반도 전체를 통해 학교 · 교회 · 사찰 · 병원 및 민가를 비롯해 공장 · 도로 · 교량 등이 무수히 파괴된 점, 나아가 생태계 전체인 산천초목이 대규모로 초토화 · 황폐화한 점은 자본의 돈벌이 관점에서는 새로운 기회를 안겨다주었지만 생태계 관점에서는 대량 파괴에 다름 아니었다. 남쪽의 경우 휴전 직후 집을 잃고 거리에서 방황하는 전재민의 수가 200만여 명, 굶주림에 직면한 인구가 전 인구의 20~25퍼센트나 되었다 한다. 약 60만 채의 가옥이 파괴되었고, 특히 교통 및 체신 시설이 붕괴되었다. 농업 생산은 27퍼센트 감소했고, 약 900개의 공장이 파괴되었고, 제재소와 제지공장 및 금속공장을 비롯한 작은 생산 단위들이 거의 전부 파괴되었다. 북쪽에서는 1949년 수준과 비교했을 때, 광업 생산력의 80퍼센트와 공업 생산력의 60퍼센트 및 농업 생산력의 78퍼센트가 감소했다. 90만 6500에이커의 농지가 손상되었으며, 60만 채의 민가와 5000개의 학교 및 1000개의 병원이 파괴되었다.

바로 이런 점을 감안하면서 최근 한국 사회에 큰 문제가 된 '제주 강정마을 해군기지' 문제를 보자. 여러 가지 복잡한 사정이 있겠지만, 사실 '강정 해군기지'는 미국의 아시아 군사전략에 그 뿌리를 두고 있다는 점이 사태의 핵심이다. 물론 한국 정부는 제주 해군기지를 가리켜 "우리 선박의 남방해양수송로 보호"라는 안보상의 필요성에 의한 것이라 했다. 그러나 주요 해양 수송로인 말라카 해협의 위험 요소는 테러나 해적 활동이 아니라 불법어로 문제라는 것이 중론이다. 그 때문이라면 굳이 해군기지가 필요 없다는 말이다. 〈강정의 평화를 위한 안내서〉에 따르면 항구의 수심이 주한 미 해군사령관의 요구조건을 만족하는 형태로 계획되었다는 것이 사태의 진실에 가깝다. 즉, 한국군이 보유하지도 않은 CVN-65급 핵추진항공모함을 기준으로 항만 설계가 이뤄졌다는 것이 그 증거다. "국민의 생명과 재산을 보호"하는 것이 아니란 말이다.

게다가 제주도는 유네스코 자연환경 분야의 3관왕이라 하는, 생물권보전지역, 세계자연유산, 세계지질공원으로 지정된 아름다운 섬이 아닌가? 그 중에서도 구럼비 바위는 세계에서 용암 단괴 한 덩어리로는 가장 크고 독특한 바위다. 이 구럼비 바위 가운데는 용천수가 솟아 경관이 더욱 멋지며, 인근 앞바다에는 천연기념물로 지정될 정도로 아름다운 범섬과 연산호 군락이 있다. 특히 범섬 주변은 생태계보전지역과 서귀포 해양도립공원으로 지정된 곳이다. 이렇게 아름다운 제주, 그 중에서도 강정 바닷가가 미군 군사 기지로 강행되다니, "국민의 생명과 재산을 보호"한다는 말은 어불성설이다.

한편 대규모의 국책 사업에 수반되는 환경영향평가도 지극히 형식적인 절차만 거쳤다. 즉, 환경영향평가에서 주의 깊게 보아야 할 대표적인 보호종 생물들이 누락된 채 졸속으로 진행되었다. 예컨대 구럼비 바위와 강정 앞바다는 개발이 제한되는 '절대보전지역'으로서 남방큰돌고래, 붉은발말똥게와 같은 멸종위기종이 다수 서식한다. 2009년에 새누리당 중심의 도의회가 이 '절대보전지역' 지정을 날치기로 해제하고 말았다. 안 될 일이다.

게다가 강정 앞바다는 파도가 높은 편이고 조류가 센 곳이라 대형 항구 입지 조건에도 부적합하다. 실제로 2009년 4월, 해군의 한 보고서에서는 "제주 남방 해역은 기본적으로 지형상 천연기념물, 기후조건 등으로 대형 해군기지가 들어서기에는 불리한 지형조건"이라 되어 있었다. 그럼에도 환경영향평가에서는 이런 점들이 깡그리 무시됐다. 상식적으로 보면, 절차상 이렇게 중대한 하자가 있다면 사업 자체는 원천 재검토되어야 한다. 당연히 행정소송이 제기되었다.

그러나 대법원은 2012년 7월의 판결에서, "환경영향평가에 부실함은 있었다고 보이나, 국방 · 군사시설사업실시계획승인을 무효로 할 만큼 심대한

하자가 있었다고 보이지는 않는다"고 판시했다. 얼핏 보면 논리적이지만, 사실은 한편으로 환경영향평가의 부실성을 인정하여 반대 진영의 편을 들어주는 척하면서도, 다른 편으로는 "(사업 자체를) 무효로 할 만큼 심대한 하자가 있었다고 보기는 어렵다"는 식의 전형적인 '뒤통수 때리기'를 하고 있다. 대법원조차 양심과 법리에 충실하기보다 국책사업이라 차질이 있어선 안 된다는 강자 논리를 지지한 셈이다.

그러나 이러한 억지 논리 자체가 문제임을 꾸짖듯, 2012년 8월 27일에서 30일 사이에 태풍 볼라벤과 덴빈이 강정 바다를 덮쳤다. 초속 50미터가 넘는 강한 바람은 높은 파고와 빠른 유속을 몰고왔다. 이 영향으로 높이 20미터에 한 개당 무게가 8800톤에 이르는 (대형 시멘트 구조물인) 케이슨 일곱 개가 모두 파손되었고, 그중 두 개는 아예 사라졌다. 근본적으로 해군기지 자체의 정당성이나 생태계상의 파괴성도 문제지만, 지형학적 적합성이나 설계상의 타당성조차 없다는 점이 입증되었다. 구럼비 해일을 예전에도 목격했던 한 노인은 말한다. "여름에 잔잔하다가 갑자기 해일이 일어난 거야. 저 동쪽에서 바다가 일어나 구럼비 바위를 덮쳐 중독바라도 싹 쓸어내린 적이 있어. 세 사람이 죽었지."(소식지 〈강정이야기〉, 2013년 10월)

한편 '항만 및 어항 설계 기준'에 따르면 15만 톤 크루즈가 안전하게 입출항과 정박을 할 수 있으려면 지름 690미터의 선회장이 필요하다. 그러나 현재 설계상의 해군기지 선회장 규모는 520미터에 불과해 법적 기준에도 미달한다. 그러나 이 모든 상황에도 불구하고 정부나 해군은 건설 자본과 함께 경찰 병력을 동반하고 막무가내로 기지 건설을 추진 중이다. "국민 행복"을 추구한다는 것은 립서비스에 불과함을 스스로 증명하고 있다.

설상가상으로 이 사태의 본격 시작이 노무현 '참여정부' 말기인 2007년 4월에 주민 1900명(총 600여 가구) 중 단 87명만이 참여한 임시 총회였다고 하니 한심하기도 하다. 나중에 밝혀진 일이지만 그 임시 총회조차 미리 해녀 등 주민 수십 명에게 돈을 주어 찬성 의견을 내도록 매수한 사실까지 있었다 하니 더 이상 말이 나오지 않는다. 사실 그 2년 전부터 국방부 측에서 서쪽의 화순리나 동쪽의 위미리에 기지 건설을 시도하다가 주민들의 완강한 반대로 무산되었던 점을 보면, 결국은 풀뿌리 민주주의가 대단히 결정적인 변수임에 틀림없다.

사태의 심각성을 뒤늦게 깨달은 주민들은 2007년 8월에 해군기지 건설에 대한 재투표를 통해 725명의 참여자 중 94퍼센트에 이르는 680명이 반대 의견을 제출했다. 동시에 주민들은 그 이전에 은근히 해군기지 유치를 주도했던 전 이장 윤씨를 해임하고 강동균 씨를 마을회장으로 새로 선출하고 기지 반대 투쟁에 적극 나서며 전국의 시민사회 단체들과 연대 활동에 나섰다. 그 투쟁 과정에서 정부와 해군의 공권력, 용역 등에 맞서 7~8년간 피눈물 나는 싸움을 전개했다.

특히 2011~2012년 사이엔 가장 격렬한 싸움이 벌어졌다. 저들이 마침내 2012년 3월 초, 커다란 구럼비 바위를 수천, 수만 조가리로 폭파했기 때문이다. 강정을 지키고자 했던 마을 사람들과 전국에서 몰려든 수많은 활동가들에게는 가슴이 찢겨나가는 경험이기도 했다. 그간 무려 650명이 연행되었고 470명 이상이 기소되었으며 3명의 평화활동가가 구속되었다. 2013년 시점에서 공무집행방해 등 혐의로 재판을 받았거나 받을 이들이 총 200여 명(53건)에 이른다. 이미 50건에 대해 벌금형이 부과되었는데, 한 사람이 수백만 원을 내야 하는 경우가 허다하고 전체 벌금액이 수억 원에 이를 정도다. 먹고살기도 빠듯한 상황에서 양심적인 사람들이 마을과 자연을 온전히 지키려 했다가 날벼락을 맞은 셈이다.

2007년 노무현 정부는 "새로 건설될 항구가 해군기지가 아니라 민항을 중심으로 하고 군용 선박은 기항만 하는 '민군복합형 기항지'가 될 것"이라고 약속했다. 이어 2008년 이명박 정부는 국가정책조정회의에서 기지의 공식 명칭을 '민군복합형 관광미항'으로 확정하고 최대 15만 톤 규모의 크루즈 선박 두 척이 동시에 드나들게 하겠다고 약속했다. 그러나 1조 1000억 원에 가까운 사업 예산 중 '관광미항'을 위한 부분은 5퍼센트밖에 되지 않는 530억 원 정도다. 군사 기지를 교묘히 가리기 위한 포장술임이 드러난 셈이다.

2013년에 들어선 박근혜 정부는 "하와이 같은 민군복합형 관광미항을 만들겠다"고 공언했는데, 정작 하와이 진주만 인근 해역은 더 이상 아름다운 항구가 아니다. 즉, 그곳은 수은과 방사능 등의 오염이 심각하고, 고유 생물종 82퍼센트가 멸종 위기에 처했을 정도라 한다. 그래서 하와이 주민들은 대부분의 해산물을 수입해서 먹는 실정이다.

지금도 강정 마을에서는 '해군기지 반대' 깃발이 휘날리는 가운데서 기지 건설이 한창 진행중이다. 사업 시행은 재벌급 건설사인 삼성, 현대, 대림, 포스코 등이 맡고 있다. 결국 강정 해군기지는 미군과 한국 정부, 한국 자본이 강정 마을 및 시민들, 그리고 강정 바다를 상대로 일종의 전쟁을 벌이고 있는 셈이다. 군대가 "국민의 생명과 재산을 보호"한다는 슬로건은 바로 이 지점에서 전혀 맞지 않는다. 오히려 '자본을 위해 군대가 필요'하다고 보는 것이 진실에 가깝다.

그럼에도 불구하고 일부 주민과 평화활동가들은 여전히 현장에서 고투중이다. 거대한 국가와 자본의 힘 앞에 좌절감과 절망감을 느낄 법도 하다. 그러나 이들은 말한다. "해군기지 건설은 이제 막지 못한다는 것은 잘 알고 있지요. 그러나 이곳에서 지속적인 평화활동을 함으로써 환경파괴, 도덕성, 윤리 등의 문제를 계속 제기, 생명평화운동의 발판이 되고자 하는 것입니다."

그렇다. 싸움은 질 수도 있고 이길 수도 있다. 하지만 설사 싸움에서 진다고 해도 생명의 가치를 위해 올곧게 가고자 하는 마음만은 결코 포기할 수 없다. 한편으로 경제성장의 논리, 다른 편으로 군사전략의 논리에 의해 끊임없이 파괴되고 훼손되는 생태계의 비명소리를 어찌 외면할 수 있겠는가?

바로 이런 점에서 세 번째 문제를 꼽을 수 있는데, 그것은 곧 보통 사람들의 시각 문제다. 이것은 앞서 말한 풀뿌리 민주주의와 정반대 방향으로 가는 것으로, 보통 사람들이 그 고유의 본성이나 인간성을 상실하고 '강자와의 동일시' 즉, 국가나 자본의 논리를 스스로 내면화해 버리는 상태. 물론 약간의 뇌물에 매수되거나 힘센 지인의 말에 아무 말 못하고 순종하는 모습도 크게 보면 마찬가지라 할 수 있다.

이렇게 되면 이제 사회가치나 생명가치는 밖으로 밀려나고 오로지 경제가치나 권력가치만이 판을 친다. 요컨대 자연의 일부인 사람이 스스로 생명가치를 버리고 경제가치나 권력가치에 종속되는 것이니 '자발적 노예화'라고 해야 할 것이다. 바로 이러한 자발적 노예화로 인한 (강자에 대한) 협조, 동의, 참여, 묵인, 협력, 공조, 찬동 등의 행위가 결국은 경제성장 논리나 군사전략 논리가 현실적으로 시행될 수 있게 하는 구체적 도구가 된다. 바로 이런 과정을 통해 보통 사람들도 생태계 파괴에 공범이 되고 만다. 마침내 사람들은 (독일 속담처럼) "자기가 걸터앉은 나뭇가지를 스스로 톱질하는" 어리석음을 범하게 된다.

하지만 다르게 반응하는 사람들도 있다. "강정 마을이 큰일이어요. 우리가 그렇게 반대하고 전국에서 그렇게도 많은 분들이 와서 공사하지 말라고 해도 저네들은 막무가내잖아요. 공사를 가로막았다고 벌금도 때리고, (…) 없는 살림에 (…) 우리도 거기 가서 며칠씩 사람들 밥해 나르고 했는데 (…) 별 소용도 없는 것 같아 참 마음이 아파요. 그래도 포기할 순 없지요. 우리가 세금 내서 운영하는 게 국가인데 도대체 국가가 무엇인지…."

바로 이런 마음들, 단순히 강자에 복종하고 대세에 따라야 한다고 보는 것이 아니라 사람됨의 도리, 사람 사는 것의 이치에 입각하여 올곧게 생각하고 고뇌하는 것, 마음이 통하는 이들과 함께 올바름을 위해 실천하는 것, 바로 이 것이 바람직한 주체성의 모습이다.

이제 마무리를 지어 보자. 환경, 아니 생태계는 누가 뭐라고 하건 우리 삶 의 근원적 토대다. 자연의 일부에 불과한 인간은 결코 자연을 떠나거나 부수 고선 살아갈 수 없다. 자연의 품 속에서 겸손하게 살아야 한다. 자연을 보살피 면서 살아야 한다. 그것이 우리 본성에 가까운 삶이다. 하지만 자본과 권력이 온 사회를 지배하게 되면서 사람들을 변화시켜 나간다. 경제성장의 논리나 군 사전략의 논리가 사람들로 하여금 동조하고 협력하게 강제한다.

만일 우리가 (그 과정에서 무슨 일이 일어나건 아무 관심 없이 맹목적으로) 부 자 되기, 강자 되기, 강국 되기만을 목표로 삼는 순간 우리는 생태계 파괴에 한 공범으로 동참하는 꼴이 된다. 반대로 우리가 부자나 강자, 강국이 갖는 이 데올로기적 성격을 제대로 간파하고 그 추구 과정에서 발생하는 파괴적 영향 을 정직하게 통찰할 때, 비로소 우리는 온 생명의 어머니인 자연 생태계를 지 키면서도 우리 안의 자연인 인간성도 잘 지켜낼 수 있을 것이다. 경제나 사회 영역과 마찬가지로 생태 영역에서조차 이렇게 말할 수 있다. "세상에 공짜는 없다!"

9장

공생을 위한
대안적 삶의
상상력

농업은
모든 경제활동의
기초다

도농 격차

"우리 마을은 (…) 약 20가구밖에 살지 않는 아주 아담하고 조그마한 가난한 시골 마을이다. (…) 마을 사람들은 낮에는 (논밭에서) 열심히 일을 하고 밤에는 서로 모여 앉아 오순도순 이야기도 하고 기쁜 일과 슬픈 일을 함께 나누는 한 집안같이 정답게 살아가고 있다. 봄이 되면 마을은 온통 진달래꽃으로 빨갛게 된다. 어머니들은 뒷산에 올라가 산나물을 뜯어 오기도 하고 가을이면 도토리를 따다가 도토리묵을 만들어 먹기도 하고 시장에 내다 팔기도 한다."

1982년에 나온 《서울로 가는 길》이란 책 속에 묘사된 송효순 씨의 고향 풍경이다. 사람들은 대개 농업에 종사하고 자급자족에 가까운 형태로 먹고 살았다. 가난하지만 인정이 살아 있고 자연이 살아 있었다. 마을 뒷산이나 들판이 온통 먹을거리의 원천이었고, 마을 공동체가 인간다운 관계의 샘물 이었다. 누군가 아프면 온 동네 사람들이 같이 걱정하고, 큰 일을 치를 때도 온 마을 사람들이 협동했다.

스웨덴의 언어학자 헬레나 노르베리 호지(Helena Norberg-Hodge)가 우 연히 방문했다가 인간적이고 생태적인 공동체에 감탄하며 눌러앉은 인도 북부의 라다크 마을이 곧 우리의 전통 시골 마을이다. 그러나 잘못된 개발 정책이나 돈벌이 중심의 경제 정책, 농업과 여성에 대한 멸시 풍토 등으로 인해 농어촌의 젊은이들은 고향을 버리고 도시로 향한다.

"1973년 봄이었다. 서울로 이사를 하신 외할머니께서 우리 집을 다니러 오셨다. 외할머니는 내게 새 일자리를 내놓으셨다. 서울 사는 이모가 잘 아 는 목욕탕에서 사람을 구한다는 것이었다. 탈의실에서 일하게 될 것이란다. 외할머니는 나보고 그 집에 가지 않겠느냐고 물으셨다. 나는 중국집보다는 낫겠지 싶고 또 동생 재운이가 중학교에 진학해야 했기 때문에 할머니를 따 라 서울로 가기로 결심했다."

가난한 농촌 출신으로 초등학교 졸업이 전부인 송씨는 서울에서 돈을 벌어 동생 학비에 보태기 위해 취업을 한다. 처음엔 목욕탕에, 나중엔 공장 에 취업한다.

이런 식으로 새 일자리를 찾아 농촌을 떠나 도시 또는 서울로 모여든 사람들이 1960~1970년대에 이농향도(移農向都) 물결을 이루었다. 많을 때는 해마다 100만 명 가까운 사람들이 도시로 향했다.

그리하여 오늘날 약 5000만 명이 사는 대한민국엔 서울과 수도권에 무려 그 절반인 2500만이 몰려 살고, 그나마 나머지 50퍼센트도 그 외의 도시에 몰려 산다. 1960년대 초 인구의 60퍼센트 이상을 차지하던 농어촌 인구는 오늘날 5퍼센트 정도밖에 안 된다. 게다가 아직도 농업에 종사하는 사람들은 60~70세의 노인들이 대부분이다. 이들이 세상을 떠나면 농어촌 인구는 더 급격히 줄어들 것이다.

문제는 이런 과정을 우리 모두가 '발전'이라 부르면서 (개인적으로나 사회적으로나) 내면의 고통을 숨기고 있다는 사실이다.

도농 상생의 필요성

도시와 농촌 사이의 격차, 즉 도농 격차는 한편으로 도시의 과밀화, 다른 편으로 농촌의 공동화라는 양극화의 모순을 낳았다. 그러나 이 양극화는 하나의 고리로 연결되었다. 그것은 '내부 식민화'라는 고리다. 도시가 농어촌을 식민지처럼 이용하는 것이다.

농어촌은 처음엔 도시의 공업단지 또는 수출산업 기지를 위한 노동력의 공급원이자 각종 공업 원료나 도시 노동자를 위한 식량의 공급처였고, 다음엔 저가의 공산품이나 농약, 비료 등을 파는 시장이 되었으며, 또 공장이나 아파트 건설을 위한 토지의 공급원, 나아가 부동산 투기의 대상으로 떠올랐다. 그리고 이제는 토지도 자연도 마을도 사람도 마음도 마치 단물이 다 빠진 껍처럼 황폐화할 대로 황폐화해 더 이상 희망을 발견하기 어려운 곳이 되어버렸다.

물론 가톨릭농민회나 우리밀살리기 운동본부, 그리고 전국귀농운동본부처럼 죽어가는 농촌, 농민, 농업을 살리자는 운동이 꾸준히 있어왔고, 한살림을 비롯한 다양한 생협 운동이 도시의 소비자와 농촌의 생산자를 모두 살리려 왕성한 활동을 하고 있다.

또 도시를 떠나 농어촌으로 돌아간 귀농 인구가 2011년에 이미 1만 가구를 넘어설 정도라 한다. 하지만 도농 격차나 모순을 해소하기엔 아직도 역부족이다. 오히려 우리의 사회구조나 사람들의 의식수준 어느 면을 보더라도 갈수록 희망의 웃음보다는 절망의 한숨이 더 많이 나온다.

그 와중에 나라 전체적으로 식량 자급률이 25퍼센트 정도라 한다. 이것도 실은 과장된 면이 있다. 우선은 석유를 써서 하는 농업이 이 정도다. 석유에 의존하는 농기계, 그리고 비닐하우스 등은 석유 고갈 시대를 맞아 위기에 처할 것이다. 나아가 석유에서 나오는 비료와 농약 등은 자립의 요소에서 빠져야 한다. 그나마 쌀의 상대적 자급률이 높아서 그렇지 그 외 대부분의 곡물이나 과일은 갈수록 많이 수입에 의존한다.

한편 칠레, 미국, 유럽연합, 그리고 중국 등과 맺는 각종 FTA(자유무역협정)는 당장에는 값싼 농산물을 수입하고 공산품을 더 많이 수출함으로써 '국익'이 증대하고 '소비자'가 덕을 본다고 하지만 실제로는 소수의 재벌급 대기업만 이득을 본다.

실제 현실이 이렇게 뒤틀렸는데도 정치와 경제의 기득권층은 여전히 국민을 기만하고 자신도 기만한다. 석유가 고갈되고 부동산 거품이 꺼지며 기후 위기 및 식량 대란의 위기가 다가오는데도 그들은 여전히 고급 자동차를 사고 아파트 평수를 늘리며 수출만 많이 하면 잘살게 된다고 믿고, 그 잘못된 믿음을 전 사회에 강요한다.

이 모든 것의 결론은, 농업과 농촌과 농민을 무시한 공업화나 산업화, 그러한 경제성장 정책은 처음부터 잘못되었다는 것이다. 이 잘못된 정책이나 제도, 의식이나 행동의 밑바탕에는 "농업은 저부가가치 산업"이라는 전제가 깔렸다. 그러나 농업은 '산업'의 일환으로 바라볼 대상이 아니다. 농업은 그 자체로 생명 활동이며 모든 경제 활동의 근본적 기초다.

그것은 마치 우리가 살아가려면 매일 밥을 먹어야 하는 것처럼, 한 사회가 지탱되려면 절대로 필요한 활동이다. 비유컨대 한 가정의 밥상을 어머니가 차린다면, 한 사회의 밥상은 농민들이 차린다고 할 수 있다. 물론 이 농민이 종사하는 농업이란 화학농업이 아니라 유기농업이 원칙이다. '밥이 똥이 되고 똥이 밥이 되는' 순환농법, 자연의 순리를 거스르지 않고 겸손하게 따르는 농법이 유기농업이다.

게다가 유기농법으로 지은 농산물조차 가능한 한 가까운 거리에서 생산된 것을 유통, 소비하는 것이 옳다. 물론 가장 좋은 것은 텃밭 경작을 하거나 자영농으로 자급자족을 하는 것이지만, 보다 일반적으로는 지역에서 난 것을 지역에서 소비하는 것이 가장 바른 길이다.

결국 우리는 단순히 도농 격차나 모순을 완화하는 수준을 넘어 보다 종합적인 대안을 구상하고 도시와 농촌이 상생하거나 새로운 형태로 지양되기를 꿈꾸어야 한다.

종합적 대안이란, 나라 정책의 기본에 '농자천하지대본(農者天下之大本)'이 근간이 되는 것이다. 특히 식량자급률을 70퍼센트 이상으로 높이기 위한 '식량자급 5개년 계획'을 순차적으로 실시해야 한다. 헌법에 있는 '경자유전' 원칙을 준수하면서도 '유기농업 공무원제' 같은 것도 검토할 필요가 있다. 쿠바처럼 도시나 농촌을 막론하고 유기농업을 일상화해야 한다. 유기농법으로 하는 학교 텃밭이나 직장 텃밭 운동도 권장할 필요가 있다.

농업 생산물은 일반 시장에서 거래되는 상품과 달리 취급되어야 한다. 최소한 다단계 식으로 조성된 유통 마진을 없애고 농협이나 농민회 같은 전국 조직이 중심이 되어 도농 직거래를 활성화하는 것도 한 방법이다. 각종 부동산 투기를 원천 봉쇄한 위에서 귀농 및 귀촌 희망자를 지원하는 '귀농 간사' 제도를 도입하고 집과 농지를 쉽게 구할 수 있게 지원해야 한다.

공업과 서비스업을 배제하진 않되, 농업이 다른 모든 것의 근간이란 인식을 바탕으로 종합적 지원책이 나와야 한다. 이는 대량생산, 대량소비, 대량유통, 대량폐기라는 '악순환' 구조 속의 공업이나 상업의 기형적 팽창에 제동을 거는 것이기도 하다.

그 위에서 도시와 농촌이 상생한다는 것은 더 이상 농촌이 도시를 위한 식민지가 아니라 농촌은 농촌대로 자기 완결적인 발전을 해나가고 도시는 도시대로 자기 완결적인 발전을 해나가되, 서로 부족한 부분은 대등한 위치에서 상호 협력하는 형태로 해결한다는 말이다.

그리고 이를 넘어 도시와 농촌이 새로운 형태로 지양된다는 것은 더 이상 도시와 농촌이 구분되는 것이 아니라 전국 곳곳을 '전원마을' 형태로 변모시키는 것이다. 전원마을은 농촌의 정겨운 공동체나 자연 생태계, 유기농업은 원래의 모습처럼 잘 살리면서도 교육이나 문화, 정치 등 도시적인 요소를 적절히 가미해 보다 살기 좋은 공간으로 확대 재생산하는 것이다.

도농 상생의 가능성

무위당 장일순 선생은 "밥 한 그릇 안에 천지인이 다 들어 있다"는 명언을 남겼다. 이른바 '나락 한 알 속의 우주'다. 이 말은 한편으로 밥 한 그릇을 만들기 위해서는 우주적인 협동이 필요하다는 뜻이기도 하고, 다른 편으로는 인간이 우주적인 협동을 하지 않으면 생존 자체가 불가능하다는 말이기도 하다.

그러나 현실 경제를 보라. 우주적인 협동보다는 우주적인 경쟁을 하고, 범지구적인 상생이 아니라 범지구적 분열이 가속화한다. 《서울로 가는 길》의 저자인 송효순 씨도 "같은 현장에서 함께 일을 했건만 마땅히 받을 돈을 다른 사람에게 주어 서로 경쟁을 시키는 것"이 직장 현실이라 꼬집었다.

나라와 나라, 기업과 기업만이 아니라 도시와 농촌 사이도 그렇다. 어쩌면 나라와 나라의 경쟁과 분열, 구체적으로는 기업과 기업 사이의 경쟁과 분열은 각 사회마다 존재하는 도시와 농촌 사이의 분열과 모순에 토대하고 있는지도 모른다.

도심지의 독점 대기업 본사는, 도심은 물론 그 주변부와 인근 농촌, 그리고 원거리 농촌에, 더 멀리는 해외의 도시와 농촌에 빨대를 꽂고 사람과 자연의 생명력을 '흡혈귀처럼' 빨아들인다. 이 자본이라는 흡혈귀는 일반적인 동물과는 달리 만족을 모른다. 배부름을 모르기 때문에 국경이나 밤낮을 가리지 않고 빨아들이려 한다. 국내외 어디든 '24시간 슈퍼'나 '24시간 편의점'이 생겨나는 까닭이다.

물론 그 뒤엔 '24시간 공장'이 돌아간다. 이제 자본은 더 이상 공장 안의 노동력만이 아니라 인간의 온 삶 전체를 대상으로 이윤 추구를 한다. 갈수록 사람들이 "대안이 없다"며 좌절하거나 포기하는 식으로, '대안'에 대한 상상의 여지조차 좁아지거나 없어지는 이유도 바로 이 때문이다.

이렇게 숨 막히는 현실이 결코 바람직한 것이 아니라면, 또 무한히 지속될 수 있는 것도 아니라면, 지금부터라도 발상의 전환을 하고 국가적·지역적·개인적 차원 등 다차원에서 뼈를 깎는 실천을 해나가야 한다. 그래야 우주 안의 천지인 사이에 선순환이 되고, 나라와 나라 사이에 선순환이 되며, 도시와 농촌 사이에 선순환이 되고, 밥과 똥 사이에 선순환이 된다.

첫째, 국가적 차원에서는 더 이상 북미 식의 (농촌을 희생시켜 공업을 발전시키고, 중소기업을 희생시켜 독점 대기업만 돈 버는) '자유무역'이 아니라 남미 식의 '민중무역' 협정을 추구해야 한다.

실제로 남미의 쿠바, 베네수엘라, 볼리비아 등 3국은 서로 어떻게 하면 이득을 더 많이 볼 것인가를 고민하지 않고 서로 어떻게 하면 도움을 더 줄까를 고민하며 '민중무역협정'을 통해 우애 관계를 맺었다. 쿠바는 다른 나라에 의료 지원을 하고, 베네수엘라는 다른 나라에 석유 지원을 하며, 볼리비아는 다른 나라에 광물 지원을 한다. 이런 호혜와 선물, 우애와 환대의 아이디어를 확장해 우리도 뜻을 같이 하는 나라들과 민중무역 협정을 맺고 상부상조의 관계를 넓혀야 한다. 그 과정에서 모든 나라가 도농 상생 및 도농 지양을 이루는 방식으로 정책을 펴야 한다. 이런 맥락에서 앞서 말한 종합적 대안을 국가 시책으로 일관성 있게 밀고 나가야 한다.

둘째, 지역적 차원에서는 한편으로 도농 상생을 위한 '직거래' 방식이나 '생협' 운동, 학교급식 운동, 직장급식 운동, 나아가 '협동조합' 운동을 적극 지원하고 다른 편으로는 도시와 농촌의 분리와 모순을 극복하고 지양할 수 있는 '전원마을'을 더욱 체계적으로 형성해야 한다.

셋째, 개인적 차원에서는 '나부터' 할 수 있는 실천을 하면서도 사회적 실천(국가적·지역적 차원의 과제 해결)에 적극 참여하는 것이 바람직하다. 귀농·귀촌을 하고 텃밭을 일구거나 생태 화장실을 쓰면서 똥과 오줌을 거름으로 만드는 일, 아니면 생협에 참여하거나 도농 직거래에 참여하는 일, 최소한 그런 활동을 하는 모임이나 운동을 후원하는 일, 자녀들의 학교 급식(유기농, 지역 농산물) 운동에 참여하는 일, 직장 급식을 유기농으로 전환하는 일, 1사 1농 운동에 동참하는 일, 앞서 말한 '전원마을'과 같은 새로운 형태의 공동체 마을 만들기 운동에 동참하는 일 같은 실천을 할 수 있다.

이 모든 실천의 바탕에는 "농촌, 농민, 농업이 살아야 온 사회가 산다"는 신념이 깔렸다. 서두에 나온 이농향도의 물결도 결국은 '잘살아보겠다'는 (개인적·집단적) 의지의 결과였다. 그러나 40~50년이 지난 지금 우리는 다시 물어야 한다. "과연 잘사는 것이 무엇인가?"

그것은 막연히 강대국을 따라하고 부자가 되고 재벌이 되는 것이 아닐

것이다. 참되게 잘산다는 것은, 사회적으로 식량 자급률을 높이면서도 이웃 나라와 연대하고, 유기농업을 발전시키면서도 나라 전체의 '삶의 질'과 행복 지수를 높이는 것, 생산과 소비 등 모든 경제 활동을 이윤이나 차별의 원리가 아니라 필요와 만족의 원리에 따라 하는 것이며, 전체적으로 경제와 사회, 생태 사이에 적대 관계가 아니라 조화와 균형을 이루는 것이 옳다.

바로 이런 맥락에서 단기적으로는 도시와 농촌이 '공생공락'을 하면서도 장기적으로는 더 이상 도농 사이의 모순이 없게 전원마을의 형태로 '도농 지양'을 추구하는 것이 궁극적 대안이 될 것이다.

지역화폐,
대안적 상상력을
촉진하는
현실의 실험

이런 상상을 해보자. 어느 지역의 일터에서 부지런히 일을
해 먹고살던 사람들이 느닷없이 찾아온 경제 위기로 말미암아 온통 실업자
가 된다. 걱정이 태산이다. 금방 다른 일자리가 생기는 것도 아닌지라 실업
상태는 꽤 오래갈 듯하다. 몇 달 정도야 그간 조금씩 저축한 돈으로 버틸 수
있지만, 그 뒤엔 잘 내던 월세도 밀리기 시작하고 아이들 간식비도 벌지 못
해 속이 탈 것이다.

마침내 주머니가 텅 빈 상태에서는 길거리에 나서기도 겁난다. 소가 움
직이면 똥을 싸듯, 사람이 움직이면 가는 곳마다 돈이 들기 때문이다. 그렇

다고 은행을 털거나 가게에 가서 물품을 함부로 훔칠 수도 없는 노릇이다. 그렇다면 이 난감한 상황을 어떻게 타개할 것인가?

바로 이런 상황에서 캐나다의 마이클 린턴(Michael Linton)이 아이디어를 냈다. 그는 원래 영국 출신의 프로그래머로, 1983년에 캐나다 코목스 밸리라는 작은 섬마을에서 경제 불황으로 실업자가 급증하자 '현금이 없으면 아무 것도 할 수 없을까?'라는 질문을 던지며 물물교환에 기초한 지역화폐(대안화폐) 운동을 시작했다. 그 단위는 녹색달러(Green Dollar)였다.

이것은 기존의 잉여 생산물이나 상품 교환이라는 시장거래 방식을 넘어 사람 그 자체가 가진 재능이나 노동력을 서로 교환해 삶의 문제를 공동체적으로 해결해 보자는 아이디어다. 지역화폐를 '레츠(LETS)'라고도 하는데, Local Exchange and Trading System의 줄임말이다. 우리나라의 전통적 품앗이와 비슷해 결국은 상부상조하는 문화를 보다 체계적으로 구축하려는 것이라 보면 된다.

마이클 린턴은 전문적인 프로그래머답게 컴퓨터 계정을 만들어 사람들의 거래 내역을 플러스(+)와 마이너스(-)로 기록했는데, 최초 4년 동안 거래된 총량이 35만 달러에 이르러 정부나 일반 사람들을 깜짝 놀라게 했다. 즉 거액이 드는 일자리 창출 프로그램이나 새로운 투자 재원의 투입이 없이도 지역 내에서 사람과 사람 사이에 교류가 활성화하여 그 자체가 일자리 창출의 효과를 가짐과 동시에 그동안 고립되어 살던 개인들이 공동체적 관계망을 회복하는 놀라운 일이 벌어졌다.

그 뒤 1990년대 이후 영국에서만도 약 500여 건의 지역화폐가 개발되었고, 호주나 뉴질랜드에서도 300여 건이 창출되었다. 이어 유럽 대륙의 스위스, 이태리, 독일, 프랑스, 네덜란드 등지에서도 숱한 실험들이 이뤄졌으며, 일본과 한국, 그리고 남미 여러 지역에서도 지역화폐가 진행 중이다. 호주의 경우 멜라니 지역이 대표적이며, 한국의 경우는 대전의 한밭레츠, 과천의 과천품앗이가 가장 대표적이다. 최근엔 서울시에서도 'S-머니'라는 대안화폐(포인트)를 도입해 자신의 노동이나 서비스를 서로 선물처럼 나누는 문화를 장려한다.

한편 국제적 차원에서도 최근 미국 달러화에 대한 의존도를 줄이고자 물물교환이나 자국 화폐의 가치를 높이기 위한 방법이 모색되기도 한다. 예를 들면 태국(쌀)과 이란(석유)은 자국의 대표적인 자원이나 생산물을 맞교환하기로 결정했다. 나아가 남미의 쿠바, 베네수엘라, 볼리비아 등은 자유무역협정이 아닌 민중무역협정을 체결해 각기 의료, 석유, 콩 같은 고유의 것을 맞교환한다. 이 사례들은 작은 지역만이 아니라 국제적 차원에서도 (돈이 아닌) 사람 중심의 공동체 문화를 만들려는 대안적 시도다.

"아, 돈 때문에 얼마나 많은 슬픈 일이 이 세상에 일어나고 있는 것일까"라는 톨스토이의 한탄《전쟁과 평화》)은 지역화폐 시스템에서는 더 이상 찾기 어렵다. 물론 아직도 미국 달러를 위시한 중앙은행권의 권력은 어마어마하다. 그리고 이 권력은 좀처럼 붕괴하지 않을 것이다. 그러나 다음과 같은 몇 가지 이유로 지역화폐는 마을 공동체, 지역 공동체, 세계 공동체의 활성화에 이바지하게 될 것이다.

첫째, 지역화폐는 근본적으로 사람과 사람의 친밀한 관계, 신뢰의 관계를 전제로 한 것이므로 상부상조의 공동체 문화를 활성화한다. 지금까지 우리는 중앙은행권(돈)을 벌기 위해 인간성을 상실하면서조차 피고용인으로 또는 사업가로 하루 종일 일했다. 그러나 그 대가는 너무 크다. 서로가 서로를 밀치며 먼저 나가려는 '팔꿈치 사회'에서 우리는 극심한 소외를 겪는다. 지역화폐는 이에 대한 대안의 가능성을 제공한다.

둘째, 지역화폐에서는 이자가 없고 이윤이 없으며 부채나 투기가 없기 때문에 원천적으로 타자를 희생시켜 자신의 이득만을 취할 수 없다. 게다가 정말 가난한 자도 생필품 등을 마이너스 계정으로 구할 수 있기 때문에 인간적 품위를 잃지 않고 산다. 그 대신 그는 도움이 필요한 사람에게 도움을 주며 자부심을 느낀다. 돈의 경제가 아닌 삶의 경제, 죽임의 경제가 아닌 살림의 경제가 가능하다.

셋째, 지역화폐는 회원들 사이에서만 통용되는 것이기 때문에 특정 지역의 가치(화폐 또는 부)가 다른 곳으로 빠져 나갈 수 없다. 일정한 범위 안에서만 통용되기 때문에 지역 경제 활성화에 기여한다. 게다가 교류가 활성화하고 공동체적 관계망이 회복될수록 '부익부 빈익빈' 같은 양극화도 줄어든다. 즉 달러 또는 중앙은행권 중심의 경제는 부의 집중과 독점을 부르는 데 반해 지역화폐 중심의 경제는 분권화와 평등화를 촉진한다.

물론 지역화폐가 아무 문제없이 공동체 활성화에 기여지는 않을 것이다. 워낙 중앙은행권의 위력이 크고, 사람들 또한 기존 화폐에 대한 의존에서 벗어나기가 쉽지 않다. 특히 지역민 사이의 교류가 웬만큼 활성화하지 않는 한 지역화폐를 통해 생계를 포괄적으로 해결하긴 어렵다.

하지만, 일본의 가라타니 고진(柄谷行人) 선생처럼 레츠 시스템을 기존의 자본주의나 사회주의의 모순을 모두 극복할 혁명적인 것으로 보긴 어려울지라도, 적어도 우리에게 그것은 '대안적 상상력'을 촉진하는 현실의 실험임은 분명하다.

이장이 된 교수,
무엇을 꿈꾸었나

행여 학부모 교육이나 인문학 교실에서 특강이라도 할라치면 사회자가 나를 강사로 소개할 때 꼭 언급하는 내용이 있다. "강 교수님은 특별히 마을 이장 경력을 가진 분"이라는 것이다. 그러면 사람들이 "와~" 하며 웃는다.

그리곤 내 얼굴을 한 번 더 쳐다본다. 대학 교수가 뭐가 아쉬워 마을 이장까지 했을까 의아한 것이다. 게다가 교수가 이장을 했다니, 조금 웃기기도 하지 않은가. 대개 시골 이장 하면 약간 그을리고 주름진 얼굴에 허름한 옷차림이 어울릴 듯한 반면, 대학 교수란 대개 깔끔한 얼굴에 양복 차림으로 세련된 몸가짐을 하는 그런 사람이 아니던가. 그러니 좀 웃길 수밖에 없다.

그러나 나는 그런 인상을 가진 대학 교수와는 좀 거리가 멀다. 개량 한복과 낡은 양복을 번갈아가며 입는 편이며, 가끔은 수염을 기르기도 한다. 가능하면 어려운 말보다는 쉬운 말을 골라 쓴다. "저는 어려운 이야기를 쉽게 풀려고 노력하는 비주류"이긴 하지만 저녁엔 막걸리를 한 잔씩 하기도 하니 '주류'에 속한다며 나 자신을 소개하기도 한다.

반면 내가 이장을 맡았던 2005년 5월부터 2010년 6월까지 나는 여느 이장과는 달리 당시 우리 마을에 들어서려고 하는 고층 아파트 사업이 처음부터 불법일 뿐 아니라 지역 여건에도 전혀 걸맞지 않는 것이라 주민들과 함께 고층 아파트 건설을 저지하는 데 앞장섰다. 이런 부분들이 나에게 좀 특별한 이력을 갖게 한 셈이다.

그렇다면 도대체 내가 사는 마을은 어떤 곳이며 무슨 일이 있었는가? 내가 사는 마을은 충남 연기군 조치원읍 신안1리다. 2012년 7월부터 세종특별자치시로 변경되었다. '특별'에다가 '자치'까지 있으니 정말 유별난 시다. 그리고 그 안에 '읍'이 있고 '리'가 있다.

나는 1997년 3월부터 현재의 고려대 세종캠퍼스에 전임 교원으로 자리를 잡게 되었다. 경영학 분야, 그 중에서도 노사관계를 제대로 공부해 '일하는 사람들이 즐겁게 일하고 행복하게 살 수 있는 길'을 탐구하고자 청운의 꿈을 품고 독일 유학(박사과정)을 떠난 지 만 6년 6개월 만에 교수가 된 것이다.

직장이 시골로 정해지는 바람에, '자연이 최고의 교과서'라는 믿음으로 아이들을 가능한 한 시골에서 키우고자 (아내와 함께) 결심했다. 학교 근처 신안리 서당골로 터를 잡고 서민형 살림집의 일종인 귀틀집을 지었다.

그렇게 살고 있었는데 2004년 초에 '행정수도' 이야기가 나오면서 연기군, 그 중에서도 조치원이 유력한 아파트 건설 단지로 부상하기 시작했다. 그 와중에 내가 사는 신안리 마을도 건설사들의 눈에 잡혔던 모양이다.

우리 마을은 이미 연기군 차원에서는 1종지(저층 중심 개발 가능)로 결정되었지만 아직 도지사가 결정고시를 내리지 않은 상태였다. 그 시점에 당시 이장 명의로 '허위민원서'가 연기군에 들어갔고(이미 민원을 제출할 수 있는 기간이 9개월 지난 시점임에도!) 연기군은 그를 근거로 토지용도 재입안에 들어갔다. 그렇게 해서 2종지(고층 아파트 가능)로 둔갑했다. 오래된 논밭, 과수원들이 갑자기 밀실 행정을 거쳐 15층 아파트 건축이 가능한 땅으로 둔갑한 것이다.

2005년 5월에 내가 이장이 된 것도 바로 이런 배경에서였다. 행정수도가 위헌 결정된 것이 2004년 10월이라면 연기군민의 투쟁과 건설자본의 로비가 성공해 행정도시특별법이 통과된 것은 2005년 3월이었는데, 바로 그날 저녁에 당시 이장이 부인과 함께 우리 집에 와서 "우리 마을에 아파트가 다시 추진될 것 같다"고 전했다.

나와 아내는 사태가 심상찮음을 깨달았다. 그 다음날부터 나는 "도대체 아파트가 어떻게 해서 들어오게 되었나?"고 물으며 그 근거를 찾아다녔다. 내가 처음으로 "신안리에 아파트는 안 된다"며 민원서를 제출한 것이 2005년 3월 7일이고, 그 허위민원서를 찾아낸 것이 5월 10일 무렵인데, 놀랍게도 신안리 일대가 제2종 일반주거지역(15층에서 20층까지 개발 가능)으로 둔갑하게 된 것(도지사의 결정고시일)이 3월 25일이었다. 그리고 그 한 달 뒤에 건설사는 '아파트 사업계획 승인 신청서'를 충남도에 제출했다.

내가 연기군과 충남도에 민원을 제기하며 신안리에 아파트는 안 된다고 하던 그 순간에도 건설사와 관련 공무원들은 밀실 작전을 수행하던 중이었던 것이다. 놀라운 일이다.

나는 지금도 왜 검찰이 관련 공무원들과 건설업자들, 당시 허위민원 관련자들을 구속 수사하지 않았는지 의문이다. 나의 상식으로는, 지금이라도 '전면 재수사'를 해야 하며 '불법 아파트'는 허무는 대신 '생태적 대학타운'을 만들어야 한다.

하여간 그렇게 내가 허위민원서를 폭로하면서 마을 주민들이 긴급 마을 총회에서 전 이장을 끌어내리고 나를 새 이장으로 추대했다. 그것이 2005년 '5·18 신안리 마을혁명'이다. 그렇게 해서 내가 이장이 되었다.

그래서 당시 주민들 몰래 추진되던 '고층 아파트 저지투쟁위원회' 위원장이 나의 실질적 임무였다. 당시 대부분의 주민들이 나와 함께 터무니없는 아파트를 막아야 한다고 나섰다. 고마운 일이었다. 모두 살기 좋은 마을을 잘 지켜내자는 마음이었다.

한편 나는 아파트 저지 투쟁과 더불어 마을 회관에 글쓰기 교실을 열었다. 고려대 제자들이 자원봉사로 나서서 도우미 선생님 역할을 했다. 유치원부터 초등, 중등 아이들이 몰려왔다. 생활 글쓰기를 하기도 하고 독후감을 쓰기도 했다. 가끔은 학교 숙제를 물어보는 아이도 있었다.

그렇게 올망졸망 아이들이 모여서 마을 공동체 분위기를 느끼며 자라는 모습이 참 행복하게 보였다. 게다가 대학생들조차 자원봉사를 하면서 사실은 동생 같은 마을 아이들로부터 많이 배우기도 했고 자신을 돌아보는 계기가 되기도 했다. 아, 바로 이런 것이 마을 공동체 아닌가 싶었다. 지금도 나는 당시에 자원봉사를 했던 제자로부터 "당시의 경험이 여러 가지로 많은 배움의 기회가 되었다"는 편지를 받을 때 새삼 보람을 느낀다. 그리고 그런 제자들이 어디에 가서 살건 마을 공동체를 가꾸는 일에 이바지하기를 빈다.

또 하나 내가 이장을 하면서 꼭 하고 싶었던 것이 바로 '골목 축제'였다. 독일 유학 시절(1989~1994)의 브레멘, 그리고 연구년(2003~2004)을 보낸 미국 위스콘신 매디슨에서 나는, 작은 골목 안에 사는 사람들이 모두 몰려나와 조촐한 축제를 벌이는 모습을 보고 큰 감동을 받은 적이 있다.

그래서 내가 이장을 할 때만이라도 우리 마을에서 골목 축제를 벌이고 싶었다. 특히 우리 마을은 고려대와 홍익대를 양쪽으로 낀 마을이 아닌가. 앞으로 '생태적 대학타운'으로 발전하는 것이 바람직하다면 우리가 먼저 지역 주민과 대학생들이 한데 어우러지는 축제 판을 벌여보자는 게 나의 의도였다. 2008년부터 세 번에 걸쳐 골목 축제를 거행했는데, 주민들과 학생들, 그리고 다른 동네 주민들까지 호응이 대단했다.

끝으로 내가 이장을 마치기 전에 꼭 하고 싶었던 것이 '마을 도서관'이었다. 한 아이가 태어나서 튼튼하게 자라 학생이 되고 어른이 되기까지, 그리고 노인이 될 때까지 책이나 영화 같은 것을 즐길 수 있는 그런 마을문화의 공간이 바로 도서관 아니겠는가.

마침 연기군의회 여성 의원 한 분이 도움을 주어 일정한 지원을 받아 마을 복지관 내부를 도서관으로 잘 바꾸었고, 대학생들의 자원봉사 도움을 받아 좋은 책을 구입해 라벨을 붙이고 깔끔하게 정리했다.

처음에 내가 이장이 되었을 때는 이장 임기가 2년이었는데, 첫 임기 후에 주민들이 한 번 더 하라고 해서 두 번째 임기를 수행하던 중 조례의 변경으로 이장 임기가 3년으로 바뀌는 바람에 나는 모두 5년 동안 이장 직을 수행했다.

그리고 나는 지금 생각한다. 뜻이 좋은 사람들이 뭔가 풀뿌리 민주주의 차원에서 기여하고자 한다면 마을 이장이 되어 살기 좋은 마을을 만들어 보라고…. 동시에 나는 다짐한다. 마을 이장 이상의 권력을 탐하지는 않겠다고.

사실 마을 이장도 중요하지만 그보다 중요한 주체는, 마을 일에 적극 참여해 행복한 마을을 만들어갈 수 있는 일반 주민들이다. 마을 이장은 그런 주민들을 도와주기 위한 일꾼에 불과하지 않던가.

이런 면에서 국회의원이나 장관이 되려고 안달하기보다 민주적인 이장이나 참여적인 주민이 되고자 노력하는 사람들이 많은 나라가 곧 미래가 있고 희망이 있는 나라라는 생각이 든다. 그것이 참된 민주 사회의 기초가 아닐까?

사람이
사는 집과
새가
사는 집

조치원 서당골에 귀틀집을 짓고 산 지 15년째다. 그 사이 꼬맹이 아이들은 어엿한 청년이 되었다. "자연이 최고의 교과서"라는 우리의 믿음처럼 아이들은 잘 자랐다. 몸도 건강, 마음도 건강하게 잘 커주어 아내와 나는 고맙게 여긴다.

대개 사람들은 아이들의 성적표를 보고 잘 키웠는지 판단하지만 아내와 나의 기준은 다르다. 스스로 건강하게 자라면서 친구들과 잘 지내는 것, 나아가 자신의 꿈을 찾는 것, 이런 것이 우리에겐 중요하다. 그래서 고맙다. 아이들이 내면의 꿈틀거림에 대해 정직하게 반응하며 건강하게 살고 있기 때문이다.

그런데 가장 자연스럽게 지은 귀틀집에도 문제는 생겼다. 가장 힘든 점은 겨울에 '통풍'이 너무 잘 되어 춥다는 것이다. 그래도 우리는 오랜 시간 동안 적응이 되어 별 문제 없지만, 간혹 손님이 오시면 말은 못 해도 아마 두 번 다시 오지 않으리라 다짐하는 듯했다.

영하 7도 이하의 날씨가 며칠 계속되면 더운 물부터 얼기 시작해 찬 물도 얼어붙었다. 간신히 살아 있는 화장실의 찬 물이 너무나 고마웠다. 그 물로 밥도 해먹었다. 그나마 얼어붙으면 눈을 녹여 밥을 지어야 할 판이었다.

둘째로 어려운 문제는 쥐였다. 흙집이다 보니 생쥐들이 자기 집을 짓고 넘나들었다. 안방이고 아이 방이고 가리지 않았다. 특히 한밤중에 쥐가 바스락거리면 신경이 쓰여 도무지 잠이 오지 않았다.

셋째로는 지붕 끝자락의 비가림막에 쏜 실리콘이 오래되어 간혹 비가 새는 일이었다. 자연스런 흙과 나무로 지은 집은 비가 가장 무섭다. 어린 시절 어머니와 자던 방에 빗물이 뚝뚝 떨어지던 기억이 있는 나로서는 괴로운 일이었다.

그래서 2012년 여름, 마침내 13년 만에 대대적으로 집수리를 시작했다. 과연 집 구석구석 '통풍'이 너무나 잘 되는 구멍들이 다 노출되었고 쥐들이 들락거리던 쥐구멍들도 다 드러났다.

그런데 놀랍게도 툇마루 내지 쪽마루 짝을 다 들어내고 보니 마루를 끼웠던 홈 자리에 벌들이 집을 짓고 알을 까놓고 겨울을 난 게 아닌가. 정말 자연은 어느 곳이든 생명을 키운다.

칡넝쿨은 어떤가? 칡은 뻗는 곳마다 보일 듯 말 듯 뿌리를 내린다. 깊게 박혀 있어 절대 뿌리째 뽑히지 않는다. 내가 힘을 주면 스스로 잘린다. 뿌리는 남아 나중에 또 올라온다. 아, 그래서 '풀뿌리' 민중이란 말이 있는가. 자연의 생명력을 그대로 간직해 그 어떤 억압에도 굴하지 않는….

그리고 놀랍게도 아내와 나는 버려진 서랍장들 사이에서 갓 태어난 새끼 새들이 눈도 뜨지 못한 채 입만 벌리고 있는 둥지를 발견했다. 오래된 조각 나무를 치우는 도중 새 한 마리가 획 날아가는 게 보여 수상히 여겼는데, 아니나 다를까 새 둥지가 있었다.

그렇다. 나와 가족들이 살고자 지은 집이지만 이렇게 벌과 새, 거미, 쥐, 칡 따위의 온갖 생명체들이 부지런히 자기만의 집을 짓고 새끼를 키우고 있었다. 아내와 나는 어린 새끼들이 옹기종기 모여 입을 벌리고 있는 모습에 '생명의 경외감'을 느껴 조심스레 그 둥지가 든 서랍장을 길 한쪽에 놓아주었다.

다행히도 나중에 박새 한 마리가 그 둥지 속으로 들어가 새끼들과 재회하는 모습을 보았다. 다행이었다. 나와 다른 생명체들의 집이라고 함부로 여기지 않은 내 마음이 스스로 대견하게 여겨졌다. 바로 이런 것이 사랑이고 생명의 그물망인 '인드라망'에 동참하는 것이리라.

결국 아내와 나는 집수리를 하면서 우리 마음도 수리를 하는구나, 생각하며 단잠에 빠져든다. 아, 내일은 또 어떤 생명체를 만나 나 자신을 되돌아보게 될까. 가슴이 설렌다.

귀농,
단순한
현실 도피가 아니라
삶의 혁명!

2014년 1월 14일, 충북 괴산 한살림이 주최한 '괴산무위당학교'에서 강연을 하러 갔다. 장소는 괴산읍내 한살림 근처의 여성회관이었다. '나락 한 알 속의 우주'로 유명한 무위당 장일순 선생을 기리는 무위당학교는 원래 원주에서 조직되었다. 이번 괴산무위당학교는 2013년 12월부터 2014년 2월까지 짜여 있었다. 강사와 주제도 빵빵했다. 지리산생태영성학교 교장인 이병철 선생의 생활수행 이야기, 농부 시인인 서정홍 선생의 생활과 문학 이야기, 연찬문화연구소 이사장인 이남곡 선생의 협동조합과 인문운동, 솔빛한의원 원장인 고은광순 선생의 내공 키워 태산 되기, 원주 무위당학교 교장인 황도근 선생의 하고 싶은 이야기 등이 프로그램으로 나와 있었고, 내가 맡은 강의는 '살림의 경제-나눔과 돌봄'이었다.

그런데 놀랍게도 60명이 넘는 수강생 중엔 30~40대 '젊은이'가 반타작쯤 되었다. 오늘날 한국에서 농사일에 종사하는 사람은 채 300만 명도 안 된다. 그마저도 대부분 70~80대 노인들인데 향후 20년 사이에 거의 돌아가시고 나면 뒤를 이을 사람이 없다는 게 큰 문제다. 이런 상황에서 괴산 지역에 젊은 귀농자들이 제법 많이 모여 살고 있는 것은 대단히 반가운 일이다.

일례로, 2013년 가을엔 '감물느티나무 장터'가 열려 젊은 귀농자들이 한 바탕 축제를 열었다. 집집마다 맛있는 음식을 재주껏 해와서 서로 나눠먹는 것 자체가 축제다. 젊은 귀농자들은 오카리나의 아름다운 선율로 듣는 이들의 귀를 즐겁게 해주었고, 마을 이장님과 동호회원들이 색소폰을 멋지게 연주하기도 했다. 특히 귀농 12~13년차인 이우성, 유안나 부부는《돌아오니, 참 좋다: 나무처럼 사는 농부가 들려주는 별 볼 일 있는 이야기》나《시골에 사는 즐거움》같은 책으로 이미 작가가 되었다. "죽어도 고추농사 안 짓겠다고 항상 다투기도" 하고 "한없이 찾아오는 손님 치다꺼리 안 하겠다고 막차 타고 서울로 달아나기도" 했으며 "흐르는 땀을 주체 못해 밭에 앉아 철철 울고 있던" 아내의 모습을 보면서 남편은 "제 가슴도 하얗게 무너져 내리기도" 했다고 할 정도였다. 그러나 이제 아내조차 농촌으로 온 게 "오히려 감사한 일"이라 말할 여유까지 생겼다.

괴산 지역에는 2013년 4월부터 '느티나무통신(www.gsnews.or.kr)'이라는 온라인 매체가 생겼다. 괴산 주민들이 스스로 기자가 되고 독자가 되어 살아가는 이야기, 소식, 아이디어 등을 나누기 위해 괴산언론협동조합을 만들었고 이 협동조합이 발간하는 신문이 '느티나무통신'이다. 이는 특히 젊은 귀농인들이 즐거운 공동체를 형성하게 돕는 사랑방인 셈이다.

따지고 보면 이런 식으로 전국에는 귀농인들의 즐거운 공동체들이 알콩

달콩 생성되고 있다. 이미 오래전부터 강원도 원주 지역이나 충남 홍성 지역에는 굳건한 지역 공동체 네트워크가 형성되었고, 비교적 최근에는 경기 파주나 강화 지역, 경북 상주나 봉화 지역, 전북 진안이나 완주 지역, 제주 지역 등에도 활동이 왕성한 편이다.

　물론 모두가 귀농 또는 귀촌에서 성공하는 건 아니다. 핵심은 몸과 마음의 준비를 철저히 하고 전국귀농운동본부나 인드라망 생명공동체 등에서 하는 '귀농학교'를 성실히 이수하는 것이 좋다. 나도 귀농학교에서 '귀농의 경제 철학'을 강의한다. 대개 '귀농'이라 할 때 흔히들 농촌, 농사, 농민, 농업으로 돌아가는 것을 말하지만, 나는 농심, 즉 농민의 마음을 강조한다. 본래적인 농민의 마음을 회복하는 것이 귀농의 기본 바탕이라는 생각이다. 그것은 구체적으로 "콩 심은 데 콩 나고 팥 심은 데 팥 난다"고 하는 정직의 경제, "콩 셋을 심어 하나는 새가 먹고 하나는 벌레가 먹고 하나는 내가 먹는다"는 나눔의 경제, "농작물은 농부의 발자국 소리 듣고 자란다"는 보살핌의 경제, "농사는 사람이 짓는 게 아니라 하늘이 짓는다"는 겸손의 경제, "한 일도 별로 없는데, 콩 한 알에서 이렇게 많은 열매를 주시다니!"라고 하는 감사의 경제, 그리고 "밥이 똥이고 똥이 밥이다"라는 순환의 경제 등이 곧 원래의 농부 마음이 아닌가? 다시 말해, 귀농의 기본 자세는 도시민으로서 가졌던 태도와 가치관, 그리고 편리함과 화려함에 중독된 우리의 습속을 상당 정도 벗어버려야 갖춰진다. 귀농학교가 이런 면에서 큰 도움이 된다.

　그런데 귀농학교의 장점은 배움도 배움이지만 '농심'을 회복하고자 하는 좋은 사람을 많이 만날 수 있어 좋다. 귀농학교 프로그램 자체가 이미 귀농해 살고 있는 선배 귀농인을 직접 방문하는 일도 포함할 뿐 아니라, 같은 동문끼리의 끈끈한 유대도 귀농 이후의 삶에서 큰 힘이 된다.

전국귀농운동본부에서는《귀농통문》이란 책도 계절마다 발간한다. 그 책 속에는 갖은 어려움을 딛고 일어서 즐겁고 의미 있게 살아가는 사람들의 이야기가 나온다.

일례로, 2013년 여름호에는 경북 상주로 귀농하여 포도 농사를 짓는 최혜진 씨 부부 이야기가 나온다. "신랑은 초등학교 때까지 시골에서 성장했는데, 일찍이 귀농의 꿈을 가지고 있었고 내가 귀농을 생각하자 준비는 바로 시작되었다." 이렇게 부부가 마음을 잘 맞추는 것이 행복한 귀농에 결정적이기도 하다. 그러나 그걸로 모두 다 되는 건 아니다. 땅도, 집도 구해야 한다. 여기서 결정적인 것은 사람이요, 관계망이다. "시간만 흐르는 것이 아까워 직접 발로 뛰기 시작했다." 그러다가 아주 우연히 만난 좋은 분 덕에 하나씩 길이 보인다.

세상살이는 반드시 계획대로 되기보다 이런 우연들에 의해서도 이뤄진다. "대부분 농사 준비 때문에 집에 안 계셨지만 한 마을의 이장님을 만나러 간 자리에서 일하던 분이 선뜻 자신의 집으로 안내하여 저녁을 차려주고 이런저런 이야기를 들려주었던 일"이 영원히 기억된다. 그럴 수밖에 없는 것이, "결국 친구의 외가인 상주 모서 지역에 친척분의 소개로 빈집과 포도밭을 함께 임대하게 되었기" 때문이다. 이런 걸 두고 "호박이 넝쿨째 굴러들어온다"

고 했던가. 그러나 아직도 갈 길은 멀다. "유기농법에 대한 관심은 지속적으로 가지고 있지만, 힘들다는 이유만으로 관행농법에 길들여지는 우리 모습에 반성을" 하기도 한다. 그래도 꿈은 있다. "우리 부부의 꿈은 조그만 땅을 마련해 지금은 세 명이 된 우리 가족이 지낼 집을 짓고 포도밭을 만드는 것인데, 10년 후쯤 꿈이 이루어지는 모습을 상상하며 우리 부부는 오늘도 포도밭에서 땀을 흘리고 있다." 이런 식으로 젊은 사람들이 하나 둘 귀촌, 귀농을 하는 것은 자신만이 아니라 세상을 살리는 일이다. 바람직하게는 유기농, 소농, 두레농 등을 등불 삼아 차곡차곡 나가야 한다.

또 다른 예로, 2013년 겨울호에는 토종 종자 이야기가 특집으로 실려 있는데, 여성농민회에서 일하는 김황경산 씨의 글이 소개되었다. 그는 "어렸을 적에 농촌에서 자랐고, 대학에서 농촌활동을 하면서 만난 여성 농민 언니들이 참 좋아서" 여성농민회 조직에서 활동하기로 했다고 한다. 특히 그는 "종자에 대한 권리를 지적재산권이라는 이름으로 빼앗아가는 기업에 맞서, 토종 종자 실태조사뿐 아니라 취합한 종자들을 기록하여 책자로 발간하기 위한 사업을 진행"하고 있다. 그리하여 상품화한 종자 또는 돈벌이가 되는 종자가 아니라 농민의 종자, 나눔의 종자로 이어나가야 한다는 것이다. 지당한 말씀이다.

나아가 그는 "2008년 경남에서는 '토종 농산물 보존·육성에 관한 조례'를 제정하고 토종 종자를 심는 농가에게 일정액의 지원을 하고 있다"면서 이에 힘입어 전남과 제주에서도 같은 취지의 조례가 제정되어 여타 지역으로 확산되는 중이라 한다. 제니퍼 클랩(Jennifer Clapp)이 쓴《식량의 제국》이란 책에 나오듯, 오늘날 몬산토 같은 초국적 기업들이 세계 각국의 종자에서부터

농자재, 농산물까지 독점적으로 장악해나가고 나아가 식품 가공이나 유통망까지 지배하려 드는 걸 보면 갑자기 소름이 끼친다. 이런 끔찍한 현실에서 여성농민회가 앞장서서 토종씨앗을 보존하고 나누는 운동을 하는 것은 대단히 중대한 의미가 있다.

실제로 나 자신도 2013년 가을 무렵 한살림 충주·제천 지역에서 활동하는 분으로부터 고맙게도 여러 토종 종자를 한꺼번에 얻은 바 있다. 2014년 1월에 직접 방문했던 제주 여성농민회 산하 '언니네텃밭'이라는 꾸러미 사업단 활동가로부터는 《제주도 우영엔 토종이 자란다》라는, 119가지 토종 씨앗 이야기책을 선물로 받기도 했다.('우영'이란 '텃밭'의 제주 토속어라 한다.) 이 책은 30대 후반에서 70~80대에 이르는 여성 농민들이 제각기 소중하게 간직해오며 직접 경작한 토종 씨앗을 사진에 담고 글로 정리해 소개한 것이다. 모두 소중한 일들이다. 바로 이런 일을 하는 분들이야말로 우리 농촌, 우리 사회의 미래를 희망차게 창조하는 분들이다. 실제 민중의 삶과 유리된 고상한 말로 유권자를 현혹하는 중앙집권적 정치, 금권주의 정치, 권력중독적 정치는 이런 분들에게는 오히려 족쇄일 뿐이다.

나아가 시골 생활을 하면서도 도시민의 벽난로 같은 것을 시골에서도 얼마든지 저렴하게 즐길 수 있는 '적정기술'도 있다. 특히 전남 장흥으로 귀농해 작은 농사를 지으며 '전환기술 사회적협동조합'의 이사로 활동하는 김성원 선생의 활동이 주목할 만하다. 이미 《귀농통문》 2009년 겨울호에선 "얼렁뚱땅 효과 만점, 깡통난로 만들기", 2010년 겨울호엔 "추운 겨울을 따뜻하게 나기 위한 방법들"이라는 글을 통해 적정 기술의 구체적 사례가 소개된 바 있다. E. F. 슈마허의《작은 것이 아름답다》에 나오는 '중간기술' 아이디어를 가장 민중적으로 실천하는 사례라 대단히 소중하다. 김 선생과 뜻을 같이 하는 사람들은 실제로, 흙 부대로 집짓기, 깡통난로 만들기, 로켓스토브 원리를 활용한 난로, 거꾸로 타는 화목난로 등 상대적으로 저렴하면서도 효율적인 에너지 활용 기술을 공동으로 연구하고 직접 제작까지 한다.

한편 '명랑시대(cafe.daum.net/sigolo)'라는 온라인 공동체는 주로 (비혼이면서 대개 40세 이하의) 청년 귀농자를 위한 공간이다. '명랑시대'라는 말 자체도 원래 '명랑한 청년들이 시골에서 대안을 찾다'라는 말의 줄임말이라 하니 참 명랑하기도 하다.

명랑시대 카페 운영자 유희정 씨는 이렇게 말한다. "큰 기대를 안 하고 첫 모임을 조직했는데 70명 이상이나 모였어요. 매번 모임이 있을 때마다 100명 이상씩 모이고 있어요." 의외로 청년 귀농의 꿈을 꾸는 사람들이 많다니 반가운 일이다. 하기야 청년 실업이 공식적으로도 10퍼센트 이상이고 실질적으로는 50퍼센트라는 말까지 있을 정도다. 또, 설사 취업한다 해도 적성이 맞지 않아 1~2년 안에 이직하는 사람들이 절반 이상인 게 현실이다. 상황이 이런 정도니, 진지하게 대안을 모색하는 청년들이 늘 수밖에 없다. 시장도 국가도 믿을 수 없다면, 믿을 것은 우리 자신뿐인 셈이다. 그런 마음을 가진 이들이 서로 손을 잡는 순간 희망은 꿈틀댄다. '명랑시대'도 바로 그런 시도 중의 하나다.

명랑시대 사람들이 대안적인 실험을 두 가지 했다고 한다. 하나는 홍대 앞 걷고싶은거리나 영등포 쪽방촌 동네에서 '게릴라 가드닝'을 해본 것이다. 길거리나 집 주변에 쓰레기 등으로 덮인 빈 땅을 깨끗이 정리한 뒤 꽃이나 나무를 심는 것이다. 그 둘은 '도심 텃밭'이다. 실제로 은평구 갈현동에서 텃밭만이 아니라 양봉 설명회도 열었다. 기본 발상은 시골 경험이 전무한 청년들에게 유기농 먹거리나 유기농 화장품 같은 것을 생산하거나 유통할 수 있도록 하자는 것이다.

'명랑시대'는 이런 온라인 또는 오프라인에서의 만남과 신선한 시도를 통해 "시골에서 살고 싶은 사람들이 참 많은데, 외롭게 싸우는 젊은 청년들이 많다는 것을 서로 알게 되었다"고 한다. 큰 소득이자 힘이다. 이들이 추구하는 것은 시골에서 살되 전업농이 되기보다 일부 자급을 하면서도 그림이나 음악, 출판 등 자신만의 고유 재능을 충분히 살리면서 재미있게 살기 위해 공동체적이고 대안적인 길을 찾는 것이다.

다른 한편, 시골에서 헌집이나 농가주택을 창의적으로 개조해 사는 사람들도 늘고 있다. 이미 캐나다의 한 사례가 국내에 소개되어 관심을 끈 적이 있다. 일례로, 2005년에 우연히 버려진 농가를 발견한 캐나다 아티스트 헤더 베닝은 사람이 실제로 살았던 농가 주택을 개조해 사람이 들어가 살 수 있을 정도의 거대한 인형의 집을 만들면서 홈페이지에도 그 과정을 세심히 소개했다. 그는 '작가 거주 프로그램(작가를 지역 마을로 초청하여 작업 공간을 주고 활동하게 하는 문화 프로그램)'을 통해 서스캐처원의 레드버스 마을로 이주한 뒤 그

황량한 집을 아기자기한 인형 집으로 변신시키는 작업을 해냈다.

국내에서도 비슷한 아이디어를 실천하는 사람들이 늘고 있다. 일례로, 인테리어 디자이너인 오미숙 씨(46)도 시골 농가주택을 개조하여 자기만의 집을 짓고 2013년에 《2천 만 원으로 시골집 한 채 샀습니다》라는 책을 펴냈다. 도시 생활 속에서 내심 '마당이 있는 집'에 살고 싶은 로망을 꿈꾸던 사람들에게는 눈과 귀가 열리는 책이었다. 오미숙 씨는 《한겨레21》(990호, 2013. 12. 16)에서 이렇게 말했다. "정신없이 일하면서 살다보니까 40대 후반인 거예요. 바쁜 게 자랑이었던 삶을 멈추고 마당이 있는 집에서 느리게 살고 싶었어요." 그래서 적절한 집을 찾아 나선 지 3년, 우연히 알게 된 충남 서천의 한 농가주택을 덜컥 2500만 원에 사버렸다. 몇달 동안 수리하던 중 길을 지나던 동네 할머니들은, "뭐하는겨? 허물고 새로 지어야지 그러면 안 되여"라며 혀를 껄껄 찼다. 그러나 공사가 끝났을 때 모두 놀랐다. 아궁이와 다락방, 부뚜막 등 한옥의 분위기와 구조는 그대로 살리되 그 위에 세련되고 깔끔한 인테리어를 얹은 작고 예쁜 시골집 '애플하우스'가 완성된 것이다. 그렇게 총비용 7600만 원으로 세상에 하나뿐인 집을 얻은 셈이다. 사실 이 돈은 많다고도 할 수 있고 적다고도 할 수 있다. 문제는 얼마나 절실한 마음으로 다가가느냐 하는 것이다. 바로 이 대목에서 "마음이 없는 자는 핑계를 찾지만 마음이 있는 자는 길을 찾는다"는 말이 기억난다.

이런 식으로 시골에 살기 위해서는 경북 상주의 최혜진 씨처럼 그냥 빈집을 싸게 빌려 살거나 충남 서천의 오미숙 씨처럼 아예 자기 집으로 사서 자신만의 디자인으로 완전히 고쳐서 살 수도 있다. 아니면, 운이 좋은 경우는 농가주택을 관리해 주는 조건으로 그냥 집을 얻어 생업을 이어갈 수도 있다. 앞의 《한겨레21》에 소개된 경기 이천의 고민숙 씨도 그렇게 집을 한 채 얻어 인테리어 소품을 만드는 공작소를 세웠고 도예가인 남편을 위해선 장작 가마와 넓은 작업실을 만들었다. 마루를 고쳐 만든 '데크'에서 아이들과 일상의 행복을 나누기도 한다. 고민숙 씨도 이런 시골생활 이야기 《시골낭만생활》이란 책에 담아내기도 했다.

이제 정리해 보자. 지금도 서울의 '성미산마을'이나 '삼각산재미난마을'처럼 도시에서 나름 행복한 공동체를 꾸리며 살 수도 있다. 하지만 근본적으로 생각건대 도시는 참된 삶의 공간이 아니다. 도시는 상업이나 문화, 교육이나 정치의 공간이 될 수 있을지언정 일상의 공간, 살림살이의 공간이 될 수는 없다. 반면 시골, 특히 농어촌은 일상의 공간, 살림살이의 공간이 되면서도 발상만 잘 전환하면 도시가 누리던 것의 일정 부분을 창의적으로 만들 수도 있다. 젊은이들에게 새로운 가능성을 던져주는 공간이 될 수 있다. 몸과 마음을 준비하고 발상을 다르게 하며 가치관을 완전히 새롭게 하면 불가능한 것도 아니다. 물론 쉬운 일은 아니다. 하지만 여럿이 더불어 하게 되면 두려움이나 시행착오도 줄일 수 있다. 더 중요한 것은 즐겁게 해나갈 수 있다는 것이다. 《투게더》라는 책에서 리처드 세넷(Richard Sennett)이 말했듯, 더불어 건강하게 사는 공동체를 함께 만드는 것은 필시 우리 모두에게 '진지한 즐거움'을 안겨다 줄 것이다. 핵심은 뜻이지 돈이 아니다.

나부터,
그리고 더불어
심는 생명의 나무

이 책을 한창 마감할 무렵인 2014년 2월, 주목할 만한 세 가지 판결이 나왔다. 쌍용차 부당해고 판결, 강기훈 씨 유서대필 무죄 판결, 그리고 영화 〈변호인〉의 배경이기도 한 부림사건 국가보안법 무죄 판결이 바로 그것이다.

첫째는 2월 7일의 '쌍용자동차 부당해고' 판결이다. 2009년 쌍용차에서 있었던 2646명에 대한 해고 통지, 그에 이은 77일간의 공장 점거 투쟁과 폭력 진압, 지금까지 6년째 계속되는 부당해고 철회 투쟁, 그간 좌절감과 억울함에 죽어간 24명의 삶, 그리고 끝내 해고된 165명 중 153명이 제기한 소송…. 1심 법원 판결과는 달리 2심의 고등법원은 정당한 해고의 요건에 중대한 결격 사유가 있다고 보았다. '긴박한 경영상의 필요'를 입증한 자료가 부실했다는 점, 그리고 '해고 회피 노력'을 충분히 했다고 보기 어려운 점이 핵심이었다. 물론 이번 판결은 법리상 원고 당사자 153명에만 해당하나, 내용상 애초의 정리해고 정책 자체에 해당한다. 따라서 죽어간 24명의 생명, 노동자와 가족, 시민이 합세한 77일간의 투쟁, 노동자 150여 명에 씌워진 1인당 평균 3200만 원씩 총 47억 원의 배상 판결, 그간의 구속이나 수배로 인한 스트레스와 우울증… 이 모든 것들이 처음부터 근거가 없었던 것이다. 이 판결이 2009년 당시에 바로 나왔더라면 그간의 어마어마한 사회적 비용은 하나도 치를 필요가 없었다. 때늦은 감은 있지만 반갑다. 하지만 다른 편으로, 대한민국 사법부는 '병 주고 약 주는' 이중성을 띠고 있음을 알 수 있다. 자본이 사고를 치면 법정이 뒷북을 친다. 이것이 5000만 대한민국 국민을 '경제적 공포'로 몰아넣고 있는 경제 및 노동 현실이다. 실질적 경제민주화의 필요성이다.

두 번째는 2월 13일, '한국의 드레퓌스'로 불린 강기훈 씨가 '유서대필 사건' 재심에서 무려 23년 만에 누명을 벗은 판결이다. 그는 1991년 전국민족민주운동연합 간부이던 고 김기설 씨의 유서를 대신 작성해 자살을 방조했다는 혐의로 옥고를 치렀고 현재 간암 투병 중이다. 누명은 억울함을 낳고 억울함은 극도의 스트레스를 낳으며 이 스트레스가 암을 낳았다. 정치와 사법이 사람을 죽인다. 23년 만에 진실이 밝혀졌지만 강씨 입장에서는 청춘, 아니 인생을 다 바친 세월이었다. 강씨는 '사법부의 자기고백'을 바랐지만 재판부는 사법부의 과거 판결에 대해 어떤 사과의 말도 않았다. 국가가, 정치와 사법이 이래도 되는 것인가? 언론과 경찰은 어떠한가? 국과수의 전문가들은 또 어떤가? 이것이 우리의 정치 및 사회 현실이다. 참다운 민주주의, 그리고 철학 있는 전문가가 절실한 까닭이다.

세 번째는 같은 2월 13일, 영화 〈변호인〉의 소재가 된 '부림사건' 관련자 5인이 재심에서 자그마치 33년 만에 무죄를 선고받은 것이다. 부림사건은 1980년 5·18 민주화운동 이후 지식인들의 저항을 잠재우기 위해 신군부가 조작한 대표적 공안 사건이다. 이들이 학생운동이나 현실비판적인 학습행위를 했다는 이유로 검찰이 불법 구금과 자백 강요를 통해 국가보안법과 반공법 위반으로 단죄한 것은 잘못되었다는 것이다. 무려 33년의 세월이 흘렀다. 마침내 진실이 밝혀졌다. 진실이 영원히 묻히는 것보다야 훨씬 낫지만, 그래도 참 안타깝다. 사법고시 시험을 위해 골방에서 5년 내지 10년을 외롭고 힘들게 보낸 시간들을 기억하는 법률가라면 한 사람의 인권이나 인생이 무참히 짓밟히는 일에 대해 예민하게 반응하는 감수성이 있어야 할 것 아닌가? 그러나 상사 앞에서, 선배 앞에서, 강자 앞에서 꼼짝 못하는 게 우리의 사회문화, 조직문화, 정신문화의 현실이다. 출세와 성공을 위해선 복종과 아부를 해야 하는 반면, 비판이나 저항을 하는 경우엔 생존조차 어렵거나 배제와 탄압의 공포에 시달린다. 이런 분위기 속에서 건강한 사회, 건강한 시민이 형성되기는 어렵다. 자유로운 비판과 토론, 민주적인 문화가 절실한 이유다.

한편 나는 또 하나의 중요한 뉴스를 기억한다. 그것은 이명박 정부 (2008~2012년) 내내 논란이 되었던 '4대강 사업'에 관한 것이다. 처음엔 '한반도 대운하'를 한다고 했다가 나중엔 '4대강 사업'을 한다며 국민의 혈세

22조 3000억 원을 강물에 쏟아 부었던 일이다. 이명박 정부 당시에 감사원 감사도 있었고 1심, 2심 재판도 있었다. 관련 전문가를 포함한 수많은 사람들이 전국적 저항을 하기도 했다. 여론이 좋지 않아도 막무가내였다. 1, 2심 재판부는 거짓말이나 조작된 자료를 제시한 찬성 측 전문가나 관료들의 손을 들어주고 말았다. 국가 기관의 대형 사업을 냉정하게 감사해야 할 감사원조차 "아무 문제없다"며 정부의 손을 들어주었다. 그러나 2013년 1월, 박근혜 정부 출범을 앞두고 감사원은 말을 바꾸었다. "4대강 사업은 처음부터 대운하를 염두에 둔 사업이었고, 설계에서 시공, 관리, 유지보수에 이르기까지 사실상 '총체적 부실'이었다." 그 뒤 이런저런 '역류와 외풍'에 시달리던 양건 감사원장이 2013년 8월 말 사퇴했다. 헌법이 보장한 4년의 임기를 한참 남긴 상태였다.

사실 4대강 사업이란 처음부터 '대국민 사기극'이란 말이 어울리는 일이었다. 22조 원이 넘는 세금을 건설 자본들에게 거저 넘겨주는 일이었다. 당시 건설 자본은 대규모 아파트 사업의 거품이 터진 이후 위기에 빠져 있었다. 감사원 발표처럼 잘못된 사업도 문제지만, 그 외중에 대형건설사 11개 업체의 임원 22명은 입찰가격 담합 등으로 기소되었다. 2014년 2월 6일, 그들은 '솜방망이 처벌'이긴 하지만 유죄 판결을 받았다. 이것이 우리 사회가 자연 환경을 대하는 태도다. 서문에 말한 '아름다운 섬마을'도 바로 이런 시각 때문에 처참히 망가졌다. 지속가능성을 염두에 둔, 인간과 자연의 조화로운 관계 창출이 절실하다.

그래서 이 사업을 처음부터 문제 삼으며 국민 소송단을 이끌었던 김영희 변호사는 2013년 10월 〈오마이뉴스〉 대담에서 "4대강 사업 재판을 하면서 (찬성 측) 전문가가 많이 나왔다. 그분들은 교활하게 법원을 속였다. 예를 들어 수질오염 측정 지점이 어디 어디 있는데 4대강 사업 이후에 경과가 좋다는 식으로 그럴듯하게 거짓말을 하니까 재판부도 믿는 분위기였다"고 했다. 또 "정부가 (4대강 사업) 홍보를 하면서 물그릇을 키우면 수질이 좋아진다고 했는데 4조 원을 들여서 BOD 95퍼센트를 줄였다고 하고, 인은 90퍼센트를 줄였다고 했다. 정부의 말대로라면 물이 깨끗해져야 하는데 4대강 사업 이후 녹조가 창궐하고 수질이 급격히 나빠졌다"며 "4대강 사업 소송에서 거짓말을 한 전문가들도 사업을 주도적으로 추진한 정부 관계자들과 함께 반드시 처벌을 받아야 한다"고 했다.

서울대 환경대학원 김정욱 명예교수도 "제일 많이 하천이 파괴된 경우가 미국 플로리다였는데, 플로리다는 잘못을 인정하고 복원 중이다. 미국이 자연 복원을 위해 헐어버린 댐만 해도 700개가 넘는다. 유럽도 물 관리 지침을 만들어 재자연화에 힘쓴다. 이렇게 외국은 콘크리트 보를 허물고 재자연화에 돌입했다"면서 "우리도 재자연화를 위해 수문을 열고, 모래는 채우는 식으로 복원해야 한다"고 강조했다.

이제 '4대강 사업' 문제는 대법원 판결을 기다리는 중인데, 사업의 타당성이나 절차적 정당성이 핵심 쟁점이다. 그러나 이러한 법리 문제와는 별개로 사업의 진상 규명과 책임자 처벌을 위한 과정이 필요하다. '의문사 진상규명위원회'와 비슷한 '4대강 진상규명위원회' 특별법이 필요하다. 이것이 중요한 이유는 4대강 사업만이 아니라 '삼천리금수강산'을 돈벌이 경제를 위해 '삼천리 오염강산'으로 만들어가는 기득권층과 그 공범자들을 철저히 단죄해야 지속가능한 사회를 만들 수 있기 때문이다. 우리가 자손들에게 물려주어야 할 것은 많은 재산이 아니라 살기 좋은 사회가 아닌가?

역사적으로 보더라도, 우리가 친일 잔재를 철저히 청산하지 못한 결과, 오늘날 정치나 경제만이 아니라 경찰과 사법, 사회와 문화, 교육과 종교가 '물신주의' 또는 '속물근성'에 사로잡혀 건강하지 못한 모습으로 재생산된다. 그렇다. 물신주의와 속물근성에 토대한 강자 동일시와 눈치 보기, 바로 이런 것들이 현재 우리가 경험하는 갑갑한 현실의 뿌리이며, 온갖 짜증과 불안, 스트레스와 폭력을 낳는 구조적 원인이다. '나 홀로' 행복하게 살아보고자 아무리 몸부림쳐도 결국 '말짱 도루묵'이 되고 마는 이유이기도 하다.

그래서다. 이제부터라도 이러한 사회적 질곡과 모순을 어떻게 극복할 것인가를 고민하고 토론해 나가야 한다. 그 과정에서 열린 대화가 필수적이다. 나부터 고민하고 실천하되 나만의 독선을 버리고 겸손한 자세로 손을 내밀어야 한다. 잘못된 구조와 관행을 타파하여 더불어 행복한 사회를 만들자는 데 동의하는 한, 모든 이들과 소통하고 연대할 필요가 있다.

소통과 연대의 방식이나 실천은 다양하다. 나는 '나부터' 시작하는 소통과 연대의 실천을 '생명의 나무' 한 그루 심기 운동이라 본다. 우선은 사회 전반의 흐름에 대해 일상적 관심을 갖는 일이다. 무관심이나 냉소주의는 공공의 적이다. 한편, 기득권층의 물신주의를 대변하는 보수 성향 언론에만 귀와 눈을 열지 말고 진보 성향의 언론에 귀와 눈을 더 많이 열어야 한다. 전자는 신경을 꺼도 잘 보이지만, 후자는 신경을 곤두세우지 않으면 잘 보이지 않기 때문이다.

앞에 나온 여러 판결들에서 보듯, 작은 사건에도 주목해야 하지만 큰 흐름도 같이 보아야 한다. 돈보다 삶이 중요하듯, 돈벌이보다 살림살이가 행복한 방향으로 가는지 차분히 읽어야 한다. 친구나 이웃을 만나 차를 한 잔 하면서 그런 일들을 화제로 삼아 생각을 나누고 같이 성장해야 한다.

다음으로는 풀뿌리 차원에서 작은 모임을 만들고 참여하는 것도 '생명의 나무'를 키우는 일이다. 무리할 필요는 없다. 자신의 관심사나 역량에 걸맞게 하면 된다. 동화책 모임도 좋고 인문학 강좌도 좋다. 도서관 모임도 좋고 각종 시민사회 단체(NGO) 회원으로 참여할 수도 있다. 그 과정에서 우리는 각자 존재 자체의 소중함과 더불어 좋은 관계의 소중함을 배워나갈 것이다. 그리고 이 배움의 과정은 각자가 은연중에 품고 있는 내부의 상처를 인지하고 드러내며 상호 치유하는 과정이 될 것이다. 지금보다 훨씬 건강하고 활기 넘치는 주체로 거듭나는 길이기도 하다. 삶의 재미와 의미가 융합되는 길이기 때문이다.

좀 더 나아가 보다 창의적이고 대안적인 실천 운동에 참여하는 것도 좋은 일이다. 밥상살림, 농업살림, 교육살림, 자연살림, 정치살림, 경제살림, 문화살림, 정신살림 등의 방향을 갖는 것이면 된다. 노동조합도 좋고 협동조합도 좋다. 정치조직도 좋고 경제조직도 좋다. 극소수만을 위한 성공과 출세의 패러다임이 아니라 생명과 평화, 자유와 평등, 정의와 진실의 패러다임이면 그 무슨 실천 운동이건 좋다. 표면에서는 서로 다르게 보이지만 심층에서는 마치 지하수처럼 모두 다 통한다.

그런데 많은 경우 우리는 자본과 권력의 지배구조에 우리 자신이 이미

한 다리 또는 두 다리가 빠져 있는 걸 발견한다. 그 순간 우리는 매우 불편하다. 그러나 바로 이 지점에서, '그럼에도 불구하고' 내가 할 수 있는 한 최선을 다해 뭔가 바꾸어보자, '나부터라도' 진짜 다르게 살겠다, 대안적인 삶이나 세상은 가능하다, 고 꿈꾸기 시작하면 희망의 불꽃은 결코 꺼지지 않을 것이다. 하지만 우리가 마주한 불편한 진실과 대면하기를 회피한 채, '아무리 해도 별 소용없다'는 식으로 현재 삶의 방식을 정당화하며 오로지 기존 질서 안에서의 성공과 출세 욕망을 고수하는 한, 희망의 불꽃은 영원히 사그라질 것이다.

솔직히 말하면, 나 자신도 세상의 근본적 변화라는 거시적 전망에는 비관적이다. 하지만 그렇다고 해서 절망하고 포기한 채 아무것도 않는다면 그 비관적 전망은 더 빨리 현실이 될 것이다. 그래서 말한다. '그럼에도 불구하고' 나는 오늘 '생명의 나무' 한 그루를 야무지게 심고 가꾸는 마음으로 살아가련다. 다행스럽게도 이미 많은 이들이 알게 모르게 그렇게 살고 있다. 주변을 둘러보라. 제법 보인다. 행복한 생명의 나무를 심는 사람들, 사람들… 고마운 일이다. 같이 웃어도 좋고, 같이 울어도 좋다. 서로 손잡아 주며 어깨동무를 하자. '나부터' 시작하면서도 '더불어' 심는다면 언젠가 멋진 '생명의 숲'이 우거질 것이다. 우리 세대에 완성되지 않아도 좋다. 자손들이 이어가면 된다. 손을 털지 않으면 된다. 그렇게 생명은 이어진다. 천천히 가더라도 더불어 행복하게 가면 된다. 그 사이에 희망의 길 또한 넓어지리라. 그렇게 세상은 변한다. 당신도 믿는가?